국회의 특권이
사라져야
대한민국이 산다

특권 없는 세상을 향한 大韓民國 常識 Common sense in Korea

국회 · 법조전관 · 고위공직자를 향한 일침

국회의 특권이
사라져야
대한민국이 산다

정종암 지음

생각나눔

들어가며

세상을 향한 메아리

　　2024년 1월 10일 오전, 서울 여의도 어느 호텔 연회장에서 국회의원 출마자의 출판기념회가 있었다. 전직 의원이기도 한 변호사가 인사말에서 "국회에는 권한 밖의 일에 몰두하는 자들이 많아서 큰일이다. 일하지 않고 특권만 누리는 사기꾼만 준동한다"고 했겠다. 이어서 다음 연사는 한술 더 떴다. "그 발언은 너무 약하다. 사기꾼을 넘어 국회에는 '양아치'가 많다. 양아치!"라고 일갈하자, 축하객들의 폭소 속에 세찬 박수가 이어졌다. 바로 이 점이 대한민국 국회의원을 바라보는 국민의 시각이다. 각 매체 기사에 달린 댓글에는 궁민(窮民, commoner)의 더 험한 혹평이 난무한다. 이들의 각종 특권과 특혜가 부러운 나머지, 저승사자인 하데스(Hades)나 염라대왕조차 우리나라에 상륙할지도 모를 지경이다.

　　국민이 용인할 수 없는 권한과 특권이 남용되고 있다. 그 위치에서 과한 욕심을 부리니까 문제를 낳는다. 우리 사회는 자신이 좀 잘났다

싶으면, 현 위치의 고급 직종마저 내팽개치고 국회에 입성하려고 혈안이다. 그만큼 꿀물이 흐르고 또 흐르는 '꿀단지'와 같기 때문이다. 17대 국회 이후로 송충이가 솔잎을 갉아 먹듯이 국민에게는 암 덩어리인 특권과 특혜를 야금야금 늘려나간 나머지, 세계 최고의 대우 속에서도 국회 본회의장에는 똥파리만 휘날리면서 텅텅 빈다.

2023년은 카르텔을 형성하면서 군림하는 '국회의원 및 고위공직자' 등 소위 힘센 자들의 과분한 특권과 특혜를 없애자는 국민적 저항이 봇물처럼 터졌다. 지금도, 그 저항은 진행형이다. 따라서 개(犬) 눈에 똥밖에 보이지 않는다고 했듯이 평론가이자 실천적 정의론자로서, 내 삶의 경험칙과 생철학(生哲學)에서 집필하게 되었다.

돈 버는 재주가 있는 자는 어떻게 더 벌고, 어떻게 더 쓸 것인지에 대해 고민한다. 나는 그 재주도 없거니와, 그러한 삶에 대한 존경조차 없다. 민중의 삶은 아랑곳없는 힘세고 가진 자만의 탐욕에 찬 착취의 시대(era of exploitation)에 살고 있다. 이 흉폭한 사회의 부정의(不正義, injustice)를 배척하면서 죽는 날까지, 하루에도 한 줄의 글을 읽지 않으면 안 되는 우둔함이 더해져 이 책이 세상에 빛을 보게 되었다.

지금까지는 각계각층의 위대한 지도자와 함께 결기에 찬 국민들로 하여금, 고도성장과 민주화의 바탕 위에서 선진국 반열에 들어섰다. 그러나 그 발전과 성장은 이쯤에서 멈추고, 추락할 위기에 처했다. 작금의 대한민국 사회가 흥청망청함과 안하무인의 사회가 되면서, 곳곳에서 자행되는 부정부패로 소시민에게 상실감을 안긴다.

이러한 가장 큰 근본적 원인은 혈연·지연·학연이다. 이를 바탕으로 한 정치인·공무원·공기업·법조인·교수·의사·언론인 등 전방위적인 부패카르텔이 형성된 채, 그들만의 리그전이 판치고 있다. 자기보다 약자다 싶으면 짓밟는 '갑질 공화국', 혈세를 쌈짓돈처럼 빼먹는 '부패 공화국', 집값 상승으로 인한 백만장자를 넘어 투기·탈법을 일삼는 '사기 공화국', 공교육을 없애야 할 정도의 '사교육 공화국'에다, 이를 뛰어넘는 여의도 샛강 돔형 지붕 아래 용트림하고 있는 '고등사기꾼집단'이 추락을 자초하기에 이르렀다. 86운동권의 권력세습에 의한 부정의, 귀족노조의 일자리 세습까지 더해지는 비상식적인 광기의 시대(age of madness)는 멈출 줄을 모른다. 이러한 '망국병의 발열(發熱)'에도 법의 잣대는 가냘프기 그지없고, 국가는 있되 정부는 없다. 부패한 늪에서 벗어난 자신의 특권과 특혜를 스스로 벗어던짐도 없다. 이 총체적 난국이 시정 또는 일소되지 않는 한, 대한민국은 추락만이 있을 뿐 아니라 이 지구상에서 사라질 위기에 처했다고 진단한다.

갑질과 사기 행각으로 부패한 인간이 잘난 놈이고, 잘사는 사회로 둔갑한 채이다. 잘난 자들의 그 위치가 혼자만이 잘나서도 아니다. 이 세상의 인프라와 사회 구성원이 없다면 불가능한 일이다. 모두가 이 세상에 함께 소풍을 왔고, 함께 떠나갈 생의 동반자인 민중도 있어야만 가능함을 망각한다. 따라서 도덕과 윤리 따위는 아스팔트 위에서 만추의 낙엽처럼 뒹굴며 춤춘다. '상식(常識, common sense)'이 실종된 이들의 그릇된 작태에 '한국판 노예적인 삶'이면서도 대중은 침묵한다. 파렴치한 이들에게서의 낙수효과도 없으면서 말이다.

태초에 인류는 아귀다툼이 없는 평화로운 세상이었다. 그러나 '승자독식의 사회'로 변하면서, 카르텔로 뭉친 자칭 엘리트 집단에는 태평성대를 이룬 당 태종대 쓴소리의 대가인 '위징(魏徵)' 같은 참모도 없다. 귀를 가리며 보신에만 차 있다. 민중의 애환에 찬 건설적인 제언이나 인재 추천마저 자기들 밥그릇 빼앗길까 봐 차단한다. 이치에 맞는 말마저 신분의 귀천이 없음에도 이를 짓밟아 버린다.

수도 서울의 한강 물이 서해로 흘러간다. 그 물결이 가끔은 소용돌이치면서 악다구니를 쓰나 머물지 않듯이, 우리 인간도 탄생과 죽음을 거듭하지만 머물지 아니한다. 이 세상에 '영원성'이란 게 아무것도 없다. 순간, 초롱초롱한 별빛이 빛난들 곧 소멸하듯이.

부정의한 '탐욕의 늪'에 빠져 혓바닥을 댔다면, 이 나라의 고관대작은 되고도 남았을지도 모를 '초야 아닌 초야'에 묻힌 현대판 선비도 많다. 이러한 이들이 권좌에 앉는다면 잠자리와 일용할 양식만 있으면 되지, 더 가지려 하지 않겠다.

'유별난 한국적인 기독교인'이 아님에도 불구하고, '소유권'에 대한 더 깊은 탐구를 목적으로 홀로 하나님의 역사를 찾아서 이집트를 비롯한 중동지역까지 순례하는 시간도 있었다. 간간이 해외에 나갈라치면, 내 소개는 '대한민국 평론가(Korean critic)'에서부터 출발한다. 따라서 부정의에는 소경이 되는 삶인 평론가로서의 저술로서, 좌·우 이념 논쟁은 쓸모없는 일로 이를 벗어났다.

우리는 흔히들 "호주머니 털어 먼지 안 나오는 놈 있냐?"고들 한다. 그러나 아쉽게도 나에게서는 나올 게 없다. 옷을 정갈하게 입으면 먼지가 없을 것이고, 자신의 위치에서 과욕을 배제하면 먼지가 쌓이지 않는 법이다. 투기·음주운전·위장전입·갑질 등과 친해진 '이익 카르텔'에 친숙하지도 않거니와, 여생에 그럴 일도 없을 것이기에 자신 있게 저술하였음이다. 소위 한국 사회에서의 주류라고 새로운 지식 연마는 커녕, 청소년기 학벌만으로 나대면서 혹여나 폄훼하려 드는 자의 '도덕적 잣대'와 '지식적 도전'에도 마다하지 않는다.

산업화와 민주화를 성취한 노인들에 대한 복지는 시혜가 아니라 '권리'이다. 그러나 세계에서 15년째 만년 꼴찌를 자랑하고 있다. 대한민국호가 사라지게 할 출산율과 노인 자살률이 경제 대국에 걸맞지 않은 자화상에도 부끄러움조차 없다. 공무원의 복지부동과 경제적 궁핍 속에서도, 인간의 존엄성과 마지막 자존감을 지키려 한 외침이자 복지의 현주소를 그린 '나, 다니엘 블레이크(I, Danial Blake)'란 영화 대사 한 대목에서 '함께 살아가는 방법의 중요성'을 깨닫자.

"나는 다니엘 블레이크, 개가 아니라 인간이다. 이에 나는 내 권리를 요구한다. 인간적 존중을 요구한다. 나, 다니엘 블레이크는 한 사람의 시민, 그 이상도 그 이하도 아니다. (I'm Daniel Blake, I'm a human, not a dog. Hereby I demand my rights. Demand human respect. I, Daniel Blake, am a citizen, nothing more, nothing less.)"

이 절규는 '인간으로서의 상식' 아닌가? 힘센 자들이 '추악한 부채(ugly debt)'를 민중에게 안기면서 공존의 사고가 없는 사기꾼집단은, 현대복지제도를 비판한 이 영화를 한번 관람하면 좋겠다. 온갖 특권과 특혜를 둘러쓴 집단에 대해 "신음은 조용하게, 분노는 크고 높게, 저항은 더욱더 세차게"란 소시민의 울림인 '인간으로서의 존엄'이다. 복지 및 소외층 해소에는 예산 부족이라서가 아니라, 대한민국에는 도둑놈이 많아 못하는 것이다. 미관말직이라도 어떠한 자리에만 앉으면은, 국가 돈을 빼먹거나 탁상공론에 의한 세금 누수로 혈세가 탕진된다. 이러한 혈세만 건져도 '지구상 최악의 복지후진국'에서 벗어날 수 있겠다.

이 영화에서 이 세상 함께할 수 있는 '긍휼의 미학'도 찾자. 이제 민중의 저항이 더 세차기 전에 내려놓는 자세를 갖자. 대통령부터 모든 공직자는 '자신의 위치에서의 과분한 특권과 특혜'는 말이다. 이게 인간의 원초적이고도 보편적인 '상식'이다. 세상사 '상식'은 법과 도덕보다도 우위인 덕목이다. 상식이 통용되는 사회가 얼마나 좋은가? 그러한 나머지 애초에 본서의 제목을 '대한민국 상식론(大韓民國 常識論, Common sense theory of Korea)'으로 정한 채 집필했다.

세상천지에 '의대 증원'에 근 20년간 반대하는 의사들이 준동해도, 역대 정부는 휘둘리기만 하다가 가까스로 증원됐다. 이러한 국가는 세계에서 대한민국 뿐이다. 그에다가 훈장이 넘친다. 선량한 민초(民草)는 국민의 한 축이 아닌지 없고, 공직자와 고등사기꾼들만 차지한다. 그러나 주렁주렁 달고 다니기가 부끄러운 나머지, 선진국과는 달리 장롱에서 깊은 잠에 빠졌다. 되레 탐욕에 찌든 채 약자를 짓밟는 그들만이 애국자인 양 설친다. 성실한 삶을 구가하는 일반시민, 즉 민중에게서는 훈장감이 없단 말인가?

'문화강국'을 저버리는 책을 읽지 않는 사회가 더해 출판업계마저 굶어 죽는다. 이들과 저술가나 작가가 밥을 먹어야 인문학이 살고 동네 서점도 살 것이다. 반면 대한민국 고등사기꾼집단인 국회에 입성하려는 자들이, 세를 과시하면서 정치 자금화에 '함량 미달인 책'이 잘 팔리는 웃기는 세상이다. 이를 개탄하며, 이 세상의 '비주류 지식인'으로서 앞서 말한 영화 대사를 패러디한다.

"나는 게으름뱅이도, 사기꾼도, 거지도, 도둑도 아니다. 벌금 전과조차 없으나, 올곧은 심지로 인하여 초야에 묻힌 선비일 뿐이다. 책을 쓰다 보면 빈한할 수밖에 없는, 대한민국 평론가의 현실이 안타깝다. (I'm not a lazy person, a con artist, a beggar, or a thief. He has no previous record of fines, he is merely a scholar who was buried in the wilderness due to his upright intentions. It's a pity that the reality of Korean critics is that they have no choice but to be poor when writing books.)"

우리나라 각 가정에서 키우는 약 1,500만 두의 애완견은 주인에게 충성한다. 따라서 만약에 내가 국회의원(고관대작 포함)이라면, 명실상부한 '국가와 국민의 개(犬)'가 되겠다. 밥 한술 먹으면 되지 아니한가. 어차피 저승까지는 존속하지 못할 부와 권력인 터라, 사익은 철저하게 배제하겠다. 열대 우림지대에서도 인간과 동물이 공존한다. 공존의 늪이 있는 사회로 가기 위해서는 분에 넘치는 과한 특권과 특혜를 내려놓자.

이 땅에서 누린 것을 저승에서도 누릴 수 있다면, 얼마나 좋으려나? 따라서 이런 자들의 사후 '예수와 같은 승천'을 돕기 위한 묘지 분양을 위해, 감람산(Mount of Olive)에서 부동산업자로 변신할지도 모르겠다. 그러나 국민에 대한 봉사자가 아닌 민중에 대한 착취계급으로 변한 이 자들은, 사후세계에서는 하데스에게 참수당하지 않을까 싶다. 따라서 혐오와 증오의 정치를 없애고 적대적 공생관계도 끝내자.

이 책의 특장(特長)은 첫째, 선진 9개국 의회를 비교 분석하고 우리 국회의 폐해와 올바른 방향을 제시했다. 법조 전관과 고위공직자 비리가 국민의 생활상에 어떤 영향을 미치는지 파헤쳤다. 따라서 고유의 전공을 넘어, 다양한 분야에 걸쳐 연구한 학문의 성과와 삶의 경험칙과 특권 폐지를 위한 활동이 더했다. 둘째, 각 부·각 장 안에서 문제 제기와 나름 대안을 제시하고, 럭셔리한 삶을 구가하면서 책상머리에 앉아 '몸 따로 행동 따로'인 문행불일치(文行不一致)의 '손가락 정의론자'가 아닌, '실천적 정의론자'로서의 외침이다. 넷째, 각주에서는 간헐적인 인용 외, 본문에서 말한 내용에 맞는 실제 겪은 사례와 짧은 여행기를 에세이처럼 엮었기에, 대리 체험과 함께 재미를 더하게 했다.

사기와 거짓말에 능한 '야누스적인 자'가 잘 사고 요직에 앉아, 국민을 기만하는 국가는 망한다. 태초에서부터 인간이 어떻게 망가지면서 착취의 시대로의 변천과 함께, 어떻게 하면 인재를 두루두루 등용하며 건전하면서 공존하는 사회로 갈 것인가에 대한 혜안이 있다. 아무쪼록 이 책이 각계각층에서 많이 읽어지기를 소망한다. 각 장에서 논파한 이 세상을 향한 메아리와 함께 고민하면서, 대한민국호가 이 지구상에서 영원할 수 있는 길을 모색하였으면 한다.

2024년 1월 21일, 찬란한 태양을 바라보면서

『부동산정의론』 저자
대한민국 민초 정종암(鄭鍾岩)

Contents

들어가며   ·5

제1부 암울한 현실에서 밝은 미래로

제1장 내가 국회의원이거나 고위공직자라면   20
국민연금이 국회의원 휴가비보다 적은 나라에 사노니   22
어쩌라! 아무것도 남김없이 가는 저승길인걸   27

제2장 태초에 우리 인간은   28

제3장 미래세대와 함께 할 수 있을까?   32

제4장 특권과 비리로 얼룩진 사회   35
역사상 권력자의 덕목   37
좁은 국토 안에서의 그들만의 탐욕   44
시정잡배보다 못한 언사의 행렬   47
공약(公約)은 공약(空約)뿐인 꼴값   49
아테나의 페리클레스 같은 지도자가 있다면   52

제5장 꿀단지에만 빠진 국회의원이란   56
희화화(戱畵化)된 국개(國犬)   61
노인복지와 출산율 꼴찌인 무늬만의 경제 대국   63

제2부 특권 폐지와 시민불복종

제6장 특권 폐지를 위한 국민 선언문　68

지구상에서 대한민국호가 사라질 수도 있어　*69*

전청조의 사기는 새 발의 피　*72*

제7장 스파르타와 투키디데스 함정의 교훈　75

리쿠르고스 헌법의 영원성　*81*

인류 최초의 사회주의자　*85*

제8장 민주주의와 자유민주주의　88

전체주의와 공산주의　*92*

계획경제와 신자유주의　*95*

경제민주화와 시장경제　*105*

플라톤의 《국가》와 키케로의 《국가론》　*108*

제9장 고등사기꾼집단인 국회의원의 연봉은 세계 최고　114

명절휴가비만도
국민연금 평균 수령액보다 많아　*114*

거대양당의 재산 불리기　*116*

제10장 방탄국회와 선심성 감세의 공생　　120

그들만의 꽃방석 교체와 보좌관 인건비 증액　*123*

제11장 세계 각국의 의회와 의원의 태도　　125

(1)영국 −125

(2)미국 −131

(3)프랑스 −135

(4)독일 −138

(5)일본 −144

(6)이탈리아 −146

(7)덴마크−148

(8)노르웨이 −149

(9)스웨덴 −150

제12장 권리장전이 무색한 특권　　153

권리장전　　*155*

변질된 면책특권과 불체포특권　　*158*

제3부 특권을 방관하는 국민도 문제

제13장 의원 숫자 줄이기는 요원한가?　　166

　　의석수 줄이기와 늘리기　　167

　　의원 수를 확대해 희소가치를 낮추는 방법도　　170

　　의석수를 줄인 국가　　173

　　3권분립에 반하는 여의도 출장소와 미국의 대안　　175

제14장 법조 카르텔에 없는 놈은 죽어나는 세상　　185

　　법조의 비리 행태　　188

제15장 전관예우 방지를 위한 제도의 문제점　　195

　　전관예우의 근절 방안　　198

　　형사사건 변호사수임료 상한제 도입　　199

제16장 우리 헌법의 해석과 변천에 대하여　　203

　　재판관의 가치가 개입되는 문제　　203

　　헌법해석은 어떻게 할까?　　205

　　법의 목적과 정의　　209

　　추악한 선민의식　　212

제17장 비리 집단 한국토지주택공사(LH)의 행태　　　215

웃지 못할 LH의 부패방지교육　　　*219*

토지공개념은 국유화가 아니다　　　*225*

한국토지주택공사 해체해야　　　*228*

제18장 영혼 없는 대한민국 공무원집단의 행태　　　230

느슨한 판결이 공무원 범죄를 더 부추겨　　　*234*

가재는 게편, 노인 범죄 방지책은　　　*239*

공무원 범죄 엄하게 처벌해야　　　*244*

제4부 특권 없는 세상을 향하여

제19장 거대정당의 적대적 공생관계를 깨부수어야　　　248

제20장 '조지 워싱턴' 같이 대통령도 특권을 내려놓아야　251

총체적 난국에 궁민(窮民)이 일어서야　　　*255*

제21장 영원한 삶은 없다. 착취를 거두라　　　259

법도, 도덕도, 윤리도 '상식'이다　　　*259*

대통령도 특권을 내려놓아야　　　*260*

저술을 끝내며   ·266

참고 문헌   ·268

제1부
암울한 현실에서 밝은 미래로

    본서의 서술에 들어가기 전에 대한민국에서 온갖 특권과 특혜를 누리면서 노블레스 오블리주(noblesse oblige)가 없는 현실을 개탄하며, 나름 대안을 제시한 개괄적인 단문을 먼저 보고 이어가고자 한다. 학회지에 기고한 논문이라면 요지인 '국문 초록'의 성격을 띤다. 원제목은 "특권 폐지를 위한 제언"이고, 소제목으로는 "내가 국회의원이나 고위공직자라면"이다. 이 글은 본서의 축약본이기도 하다. 다음으로는 뿌리 깊은 나무는 바람에 흔들리지 아니하고, 뿌리 없는 현재는 없기에 '태초'에는 사악하거나 탐욕이 없었던 '인류 탄생의 역사'부터 예기하고 이어지겠다.

제1장

내가 국회의원이거나 고위공직자라면

태초에 우리 인간은 어땠을까? 내 것, 네 것이 구분 없는 공존의 세상이었다. 신이 창조한 세상은 온갖 짐승과 벌레와 인간이 공존하는 무탐욕(無貪慾, ungreedy)의 세계이자, 탐욕이 득실거리거나 침범하지 아니하는 무주물(無主物, Res nullius)의 상태였다. 누가 누구를 지배하거나 갑질(甲-)이 없는 평화로움이 넘쳤다. 더구나 세상은 창조주 하나님의 땅이었다.[1] 인류의 탄생에 있어 이해 불가의 특이한 서사(敍事)도 많지만, 태초에는 아마도 네 발로 천지를 헤맸을 듯하다.

이러했던 게 수렵·채취의 생활에서 농경 생활로 발전하면서 직립보행을 하게 되었고, 이때부터 부족사회로 발전하게 되면서 이웃의 땅을 빼앗고 지배하면서 세력을 확장하는 전철을 밟게 된다. 온전하지는 않지만, 국가 형태의 연맹체인 부족연합에 이어 국가의 단계로 발전한다. 따라서 전 인류를 위해 함께 보존하고 관리하는 보이지 않는 개개인의 책임이 있다. 이쯤에서, 아니 훨씬 이전부터 창조주의 뜻을 배반하면서 인간 간의 착취로 이어진다. 이러한 부정의로 인해 뜻있는 개혁적인 리더(指導者, Leader)가 나타나면서 저항의 선봉에 선다.

고대 그리스와 로마 시대의 농지개혁, 4세기 로마 교부(敎父, Father of the Church)들의 저항, 11세기 말 영국에서의 삼림 헌장, 하나님이 하사한 땅(the land of God)의 공유화에 불을 지핀 헨리 조지(Henry George)나《유토피아》의 토마스 모어(Thomas More)를 비롯한 시대 상

---

1) 정종암, 토지공법연구 제99집, 『토지의 공공성 강화에 관한 연구』, 한국토지공법학회, 2022.08. 237면. 참조.

황마다 사상가들이 나타나기 시작한다. 덩달아 불의에 못이긴 민중 또한 저항하게 된다. 21세기를 걷는 작금의 대한민국에서, 뜻있는 민중들도 '국회의원 및 고위공직자'의 특권을 폐지하고, 정의로운 세상을 갈구하며 나섰다. 마치 프랑스 시민혁명의 전야(前夜)처럼 말이다.[2] 프랑스혁명 때 성난 민중이 왕궁을 습격했듯이, 더는 이들의 오만방자한 행태를 볼 수 없어 2023.5.17자에 1만여 명의 민중이 운집한 가운데 국회를 에워싸는 '인간 띠 잇기'까지 갔다. 근동(近東)의 사막 속 고대도시였던 팔미라(Palmyra)[3] 장수들의 "로마로부터 독립하자. 명령만 내린다면 로마를 물리치겠다"는 탄원문에서처럼 강한 의지가 표출되었다.

이러함은 태초에 무주물(無主物)이었던 게, 힘센 자들과 정책입안자들이 공익보다 사익에 앞선 데에서 기인한다. 한마디로 이들이 '함께 한다는 공존의 늪'을 뒤엎었기 때문이다. 따라서 급변하는 현대사회이지만, 유별나게도 작금의 우리 사회는 도덕성과 윤리성이 땅바닥에 내던져진 오물이나 시궁창을 연상하게 한다.

잠깐 여기서 한나 아렌트(Hannah Arendt, 1906~1975)의 말을 차용하여 표하자면, "소수를 위한 특권이 모든 사람을 위한 권리로 대체된 상황"[4]과 같다는 점이다. 빈자는 '힘센 마법사'[5]나 '능력이 출중한

---

2) 나폴레옹법전을 제정하기에 이른 프랑스혁명은 부르주아혁명(이른바 계급으로서의 시민혁명)만이 아닌, 전 국민이 자유로운 개인으로서 평등한 권리를 쟁취하기 위한 넓은 의미를 포함하는 혁명이라는 점이었다는 점이다. 그 당시 성직자·귀족 등 특권적인 신분, 면세 특권은 물론 높은 관직과 막대한 토지 독점구제도의 모순 비판에서 발생했다. 따라서 필자도 2023.4.16. 발족식을 가진 특권폐지국민운동본부(특본)의 발기인으로 참여한 이 저항도, 이와 크게 다를 바 없다. 힘센 자들의 특권과 그들만의 카르텔은 도를 넘었기 때문이다.

3) 세계 최초의 도시 '다마스쿠스'가 수도인 현 시리아 중앙부에 있는 고대 대상(隊商)의 도시유적지이다. 1~3세기 로마 속령의 상업중계도시로 260년경, 오다에나투스(Odaenathus,)가 독립왕국을 창시했다. 272년, 로마의 아우렐리아누스에게 함락되어 '아라비아의 클레오파트라'라고 일컬어지는 미모의 여왕이었던 제노비아(Zenobia)는 로마에 연행돼 사망했다.

4) 한나 아렌트(Hannah Arendt)·이진우·박미애 역, 『전체주의의 기원1』, 한길사, 2006, 186면.

5) 정종암, 『부동산정의론: 출발선이 공정한 나라』, 경진출판, 2022, 183면 각주. 참조.: 존 스켈턴(John Skleton)경의 1867년 디즈레일리 스케치에서 따온 말로, 마법사는 빈자나 하층민은 어느 시대를 막론하고 될 여지는 없었다. 이들은 요즘 회자되는 '금수저나 다이아몬드 수저'와 '흙수저나 똥수저'와 대비되기 때문이다.; 정종암, 앞의 책, 1~2장, 참조.

마법사'와 동화되지 못하고 있다. 인간의 야망이나 욕망은 분쟁을 초래한다. 마키아벨리(Niccolò Machiavelli, 1469~1527)에 따르면 자연이, 신이 인간을 창조할 때, 모든 것을 가지고 싶어 하면서도 아무것도 손에 넣을 수 없도록 한 것도 그 때문이다. 원하는 걸 모두 얻을 수 있는 힘보다 원하는 욕구가 언제나 훨씬 크기 때문에, 결국에는 자신이 가지고 있는 것에도 스스로 만족하지 못할 뿐 아니라 오히려 불만을 느끼게 된다고 한다. 이러한 욕망, 더 나아가 탐욕은 분쟁에 이어 전쟁으로까지 치닫는다. 태초에는 그러하지 아니하였고, 그 탐욕을 제어하는 기준이 있었다. 즉 구약성서 가운데 토라(Torah)의 613개 율법 조항이다. 유대교에서는 아주 중요한 문서인 모세오경으로, 구약성서의 첫 다섯 편인 창세기·출애굽기·레위기·민수기·신명기를 일컫는다.

✎ 국민연금이 국회의원 휴가비보다 적은 나라에 사노니

이상기후로 인한 온난화를 넘어 열대야로 전 국민이 잠을 설치며 힘들어서도, 고물가와 만족스럽지 못한 수입 탓에 10명 중 6명이 넘게 올여름 휴가는 언감생심이다. 이러한데도 대한민국 사기꾼 중에서도 고등사기꾼집단[6]인 국회의원은, 궁민(窮民)은 안중에도 없이 연 2회에 걸쳐 850만 원(2024년 기준)을 받아 챙기고는 희희낙락거린다는 사실에 울분을 토하지 않을 국민은 없을 것이다. 그건 국민의 세금이다. 이들이 삼복더위에 "엄마! 휴가는 못 가도 켄터키 치킨이나 사달라"고 외치는 한 가정의 아들이나 보듬을 줄 알까? 올해 대홍수에도 수재의 연금을 각자 20만 원밖에 내놓지 못하는, 그들에게 긍휼의 미학(aesthetics of compassion)[7]을 기대하기는 어렵다.

---

6) 정종암, 앞의 책, 20·128·349면, 참조.
7) 성종암, 잎의 책. 27·459~461면, 참조. 본 용어는 저자가 고안한 조어로서, 활자화함도 최초다.

여의도 샛강 돔형 지붕 아래에서 군림하는 이들의 휴가비는, 서민들에게는 1년 생활비를 방불케 하는 아주 큰 액수이다. 그러함에도 껌값 정도로 생각하는 철면피 행각을 잘 보자. 민주화와 산업화에 기여한 공로에도, 더러는 한국전쟁과 베트남전쟁 참전도 불사한 노인에게 지급되는 기초연금은 월 33만 4천원x12개월 합 연 401만 원이요. 국민연금 수령액은 월 58만 원x12개월 합 연 696만 원(2022.12. 기준), 그리고 기초생활수급자 1인에게 지급하는 생계급여비가 연 855만 원이다. 이러한 복지 혜택이 국회의원에게 지급하는 연 휴가비와 거의 같거나 적다는 게 통탄할 일이 아닌가. 더구나 국민이 낸 개개인의 세금에서 지급한다는 사실이다.

이뿐이겠는가? 정책자료 발간과 홍보물 인쇄 비용이 연 1,200만 원과, 이를 발송하는 우편료까지 연 755만 원 지급과 함께, 의정활동 홍보를 위한 문자 메시지 비용까지 연 700만 원이 더 지급된다. 이런 것까지 지급해야 할까?

이 정도로 낯간지러운 도덕불감증(道德不感症, moral hazard)에 빠져 있다는 사실이다. 이들에게 선량(善良, good)을 기대할 수 없는 특유의 고등사기꾼이 아닌 바에는, 어떤 미사여구로도 칭송할 수 있는 단어조차 없다. 이러함이 수면 아래 잠자는 듯했지만, 더는 안 된다는 공감대 형성이 국민에게 가일층 높아지고 있다. 더러는 이러한 나쁜 짓을 하고는, 창조주 하나님과 예수를 찾기도 한다. 인류 최고의 야누스 중의 야누스 행각이다. 중동의 사막 속 시나이산(Mount Sinai)[8] 모세의 영혼이 울겠다.

또 다른 그들의 눈 뜨고 볼 수 없는 단면을 본다. 알랑방귀를 뀌면서

---

8) 시나이산은 모세가 하나님에게서 십계명을 받은 중동지역에 있는 성지이다. 저자가 '한국적막의 크리스챤(?)'은 거부하나, 하나님이 하사한 '땅(토지)의 역사'를 연구차 2023.6~7월에 다녀온 바 있다. 소재지는 시나이반도에 있는 이집트와 아라비아반도의 사우디아라비아인지 분명치 않으나, 후자에 무게를 둔다. 그러나 시나이산이라고 여겨지는 사우디아라비아 쪽은 기독교를 섬기지 않는 탓 등으로 출입을 통제하거나 거의 폐쇄돼 있다.

공천권을 따내 힘지도 아닌 텃밭에서 배지를 단, 초선인 어느 여성의원의 SNS상 사진을 보노라면 가관이다. 늙은 지방의원을 끌어모아 회의한답시고 전제정치의 군주인 양 상석에 앉아 있거나, 현장지도랍시고 유신헌법 하의 박정희 대통령처럼 손가락으로 하늘을 찌르는 꼴값하는 모습까지 포착된다.

　고등사기꾼집단인 국회의원이나 영혼 없는 대한민국 공무원과는 숨통이 멎는 발작이 있기에, 매사 부딪치지 않으려는 내가 언젠가 모 여성의원 사무실을 방문하게 됐다. 노이즈마케팅에도 능한 전자의 그녀와는 다른 면모를 보였다. 그녀는 셋이 간 일행을 상석에 앉아서 대하지 않았다. 사무실 밖에서까지 배웅함은 물론, 보좌진까지 일어서서 인사를 했다. 아니나 다를까. 후자의 여성의원은 국회의원 특권을 내려놓겠다는 운동에 동참한 7명의 의원[9] 중 한 명이다. 전자의 여성의원과는 달리, 거수기 역할을 떠나 자기주장도 소신껏 펼친다. 후자와 같이 세비를 받을 자격이 출중한 고졸로서의 입지적인 여성의원도, 그 7명 중에 있음에 세비가 아깝지 않고 찬사를 보내고 싶다.

　거대정당의 대표를 지낸 전 의원이 그를 따르는 지인이 국회의원 선거에 출마를 벼르자 "돈 있냐? 변호사 자격이 있냐? 박사냐?"고 일갈했단 게 회자된다. 이에 나는 SNS에서 "대한민국 정치판, 돈이 정치를 만들고 정치인을 만든다. 또한 정치가 돈을 만든다. 그런 후 반벙어리 삼룡이도 1년쯤 지나면 달변가가 된다. 그러면서 대한민국 고등사기꾼집단에 편입된다. 그들의 이익공유 카르텔 말이다"고 내뱉었다. 이건 내 경험칙과 현실이다. 이 말이 맞지 아니한가? 돈이 없거나, 변호사가 아니거나, 박사학위가 없으면 넘볼 수 없다는 뉘앙스다. 굵은 떡고물과 산해진미가 넘치기에, 이러한 자들이 국회에 입성하려고 혈안이다. 아주 간교하고 잔학한 이익집단인 이들은, 그릇된 삶임에도 엘리트란 착각

---

9) 강대식·권은희·이종배·양향자·조경태·최승재·최재형 의원으로 국민의힘이나 무소속이며, 공교롭게도 야당인 더불어민주당 소속은 없다.

에 빠진 채, 책 한 줄 안 읽기에 덩달아 인문학 부재 현상을 낳는다.

 인도의 카스트제도가 상륙한 양, 특권을 누리는 군상(群像)은 또 있다. 총체적인 부정의가 판치기에 다 나열할 수 없으나, 몇 가지만 보자. 첫째, 정의를 상징하는 디케(Dike) 여신에게 뺨을 맞고도, 양심의 가책을 느끼지 못하는 법조인의 전관예우다. 법원이나 변호사회관에 가면 저울을 들고 있는 동상의 주인공이 바로 제우스(Zéfs)의 딸이다. 이 정의의 여신상 앞에서 정의로운 법조인이 되겠다고 다짐하지만, 50억 ~100억 원을 쉽게 받아 챙겨 지탄을 받고 있다. 바로 '유전무죄 무전유죄'(有錢無罪 無錢有罪)[10]란 조어(造語)를 탄생시킨, 세계에서 부패지수가 높기로 유명한 법조(法曹)의 현실이다. 둘째, 법조를 떠나 고위공직자나 공기업 고위직들이 습득한 정보를 빼내 부동산 투기를 일삼거나, 퇴직하고도 전관예우로 다시 재취업하는 경우다. 한번 잡은 감투는 거의 죽을 때까지 거머쥐는 불공정성이다. 한마디로 '요람에서 무덤까지' 특권을 누린다. 야당 혁신위원장[11]의 예에서도 잘 나타나고 있다. 1,200억 원이나 투입된 새만금 세계스카우트잼버리(World Scout Jamboree)대회의 성공적 개최를 위한 핑계로 99회 외유성 출장은 빙산의 일각이다. 셋째, 산학협동 협약 연구비를 제 돈 쓰듯 펑펑 쓰거나, 횡령하는 파렴치한 일부 장사치 교수들이 있다. 교수란 타이틀 아래 연구는 뒷전인 채, 어디든 들이대 감투를 얻기에 혈안이다. 이러한 교수가 있는 대학도 공범으로, 예산을 따옴에 인센티브를 지급하면서

---

10) 이른바 '대장동 50억 클럽' 전 특별검사 박영수가 2023.8.4. 구속·수감되었다가, 2024.1.19. 보석으로 석방됐다. 1988.10.8, 영등포교도소에서 대전·공주교도소(치료감호소) 등지로 이감 도중, '지강헌'을 포함한 12명이 교도관을 제압하고 서울로 잠입한 탈주 사건이다. 그 당시 악명높은 사회보호법(1980년 제정, 2005년 폐지) 때문에 형기 7년을 채우고도, 무려 10년을 더 보호감호처분을 받아야 했다. 그 당시 화폐 가치로 560만 원어치 절도를 저지른 지강헌은 합 17년을 복역하는 셈이었던 반면, 76억 원을 횡령한 전경환(전두환의 제)은 겨우 7년(3년 남짓 복역)을 선고함에 있어, 그 형평성의 불만 속에서 탈옥한 것이다. 당시 초등학교만을 졸업했지만 똑똑해 보였던 지강헌의 요구에, 비지스의 홀리데이(Bee GeesHoliday)를 경찰이 급히 전달하는 촌극이 벌어지기도 했다.

11) 국민일보 2023.08.03. '尹 밑에서 치욕' 김은경에 "연봉 3억 다 챙기고 냉발"; 세계일보 동년. 08.07자. "정권 교체 후에도 연봉 3억 원의 금융감독원 부원장직 임기는 지켜온 처신 또한 위선적"이라고 주장했다. 1,500만 두 애견은 꼬리를 살랑살랑 흔들면서 각각의 주인에게 충성한다. 그러나 국회의원은 주인인 국민에게 충성은커녕, 특권만을 누린다. 가히 염라대왕조차 탐낼 노릇이다.

비리를 알고도 쉬쉬하는 현실에 처해 있다. 내부고발이 없어 속수무책이다. 넷째, 의사들의 집단이기주의와 갑질도 문제다. 국민의 건강과 생명을 다룬다는 점에서 합당한 보수는 주어져야 한다. 하지만 국립대학교 의과대 정원이 평균 96명으로, 일본이나 서구에 비해 턱없이 부족한데도 18년간이나, 역대 정부는 의사들에게 휘둘려 왔다. 끝내는 2024.2.6. 19년 만에 2000명을 증원하겠다고 하였으나, 수급까지는 향후 10여 년이 걸릴 문제다. 앞으로도 언제까지 이들의 특권에 눌린 채 살 것인지 암담하다.

✍ 어쩌라! 아무것도 남김없이 가는 저승길인걸

시인 백산(柏山)은 우리네 삶을 이렇게 읊었다.

"천년을 살 것처럼/날뛰는 인생아/우리, 어디쯤 가고 있느냐/벌써 중년의 고비를 넘고 있는데// −중략− 우리네 삶이 멀게만 보였지만,/벌써 여기까지 왔네//화살처럼 스쳐가는 순간적 삶인지/알면서도 망각하는 우리네 삶에/그렇게도 허우적거리지 말게나//탐욕도 부질없는 것일세/끝없는 소유가 아름답고/진정한 행복만이 아니란 걸 알게나/우리네 인생, 찰나에 끝나는걸/천년을 살 것처럼 날뛰는 인생아."

그렇다. 영생(永生, eternal life)이 있다고 한들, 이 세상의 약자를 죽이면서까지 탐욕에 찬 자들이 애지중지하는 처자식은커녕 부와 권력을 그 세계로 인도할까? 니체의 공상적 관념인 영원회귀(永遠回歸, Ewige Wieder-Kunft)도 아니다. 인생은 짧다. 오렌지색 석양을 발하는, 누구나 예외 없는 생의 종착역은 온다. 그 종착역인 하데스(Hades)가 지배하는 세계에까지 인도하지 않는, 문전박대를 당하는 게 우리들의 삶임을 깨닫자.

성경을 차용하지 않더라도, 동 인간으로서 긍휼(矜恤, mercy)의 자세를 가져야 한다. 따라서 이승에서 현직만으로도 성공한 것 아닌가? '노블레스 오블리주'까지는 아니더라도, '양상군자(梁上君子)'의 삶은 배척하자. 초야에 묻힌 내가 만약에 국회의원이나 고위공직자면, 국고를 아끼며 국민에게 군림하지 않는 각 가정의 애완견처럼 맹세코 충성스러운 '국민의 개(국개, 國犬)'가 되겠다.[12] 도둑질은 거두라. 그 위치에서의 명예만으로도 충분하다. 밥 굶지 않는다. 탐욕의 카르텔을 허물라. 부정의 (injustice)한 특권을 내려놓고는, 정의로운 세상으로 갔으면 한다.

---

12) 정종암, 갑을정변2015대한민국, 삶의출판, 2015, 26면.

제2장

태초에 우리 인간은

뿌리 깊은 나무는 바람에도 흔들리지 않기에, 그 꽃이 아름답고 그 열매 성하도다. 샘이 깊은 물은 가뭄에도 마르지 않기에, 흘러서 내가 돼 바다에 이르는 도다(根深之木 風亦不扰, 有灼其華 有蕡其實. 源遠之水 旱亦不竭, 流斯爲川 于海必達). 용비어천가 2장의 첫 구절 차용과 인류의 역사부터 서술함은 뜬금없는 예기는 아니겠다. 우리 인류의 여정을 살펴봄으로써, 현재의 타락상에 대한 성찰로 미래를 예측하기 위해서다. 태초에는(In the Beginning), 이 지구가 어떠했으며 또한 인류는 어땠을까? 인간이라면 누구나 한 번쯤은 이러한 생각을 가졌을 만하다. 순수했던 인간이 타락의 길을 걷고 있다. 바로 소수의 탐욕이 더해 대다수와 함께 멸망의 길로 치닫고 있기 때문이다. '탐욕의 비행기(plane of greed)'를 타고 말이다. 그러나 그 결과는 지구의 온난화로 미래세대와 함께해야 할, 생활 터전인 언덕마저 무너뜨리고 있다. 탐욕의 도가니에서 허우적거리고는, 지구의 영속이 이어질지는 의문의 꼬리를 문다.

보자. 우리가 사는 지구는 약 46억 년 전에 탄생하였고, 지구상 생명체의 출현은 30억 년 전으로 추정하고 있다. 또한 약 30만~200만 종(種)이 넘는 식물체가 현재 지구상 환경에 적응하며 존재하고 있다. 오늘날의 식물로 진화하기까지는 25억 년이란 세월이 필요했다. 반면 인류는 600만 년 전에 탄생하였으며, 그중에서도 유일하게 살아남은 현대인인 호모사피엔스(Homosapiens sapiens; 슬기롭고 슬기로운 사람)는 4만 년쯤에 나타났다, 그리고 프랑스에서 발견된 크로마뇽인(Cro-Magnonman)이 최초의 현대 화석이며, 공동 조상의 시원지(始原地)는 아프리카지역일 가능성이 높은 게 현세의 공통적인 의견이다. 그 이전에 오스트랄로피테쿠스(400만 년 전, 원인)-호모하빌리스(250만 년 전)-호모에렉투스(180~30만 년 전, 자바원인과 북경원인(200만 년 전, 동아프리카 지역?))-네안데르탈인(20만 년 전)-호모사피엔스로 진행됐다.[13]

  최근 선사시대인 4만 5,000년 전 기록문화라고 할 수 있는 벽화가 인도네시아 술라웨시섬 레앙테동응에(Leang Tedongnge) 동굴에서 발견[14]돼, 멧돼지 등의 그림이 그 당시의 생활상을 생생하게 표현하고 있다. 최초의 인류는 맹수(猛獸)나 공룡(恐龍)과 침팬지 같은 거대한 동물과의 경쟁에서 밀린 나머지, 초원으로 떠밀려 온 약한 개체인데도 직접 사냥이 가능했을까? 요즘의 아프리카 밀림 속, 하이에나나 사자에게 잡아 먹히는 물소 같은 존재였는지도 모른다. 따라서 초원의 강한 개체 속에서는 가능하지 않았을 것이다. 구석기시대에는 채집과 사냥으로, 이동성 생활을 하였다.

  어쨌든 우리와 닮은 현생인류인 호모에렉투스는, 개체 수를 늘려가며 도구를 이용한 사냥과 부싯돌에 의한 불(火)로 요리법을 익히고, 사회를 구성하면서 직립보행을 하였을 것이다. 다시금 인류는 협동심과 사랑 등의 감정을 표출하는 뇌의 용량이 커지자 10만 년 전, 빙하지역을 제외한 다른 지역으로까지 세력을 넓히는 작업의 일환으로서 탈출하기에 이른다. 이러다가 1만 년~1만 2천 년 전, 밀림을 벗어나 그나마 황야의 들녘이 있는 곳에서 농경을 시작하였다. 이른바 신석기 혁명(농업혁명)에 의한 농업의 발달로, 인간이 온갖 작물의 농작물화(農作物化)와 동물의 가축화(家畜化)로 식량을 얻었다. 정착하게

13) 호모 사피엔스 사피엔스(Homo sapiens sapiens)는 대략 20만~30만 년 전이며, 사람 속(genus Homo)은 200만~250만 전에 나타난 것으로 알려졌다. 화석을 분석하여 더 오래전의 인류 조상(hominins)들이 지금의 인류와 유사한 방식으로 걸었다고 연구 결과는 무려 360만 년 전이라고 발표하였다. 미국 애리조나대 데이비드 레이츨런(David Raichlen) 교수는 2018실험생물학총회(2018 Experimental Biology meeting, 4월 21~25일) 중 미국해부학회 학술대회에서 "화석의 발자국은 보행에 대한 유일한 증거"라며, "연구 결과 발자국 크기 차이를 감안해 360만 년 전의 인류 조상(hominins)들이 오늘날의 인류와 매우 유사한 방식으로 걸었다는 사실을 발견하였으며, 약간의 차이는 있을지라도 이 인류의 조상인 호모인들은 걸을 때 우리처럼 보였을 것"이라고 발표했다.; [출처] 메디월로 돌아보는 직립보행, 인류는 언제부터 서기 시작하였는가? 작성자 gsw8879 재인용.
14) 한국일보, "인도네시아 술라웨시 동굴벽화, 인류 회화의 기원지인가?", 2023.08.19.

됨으로써 인구의 증가로 이어졌다. 따라서 관개(灌漑), 쟁기 등에 의한 농업 개량을 위한 다양한 기술과 도구를 개발했다.[15]

또한 생명체의 생물학적 진화 과정은 또 어떠한가. 무기물-유기물-원시세포-원시 생명체의 순서로 진행되었다. 따라서 식물조직이 노화하면 단백질, 핵산, 엽록소가 감소한다. 그리고 광합성과 호흡의 활성이 떨어진다. 끝내 낙엽화(落葉化)를 촉진시키는 에틸렌(ethylene)이라는 호르몬이라는 물질 때문이다. 바로 인간도 노화현상인 만추의 단풍이 지듯이 소멸한다. 이러한 나머지 분열조직의 세포분열을 촉진하는 식물호르몬인 사이토키닌(cytokinin)으로 노화를 억제한다.

우리 인간이 노화를 늦추려고 발광하듯이 말이다. 약 4,200년 전, 열국(列國)의 아버지 아브라함(Abraham)이 75세에 조카 '롯(Lot)'과 함께 가나안으로 이주하여 팔레스타인의 모압과 암몬 두 부족의 전설적인 조상이 되고, 86세에 현재 이집트 지역인 애굽의 여종 '하갈'에게서 이스마엘을 낳았고, 100세에 비로소 아내 '사라'에게서 '이삭'을 얻고는 175세란 수명을 유지했던 것에 대한 시샘을 차치하고서라도, 수명을 늘리는 데 과학적인 연구는 계속된다. 따라서 지구의 멸망이 오지 않는 이상 인류는 존속한다. 그러나 죽음이 있다. 이건 인류의 소멸이 아닌 터라, 인류는 죽지 않는다. 단지 가냘픈 개인의 죽음만이 있을 뿐이다. 의학 발전에 의한 수명연장도 절대 100세를 넘길 수는 없을 것이다. 아브라함이 살던 시대와는 달리, 탐욕에 찬 환경파괴 등이 맞물린 조물주의 섭리에 반한 인간의 죄업 때문이다. 고로 또 다른 개인, 즉 후세를 위해 그 자리를 비워주지 않을 수 없다. 또한 절대 다시 태어나지 못한다. 그 찰나 중의 삶의 동지일 수밖에 없음을 간과하면서, 이전투

---

15) 1997~8년 사이, 오창산업단지를 조성하다가 충북 청주시 소로리에서 15,000년 전 볍씨가 발견되었다. 이로써 신석기시대를 뛰어넘는 구석기시대가 된다. 이 시대는 인류가 처음으로 나타난 시기부터 약 1만 년 전 신석기시대가 시작되기 전까지, 돌을 깨뜨려 도구를 만들어 사용하던 시기를 말한다. 돌쟁기와 함께 발견된 소로리 볍씨는 세계에서 가장 오래된 것으로 추정하는 게 정설에 가깝다. 농업혁명인 신석기 문명은 복잡한 사회의 발전으로 변했고, 부족 간의 교류로 인한 문자와 언어의 출현으로 오늘날의 문명에 많은 영향을 끼쳤다.

구로 살다가 가는 게 인생이다.

성경 지식을 빌려보자. 시간이 시작된 우주의 맨 처음인 천지가 창조된 때(창 1:1; 히 1:10)가 하나님이 천지를 창조하심으로 시작된 시간의 출발점인 알파(A)로서, 이는 만물의 마지막 때인 오메가(Ω)와는 상대되는 개념이다(계 1:8; 21:1, 6). 사도 요한에게서의 '태초(太初, beginning)'는 영원하신 하나님이 시간(역사) 속으로 진입하신 사실을 염두에 둔 표현으로서, 물리적인 시간을 초월한 절대적인 시점이다. 복음서 서두에 '태초'라는 말을 전제함으로 말씀(Logos)인 그리스도가 하나님과 함께 영원히 선재(仙才)하신 사실을 강조하는 동시에, 지금 우리 앞에 있는 그리스도가 시간의 한계를 뛰어넘어 항상 존재하는 이로 강조하고 있다(요 1:1; 17:5, 24; 사 43:13, 15; 벧전 1:20).[16]

그런데 태초에 무주물(無主物)이었던 것이, 힘센 자들과 정책입안자들의 공익보다 사익에 앞선 나머지 시민의 삶을 침탈하고 있다. 혹독한 환경에서 살아남은 현재의 인류가 수많은 인류가 거쳐 간 끝에 남았듯이, 생존하기 위함을 뛰어넘은 이러한 폭식자(暴食者, binge eater)들만 남지는 않을 것이다. 따라서 개인뿐만이 아니라 공동체 전체를 위한 선(共益, public interest)을 추구하는 공공선(公共善)이 어느 때보다 대두된다.

그러나 잔학한 탐욕자들 앞에서 민초(民草)만이 꼬꾸라질 수만은 없는 법이다. 그들은 죽음만은 두려워할 뿐, 아무것도 두려워하지 않은 속성을 가지고 있다. 천년만년을 살 것처럼 날뛰지만, 폭식자이면서 공유를 멀리하는 '인간 백정(human butcher)' 그들 또한 영생은 없다. 약자나 빈자는 '힘센 마법사'나 '능력이 출중한 마법사'와는 동화되지 못하고 있다. 인간의 끝없는 야망이나 욕망은 분쟁을 초래한다. 끝내는 저항하게 되고, 전쟁으로까지 치닫는다. 따라서 영원히 존속한 지구를 향한 전 인류의 혜안이 필요한 시점이다.

---

16) 라이프성경사전, 가스펠서브, 2006. 참조.

제3장

미래세대와 함께 할 수 있을까?

　　　　　노아의 방주(Noah's Ark)처럼 인류에게 지금 재앙이 닥치고 있다. 지구는 곧 멸망할 수도 있다. 창조 인류의 선조들이 나날이 포악해지기에, 하나님은 홍수를 내려서 인류를 멸망시키려 하였다. 다만 의로운 사람인 노아와 그 가족만이 심판에서 면하게 되었다. 전례 없이 사막까지 기록적인 대홍수를 이루고, 빙하가 녹아 홍수가 일어나고, 원인을 모를 산불이 인명과 재산을 집어삼키고 있다.

지구온난화(地球溫暖化, Global Warming)로 인간의 과도한 활동으로 인해 대류권 기온이 상승하고 있다. 지구가 펄펄 끓는 나머지 기온이 급상승해 목숨을 잃고 있다. 이건 자연의 순리를 반역한 죄악으로 인한 예정된 인류의 업보이다. 인간으로 인한 지구온난화의 확실한 해결책은, 일상생활에서 자원과 에너지를 효율적으로 이용하지 못할 시에는 인류가 지구상에서 사라져야만 가능할 것이다. 하나뿐인 지구, 인간의 끝없는 탐욕으로 대재앙이 엄습 중이다. 어찌할까나. 먼저 대재앙이 내린 국가는 이웃 국가를 빼앗아 새로운 삶의 터전으로 삼으려고, 핵전쟁까지 불사하다가 함께 멸망의 길로 갈 수 있다.

거대한 대자연의 반란이 시작된 작금에 있어, 미래세대의 환경과 현세대의 생활까지 함께 더불어 발전할 수 있는 개발인 지속 가능한 발전(sustainable development)이 가능할까. 인간의 탐욕을 거두지 않는 한 불가능하다. 탐욕에 의한 경제성장에만 몰두함과 편리성만 찾기 때문이다. 따라서 지구의 멸망을 가속화하고 있지 않는가? 신에게 취하는 기도발도 소용이 없을 것이다. 지금이 그 멸망의 전초전 아닐까.

혼자만 살겠다고 갑질을 일삼는 대한민국 안하무인 특권층은 대오각성해 할 시점이다.

내가 있어 그대가 있고, 그대가 있어 내가 있다. 부정부패를 일삼는 이면에도 그대가 있고, 우리가 있다. 제2의 노아의 홍수에서 특권만을 호시탐탐 노리는 그대만이 살아남을 수 있음은 어렵다. OECD 국가 중 10년째, 출산율이 꼴찌인 이 땅에서 혼자만 잘 살겠다고 하는가. 애지중지할 후세도 태어나지 않는다. 가혹하게 대하는 이 지구도, 대한민국도 사라질 막장으로 가고 있다. 착취와 약탈을 거두고, 함께해야만 살 수 있는 시점임을 자각해야 한다.

마키아벨리(Niccolò Machiavelli, 1469~1527)에 따르면 자연이 신이 인간을 창조할 때, 모든 것을 가지고 싶어 하면서도 아무것도 손에 넣을 수 없도록 한 것도 그 때문이다. 빈자나 하층민과 성실한 삶을 일구는 자는 능력을 발휘하기란 쉽지 않은 힘센 마법사인 양, 군림하는 강자와 약자라는 이분법적 세상이 되었다. 마법사는 태어날 때 결정된다. 즉 한번 마법사는 평생 마법사로 본인이 원하든 원하지 않든 마법사로 살아가게 된다.

이 마법사가 됨은 혈통이 지배하는 것으로, 아무리 노력해도 머글(Muggle, 평범한 사람 또는 보통 사람 - 저자 주) 출신은 배제되는 세상이 돼버렸다. '금수저(golden spoon)'나 '다이아몬드수저(diamond spoon)'와 '흙수저(dirt spoon)'나 '똥수저(spoonful of poo)'와 대비되는 신신분제(新身分制)와 마찬가지이다.[17]

3,000년 전 이스라엘왕국을 통치한 솔로몬(Shalom, 기원전 990년~?)의 지혜는 요원하기 그지없다. 이승을 다한 사자(死者)가 누구나 예외 없는 하데스(Hades)가 지배하는 지하 세계인 저승을 가고자 할 때도,

---

17) 정종암, 《부동산정의론; 출발선이 공정한 나라》, 제1~2장 참조: 통상적으로 금수저와 흙수저로 빗대나, 저자는 금수저보다 위 단계인 '초기득권층'인 다이아몬드수저와 하층민 중에서도 거의 기아선상에 놓인 '최하층민'인 똥수저로 세분화한다. 여기서 '다이아몬드수저'와 '똥수저'는 저자가 최초로 고안한 용어이다.

동전 두 닢만 필요할지 모를 저승의 강 아케론(Acheron)에서의 그 운반책 카론(Χάρων, Charon)마저 탐욕에 의한 약탈물인 토지나 부, 그리고 권력만은 절대 건너게 하지 않는다는 사실이다.

이러한 만고의 진리 앞에서, 우리 인간이 이를 애써 망각하거나 미래 세대와 함께하겠다는 심성(心性)의 일탈이 자행되고 있다. 대한민국에서 최고의 주범은 국회의원이다. 이러한 자들의 권한과 의무, 그리고 일탈을 보자.

제4장

특권과 비리로 얼룩진 사회

자손만대에 이어져야 할 대한민국 사회가 온갖 특권과 비리로 얼룩져 있다. 어떤 자리에만 앉으면 국가의 돈, 즉 혈세를 자신들의 쌈짓돈으로 생각하고는 이를 빼먹는 데만 혈안이다. 곳곳이 '도둑놈 천지'로 안 썩은 곳이 없다. 이러함은 관행화돼 있어 당연시한다. 따라서 도덕불감증이 이러한 도둑에게 덧칠돼 있다. 공존의 심성은 없고, 그 부패는 전방위적이다. 공공성 훼손과 부패 범죄는 도를 넘어도 한참 넘었다. 이러고도 정부의 제동장치는 없거나 느슨하다.

건설·토목 인허가에서의 말단공직자들의 상납 비리, 고위공직자들의 고액 연금에도 불구하고 전관예우로 인한 퇴직 후 재취업 및 고액의 해외 출장 등에 있어 예산 낭비, 법조인들의 전관예우로 인한 사건 싹쓸이, LH 같은 공기업들의 일감몰아주기나 예산 낭비와 비리, '산학협력'이란 이름으로 자행되는 일부 교수들의 국가 예산 빼먹는 비리가 수면 아래에서 춤추고 있다.[18]

국민의 생명권을 불모로 의사들의 자기 밥그릇 챙기기로 인한, 근 20년간 의과대학 정원 동결에 정권마다 이들에게 쩔쩔매는 대한민

---

18) facebook.com/jeongjongam. "대학, 학생이 고용주 내지 주인이 돼야", 2020.11.26. 대한민국 대학교수 중 더러는 하나의 치외법권지대에 살고 있는 것과 같다. 세계 속 대학의 잉태는 800년 전으로 보여진다. 그때 서구의 대학은 학생들이 고용주였다. 예컨대, 교수들은 학생(장)에게 휴강이나 여행 시는 허가를 받아야 했다. 산학협력이란 이름아래 혈세를 쌈짓돈 쓰듯이 하지를 않나, 심지어 내연녀를 강의실에 청강생(?)으로 데리고 오거나, 1년에 해외여행을 6번이나 가는 자도 있었다. 그것 다 자비에다, 수업권을 보장하면서 갔을까? 교수(괴수?)이기보다는 그 대학의 세일즈맨이나 장사치에다 사기꾼에 가까웠다. 개판에 가까웠다. 그러니 무슨 연구가 되겠냐? 무단결근(아예 수업 시간 30분 늦은 건 상식)하는 자도 보았음이다. 이런 자가 꼴에 갑질이란 폭거를 자행하기도..., 부정과 불의에도 침묵 또는 동조의 카르텔을 형성하면서 비겁하기 짝이 없는 빈두(貧頭)가 많음이다. 대학 구조조정을 해야 한다. 이런 쓰레기가 있는 대학에 혈세까지 퍼부어야 할 가치가 있나?

국이다. 의대 정원이 18년째 3,058명에 묶여 있게 된 배경은 국민들로 하여금 말문이 막히는 대목이다. 의사 수 절대 부족은 '소아과 오픈런(open run)' '응급실 뺑뺑이' 등 의료 공백 사태를 불렀고, 의사의 몸값마저 밀어 올렸다. 한국 개원의의 평균 소득은 2020년 기준 4억 1,000만 원으로 임금근로자 평균의 무려 7배다.[1920] 언론을 거머쥔 중견 건설사와 기업들이 자신의 기업에 대한 유리한 여론 형성으로 인한 국민을 오도(誤導)케 하는 행위, 국회의원들의 특권과 비리 등등 이루 말할 수 없을 정도로 많다.

또 다른 아주 큰 전관예우도 있다. 인문학 소양 부재의 텅 빈 머리로 일관하는 86세대(八十六世代, 86 Generation) 정치인들이다. 그 시절, 자기들만 민주화운동을 한 건 아닌데도, 공개된 장소에서까지 온갖 욕지거리를 해대면서 '정의의 사도'인 양, 잘 우려먹으며 권세를 누리고 있다. 이러한 '운동권 카르텔'은 30여 년간 지탱된 대한민국 최고로 강한 카르텔로, 선민의식마저 갖고 있다. 한 마디로 86세대란 권력의 중심에 기생하며, 이를 위해 부나비처럼 달라붙으면서 호가호위하는 집단으로 변질된 지가 오래됐다.

2023년 기준, 이른바 686세대(1980년대 30대인 386세대)로서 1980년대(이 당시 30대)에 대학을 다닌 1960년대생이거나, 연령을 떠나 1980년대 대학을 나온 자를 지칭하는 것으로 그 시절엔 엘리트 계층이다. 민주화에 기여도 하였으나 '운동권 출신'이란 이름만으로 국회의원 등 관

---

19) 매일경제, "[심윤희 칼럼] 의사들의 '황금 밥그릇'", 2023.10.18. ;..., 2000년 의약분업 때도 그랬다. 의사들은 핵심 권한을 빼앗기는 데 반발해 총파업을 벌였고 의대 정원 10%(351명) 감축이라는 전리품을 챙겼다. 문재인 정부도 2020년 공공의대를 설립하고 의대 정원을 4,000명 늘리는 방안을 추진했지만, 코로나19 상황에서 의사들이 파업을 벌이자 굴복했다.,, 의대 광풍은 인재 배분의 불균형을 부르고 국가미래를 위협하는 '망국병' 수준까지 왔다. 증원으로 의사들의 기대수익을 낮추지 않고는 해결 난망이다.

20) 최고의 고액 연봉임에도 불구하고, 주변 의료인의 행태를 본다. 명절 때 종업원(간호·물리(도수)·방사선 등)에게 떡값으로 단돈 만 원짜리 한 푼 없거나, 무거운 참치 세트 하나를 안겨 낑낑거리게 한다. 더구나 실손보험의 여파로 피부관리나 도수치료사인 의료기사가 환자를 유치해 고액의 수익을 창출해도 껌값으로 착취하고 있는 의료인도 더러 본다. 전문·비전문을 떠나 '의사의 지도하에'란 문구가 가관이다. 자기들 몸값만 비싸고, 그릇된 권위로 일관함이 존경받을까? 더구나 이번 '의대 증원 반대' 시위장에 청춘들을 1.5배의 아르바이트 비용을 주고 고용하여 '전공의 가운'은 안 입었을까?

직을 독차지하는 폐해도 있다. 이 폐해가 불공정을 낳기도 한다. 심지어 21대 국회에서 무려 86세대 출신 국회의원만 58%로 채워졌다.

86세대는 정치 역사상 최고의 수혜자이면서, 그중 운동권은 초기득권층(初旣得權層)으로서 자신들만이 군림하는 사회로 만들어 위선에 찬 채, 소득과 신분의 세습화 및 양극화에 혁혁한 공(?)을 세운 선두주자가 되었다. 또한 힘없는 중소기업·일반 노동자와 비정규직의 이익은 대변하지 않는, 되레 하청업체에 대해 후려치기까지 하는 대기업 정규직 근로자 중심인 귀족노조까지 설친다.

✒ 역사상 권력자의 덕목

여기에다 '국민의 도덕성'마저 타락하다 보니, 세계 속 부패공화국(腐敗共和國, republic of corruption)으로 자리매김하고 있다. 이러고도 전직 대통령(이승만·노무현·이명박·문재인 등)들은 무슨 '존엄한 자'나 되는 양, 국회나 국민에게서 받는 것처럼 셀프훈장(Order of Self-Order)[21]까지 받아 챙기는 촌극까지 벌어졌다. 로마의 황금시대인 팍스 로마나(Pax Romana)를 일군 옥타비우스가 아우구스투스(Augustus)란 칭호를 받았듯이 말이다.

이 대목에서 국가원수나 권력자의 덕목을 고대 그리스에서 찾기로 한다. 여기에서 깨닫자. 우리네 인생, 영원하지도 않다. 한순간에 사랑하는 처자식과 부와 명예까지 모두 내려놓은 채 떠나며, 그 부귀영화 또한 저승으로 건널 수 없는 게 불변의 진리이거늘. 대통령이었다는 이

---

21) 2022.03.15. 오마이뉴스를 통해 어느 정권의 하수인은 이렇게 반박하기도 했다. 상훈법 제10조는 "무궁화대훈장은 우리나라의 최고 훈장으로서 대통령에게 수여하며, 대통령의 배우자, 우방국 원수 및 그 배우자 또는 우리나라의 발전과 안전보장에 이바지한 공적이 뚜렷한 전직(前職) 우방 원수 및 그 배우자에게도 수여할 수 있다"고 규정해 놨다. 그는 "무궁화대훈장은 일반 포상과 동일하게 서훈 추천→ 차관→ 국무회의 상정→ 대통령 재가→ 수여의 절차로 진행되고, 추천부터 재가까지 약 1개월이 소요되며, 대통령 개인이 임의로 제작해서 스스로 수여할 수 없다"라고 강조했다.

유로 재임 시점 95%의 연금(사망 시는 배우자가 유족연금 70%)[22][23]에다 새로운 아방궁에서 온갖 특혜로 호가호위할 일인지 역사상 위대한 인물에서 자신과 견주어 봄은 어떠할까.

최근 에마뉘엘 마크롱(Emmanuel Macron, 1977~) 프랑스 대통령이 무려 월 2,500만 원에 달하는 '대통령 특별연금'을 포기하겠다고 선언했다. 연금 개편에 반대하는 총파업을 잠재우기 위한 면도 작용했지만, 이러면 퇴임 후 받게 될 특별연금과 수당을 모두 포기하고, 대신 일반 시민에게 적용되는 보편적 단일연금 체계의 적용을 받는다. 임기를 마치면 월 6,220유로(한화 800만 원)의 대통령 연금과 퇴임 후에는 자동적인 헌법재판소 종신 위원이 되기에 월 1만 3,500유로(한화 1,740만 원)의 수당도 있다.

《펠로폰네소스 전쟁사》를 저술한 역사가인 투키디데스(Θουκυδίδης, Thukydides, 기원전 465~400)가 정적이자 그리스·페르시아 전쟁과 펠로폰네소스 전쟁 사이에 아테네의 황금시대를 열었던 페리클레스(Περικλῆς, Pericles, 기원전 495~429)에게 공금을 유용하고 국가의 재정을 고갈시킨다고 비난하자, 페리클레스는 군중에게 "내가 돈을 많이 썼냐"고 물었다. 군중들이 "그렇다"고 하자, "그러면 공금이 아니라, 내 개인 재산으로 부담하겠소. 그 대신 건축물에는 내 이름을 새기겠소" 이에 군중들은 "국고를 얼마나 쓰더라도 개의치 않겠다"고 화답했다.

그는 권력의 비결이 웅변술에만 있는 것이 아니라, 청렴결백한 생활과

---

22) 2021년 기준 대통령 연봉이 2억 3,823만 원의 95%면 월 1,800만 원 정도가 된다. 예우 관련 예산 연 11억 6,700만 원과 기타 경비인력 및 공무원인 기사 등은 예외로 한다. 그 외 기념관이나 저택을 가진 생활이 벌어진다.

23) 전직대통령 예우에 관한 법률 제4조(연금) ①전직 대통령에게는 연금을 지급한다. ②제1항에 따른 연금 지급액은 지급 당시의 대통령 보수 연액의 100분의 95에 상당하는 금액으로 한다. 제7조(권리의 정지 및 제외 등) ①이 법의 적용 대상자가 공무원에 취임한 경우에는 그 기간 동안 제4조 및 제5조에 따른 연금의 지급을 정지한다. ②전직 대통령이 다음 각호의 어느 하나에 해당하는 경우에는 제6조 제4항 제1호에 따른 예우를 제외하고는 이 법에 따른 전직 대통령으로서의 예우를 하지 아니한다. 1.재직 중 탄핵 결정을 받아 퇴임한 경우 2.금고 이상의 형이 확정된 경우 3.형사처분을 회피할 목적으로 외국 정부에 도피처 또는 보호를 요청한 경우 4.대한민국의 국적을 상실한 경우

자신감 넘치는 성격이 더해 국민의 지지를 받는 데 한몫을 했다.[24] 그는 부정부패가 없었고, 돈 앞에서도 초연했다. 더구나 아버지에게서 물려받은 상속분마저 단 한 푼도 늘리지 않으면서도, 아테네를 그 누군가가 상상 못 할 정도로 아름다우면서 부강한 국가를 이룩하였다.

그가 죽어가기 직전, 그간의 전쟁에서 거둔 승리의 절반은 운이 좋아서고, 또한 그 정도 공은 다른 장수들도 모두 세운 것이라 그토록 칭송하고 기념할 일은 아니다. 반면 자신의 가장 훌륭한 업적은 "아테나 시민들 가운데, 나 때문에 상복을 입게 된 자가 한 명도 없었다는 게 내가 이룬 가장 큰 업적이오!"라고 말했다. 그는 성품이 어질고 온유한 나머지, 심한 정치적 위기에 처했을 때나 개인적으로 욕설을 들었을 때도 흔들림이 없었다. 그의 닉네임인 '올림피아'답게 타인을 시기하거나, 권력의 정점에서 도적에게 언제나 친구로 만들기 위해 노력했다.

플루타르코스(Plutarchos, 46?~120?)는 《플루타크(Plutarch) 영웅전》에서 페리클레스 그는 큰 권력을 가지고 있으면서도 늘 조용하고 깨끗한 생활을 했었고, 신과 같은 존재였다. 신은 모든 선한 일을 지어내고 인간에게 해로운 일은 전혀 하지 않으면서, 인간과 세상 만물을 다스리는 존재이다. 그가 세상을 떠나자, 그의 권세 때문에 자기들이 그늘에 가려 빛을 보지 못한다고 투덜대던 자들도, 그만한 인물이 없음을 깨달았다고 적고 있다.

중국 당나라 제2대 황제였던 태종 이세민(唐 太宗 李世民, 598~649)을 보자. 치세 23년간 중국 역사상 가장 태평성대였던 시기로 평가되고 있다. 우리에게도 낯설지 않은 군주다. 2006~2007년에 방영된 《연개소문》(SBS, 배우: 서인석, 이주현), 《대조영》(KBS, 배우: 송용태) 등 많은 드라마와 영화에서 친숙해졌기 때문이다. 수양제(隋煬帝)의 실패를 거울삼아 명신이자 '쓴소리 대가'였던 재상(宰相) 위징(魏徵, 580~643) 등의 의견을

---

24) 정적 투키디데스의 평이다. 원래 그 시대는 투키디데스파와 페리클레스파로 나누어져 있었다. 정적임에도 이러한 호평에 대해 작금의 대한민국 정치집단은 어떻게 평할까?

받아들여, 사심을 억누르고 백성을 불쌍히 여기는 지극히 공명정대한 정치를 하였다. 그의 치세는 '정관(貞觀)의 치(治)'라 칭송받았고, 후대에 제왕의 모범이 된다. 그러나 이세민은 생전에 고구려를 몇 차례나 침공하고도 굴복시키지 못한 군주로 우리 국민에게 각인돼 있으며, 동시대 연개소문과 동격으로 보는 경우가 허다하다.

위징은 반대를 잘하는 직간(直諫)이었다. 이세민은 "위징은 내 거울이다"고 할 정도로 간언할 때마다, 자신의 모습을 거울 속에 비쳐 보기도 하였다. 구원(舊怨)을 따지지 않고 인재를 두루 등용하였으며, 의견을 당면에서 개진토록 대신들을 격려하였다. 위징을 비롯한 장손황후(長孫皇后)의 오빠이자 처남 장손무기(長孫無忌, 594~659)와 방현령(房玄齡), 두여회(杜如晦), 명장이었던 이정(李靖), 이적(李勣) 등을 두어 정관의 치를 이루었다. 그가 고구려의 안시성(성주 양만춘) 등을 직접 선두에 선 채 침공하였으나 실패했다. 우리는 드라마 속 이 장면에서 카타르시스를 해소하기도 했다. 이때가 위징이 죽은 지 2년이 지난해였다. 얼마나 곤욕을 치렀던지 "위징이 살아 있었더라면, 고구려 정벌을 말렸을 것"이라고 할 정도였다. 또한 그는 위징이 세상을 떠난 다음 달에, 건국 공신 24명의 초상화를 제작하여 궁중에 능연각에 걸어두는 군주의 미덕을 가지기도 하였다. 이세민이 죽은 지 얼추 50년쯤 후에 역사가 오긍(吳兢, 670~749)이 10권 40편으로 편찬한《정관정요, 貞觀政要》에서 명군으로서의 면모를 알리는 계기가 되었다. '정관'은 당 태종의 연호이며, '정요'는 정치의 요체를 뜻한다.

현시대를 사는 우리가 본받아야 할 그의 부인 장손왕후의 언행도 한번 보자. 36년이란 짧은 삶을 살다 간 그녀는 임종 직전 태종에게 고했다. 친정 식구들에게 자손들을 위해서라도 중요한 자리에는 앉히지 말았으면 하며, 자신이 평생 남을 위해서 도움을 주는 일을 못해 적어도 죽을 때만은 폐를 끼치고 싶지 않으니, 장례를 치름에 있어 나라의 재산을 낭비하지 않았으면 한다. 또한 훌륭한 인물을 아끼고, 충간

(忠肝)을 잘 받아들였으면 한다고 하였다. 이 얼마나 아름다운 부창부수(夫唱婦隨)이며, 백성을 사랑하는 국모로서의 덕목을 가졌는지 되새겨 보자. 우리나라의 자·타칭 리더들이 본받아야 할 또 다른 역사상 한 리더를 다음에서 보고자 한다.

변변하지 못한 학력을 뒤로하고는, 다방면에 걸친 폭넓은 독서광이 었던 조지 워싱턴(George Washington, 1732~1799)은 영구집권이 가능한 왕이 될 수도 있었다. 그러나 다 버리고 종신으로 권좌에 있을 수 있는 대통령직도 2선에서 그쳤다. 실제로 3선 임기가 시작되는 6개월을 남긴 때, 더 이상 대통령직에 출마하지 않겠다고 선언했다. 임기 4년으로 2회, 최장 8년까지만 가능한 수정헌법 제22조 '대통령 3선 출마금지법'은 워싱턴의 전통에서 계승된 것이다.

반면 대한민국의 한량(?)들은 자신의 밥그릇을 빼앗길까 봐 지방자치단체장은 3선까지만 하게 묶어두고는, 진작 자신들은 늙어서 이빨이 빠지고 목발에 의지한 채 저승의 문턱까지 권력을 누리고자 혈안이다. 한 집안에서 공천이나 국회의원 한 번 하는 것이 쉽지 않은데도, 광역단체장과 국회의원 선거에서 공천을 6~9번이나 받은 빛바랜 민주투사를 내세우며 영웅시하는 자들도 있다. 이런 자가 잿밥에만 눈이 먼 채 자신의 학창 시절 전공 외에, 인문학 소양을 위한 책 한 권 읽을 시간이나 있었겠는가. 추한 꼴만 잉태했을 뿐이다.

워싱턴은 떠날 때도 대한민국의 퇴임하는 대통령과는 달리, 조용히 떠나는 지도자의 모습을 보여준 대통령이었다. 임기를 마친 그는 새로운 아방궁을 마련하지 않고, 한치의 미련도 없이 자신의 사저가 있는 고향인 마운트 버넌(Mount Vernon)[25]에 돌아가 일생에서 가장 행복한 시간을 보내면서 죽음을 맞이했다. 이러한 모습을 현 윤석열 대통령에게만은 기대해 보는 게 기우일까? 워싱턴처럼 뒷모습이 아름다운

---

25) 미국 버지니아주 포토맥강(Potomac River) 주변 언덕 페어팩스 카운티에 있는 조지 워싱턴의 농장 소유지다. 포토맥강은 남북전쟁의 격전지였다.

대통령이길 기대한다. 일국의 대통령을 지냈으면 뭘 또 욕심을 부린단 말인가? 삭막한 인생, 떠나간 자들은 돌아오지를 않건만.[26]

당신이, 그대가 잘났고 이 나라의 국회의원 따위나 리더가 되고 싶다면, 앞에서 언급한 고대 그리스를 강국으로 만든 '페리클레스', 정관의 치를 이룬 '당 태종 이세민', 근대 민주주의의 초석을 다진 '조지 워싱턴'에 대하여서만은 관련 책을 읽고 본받아 온 국민이 골고루 잘 사는 나라를 만들자는 것이다. 저출산 등으로 인해 우리나라가 지구상에서 사라질지도 모를 환경에 처해 있다. 미래를 이끌 청년이 줄어들고 있고, 미혼 비중이 20년 전보다 3배가 증가한 상황이다. 작금에 있어 '함량 미달의 천국'인 국회에 가지 않으려는, 군이 가겠다면 봉사하는 전당이 되어야 하지 않겠는가. 이곳의 벌꿀이 증발하는 날이면 좋은 세상이 오려나.

흥청망청하는 현시점에 오기까지는 민주화와 산업화를 동시에 이룬 노인세대가 있다. 그러나 부끄럽게도 이들은 찬밥 신세로, 경제 대국 10위권이 무색하게 세계에서 가장 가난하단 통계다. 부끄러운 자화상에도 불구하고, 국가나 정책입안자는 탁상공론에다 걸핏하면 예산 타령이다. 진정 예산이 없을까? 부국인 우리나라가 이를 보듬을 돈이 없는 게 아니다. 이러한 자들이 부와 권력의 세습화로 인한 고관대작이기에 눈물의 빵을 먹어보지 않았고, 친인척조차 배고픈 자가 없는데, 가난한 자의 처지를 알고 굶주려 보지 않은 럭셔리한 자의 입장에서 복지를 논한다는 게 문제다. 흥청망청 예산을 과다 책정하거나 빼먹고는 이를 망각하거나 간과한 채, 부국인 우리나라에서 예산 타령이

26) 코로나-19로 인하여 몇 년간 시제를 못 올렸다. 올해는 모시기에 시제 때, 뵙자고 곧 팔순이 되는 재종 형수에게 통화 중 "도련님, 왜 그 많던 집안 어른이나 형님은 떠나가서는 돌아오지 않을꼬?"였다. 이게 인생이다. 그리고 2년 전, 비망록을 보자. 투기대열에 동참할 땐 은행에 대출받고, 종부세 겁값에는 대출 못받나? 쯧-쯧 천년만년 살 것처럼. 부디 저승의 강 뱃사공 카론에게, 이승에서도 그랬듯이 웃돈 집어주고 그 부를 가져가야 할 텐데…, 많은 세금 좀 내고 싶은 궁민(窮民)들은 공유재의 약탈에 슬프다…, 40년 넘은 이파트 67억 원. 참, 어이없게 대한민국을 개판으로 만들면서 분열을 획책하는 교묘한 독재정권의 역설이다. 추한 할멈 하나가 여왕처럼 설치니 역겨움만 가득 찬다. 덩달아 그에 기생하는 인간 애벌레들도 실판났다. -2021.11.28.

나 한다. OECD 국가 중에서 제일가는 복지후진국이면서 부패공화국답게 말이다. 국가 돈 빼먹는 무리만 척결해도, 그간 누수됐던 돈을 환수해 노인복지에 쓴다면 세계에서 가장한 부유한 노인이 되겠다. 그러나 언감생심(焉敢生心)이다. 따라서 신분의 세습화와 소득양극화로 갈 수밖에 없는 구조가 안타깝다. '개미와 진딧물 관계'나 '악어와 악어새'처럼 공생관계로 일관하기 때문이다.

부의 평등한 분배는 없고, 부패한 권력만 횡행하고 있다. 국민도 각성해야 한다. 토지공개념을 외친 미국의 경제학자인 헨리 조지(Henry George, 1839~1897)는 국민이 부패한 나라는 되살아날 길이 없고, 권력이 세습되지도 않고 가장 미천한 지위의 인간이 부패를 통해 부와 권력을 쟁취하는 모습을 늘 보게 되는 곳에서는 부패를 묵인하다가 급기야 부패를 부러워하게 된다고 말한다.

그리고 그의 저서 《진보와 빈곤》의 마지막 장에서 이렇게 장식한다. 솟아나는 희망은 모든 종교의 핵심이다! 시인도 희망을 노래했고, 예언자도 희망을 전했으며, 인간의 심장 깊은 곳에서도 희망의 진리에 감응하며 맥박이 뛴다. 어느 시대든 순결한 정신과 강력한 통찰력을 가지고 사상의 결정에 올라 그늘진 바다를 바라보면서 희미한 육지를 감지한 사람은, 전술한 플루타르코스가 했던 말을 모든 언어로 전했다.

"육신과 감정으로 싸여있는 인간의 영혼은 하나님과의 의사소통을 할 수 없고, 희미한 꿈과 같은 철학이라는 수단을 통해 관념으로만 도달할 수 있을 뿐이다. 그러나 육체로부터 자유로워져서 보이거나 바라볼 수도, 지나갈 수도 없는 순수한 곳에 이르게 되면 하나님이 영혼의 지도자이자 왕이 된다. 그곳에서 영혼은 하나님에게 완전히 의지하여, 인간이 도저히 표현할 수 없는 아름다움을 끝없이 바라보면서 지극한 기쁨을 누리게 된다"[27]고 말이다.

---

27) 헨리 조지 저·김윤상 역, 《진보와 빈곤》, 비봉출판사, 2018. 565면. 참조.

✒ 좁은 국토 안에서의 그들만의 탐욕

2023.10.7. 각당 국회의원들의 '충청도 표심'을 노린 세종 국회의사당 건립이 확정돼, 아전인수격으로 찬사를 하고 있음이 씁쓸하다. 속은 그러하지 않으면서 겉으로는 '국가균형발전'을 위해서 필요하다는 것이다. 그 공사비가 자그마치 3조 6천억 원이다. 따라서 2016년 국회법 개정안이 처음 발의된 이후, 2021년 국회 세종의사당 설치를 확정한 데 이어 이번 '국회규칙 통과'로 국회 세종의사당 이전 범위가 정해졌다. 이들의 이익공유카르텔은 가관 중의 가관이다. 세종시는 한술 더 떠 "세종의사당 건립은 국가균형발전을 완성하는 종착지가 아닌 출발점이자 신호탄으로 대한민국 정치·행정수도 세종은 국가균형발전 실현을 위한 시대적 소명을 다할 것"이며, "대통령 제2 집무실의 조속한 건립을 적극 지원하고, 공공기관 이전과 세종지방법원 설치에도 힘써 실질적인 행정수도를 완성하도록 하겠다"라고 겉 포장하기에 바쁘다.

두고 보라. 확실한 지방분권화가 이루어지지 않는 이상, 균형발전은 없다. 덩달아 투기 세력과 부동산업자들만이 포털사이트에서 반기는 춤사위가 하늘을 날아갈 듯이 날뛴다. 이제는 한술 더 떠 수도권의 한 도시를 서울특별시에 편입시키자고 설레발이다. 그리고 지역이기주의에 편승해 불필요한 공항까지 혈세로 짓고 망해도 '나 몰라라'다. 제22대 총선을 앞두고 '신공항 건설을 남발'하고 있다. 국민의 삶이 팍팍하기 그지없는데도 아랑곳하지 않고, 현재 적자인 공항이 10곳인데도 10곳이나 더 짓겠다고 아우성이다. 세계 어디에서도 이러한 고등사기꾼집단이자 매국노들을 볼 수 없다. 국민은 안중에도 없는 '그들만의 활거(滑車)'는 도를 넘치고 또 넘친다.

이렇게도 '엘리트 같지 않은 엘리트 카르텔(an elite cartel that is not like an elite)'에 의한 그들만의 철옹성은, 천인공노(天人共怒)할 공산주의자 김정은이 핵탄두를 쏘아대도 무너지지 않을 만큼 단단하다. 일반인이 비집고 들어갈 수 없는 '그들만의 세계'를 구축하면서, 그 안에 안주하는 인간들이 지배한다. 바로 이러한 '모피아 카르텔'[28]과 '법조인 카르텔' 등이 문제를 더한다. 자기들끼리 똘똘 뭉쳐서 밀어주고 끌어주고, '가재는 게 편'인 양 적당히 눈감아주고, 위해(危害)에 공동으로 대처하며 '끼리끼리 문화'가 특권의식에 사로잡혀 그들만의 성(城)을 공고히 하는 세력으로, 그 뿌리 또한 너무 깊어 정권이 바뀌어도 크게 영향을 받지 않는 '부와 힘(세력)의 대물림'의 폐해를 낳는다.

세계적 부패 문제 권위자인 미국 콜게이트대학 정치학 교수인 마이클 존스턴은 《부패의 신드롬》에서 국가별 부패 유형을 네 가지로 나눈다. 1 단계는 '독재형 부패'로 중국, 인도네시아 등 정치 후진국에서 주로 나타난다. 2단계는 '족벌형 부패' 역시 후진국형 부패로 러시아, 필리핀 등이다. 4단계는 '시장 로비형 부패'로 미국과 영국, 캐나다, 일본 등 주로 선진국이 이에 속한다. 우리나라는 이탈리아와 함께 3단계인 인맥을 중시하는 문화에서 나타나는 형태인 '엘리트 카르텔형 부패' 국가로 분류했다. 정치인과 고위 관료, 대기업 임원과 언론인 등 이른바 엘리트들이 학연·지연으로 뭉쳐 권력 유지 기반을 만들고, 그 위에서 부패 행위를 통해 이익을 추구하는 형태라고 정의했다. '엘리트 카르텔' 지배를 가능케 하는 것은 지나치게 비대한 정부, 비생산적인 국회, 제 기능을 다하지 못하는 법원과 정당 시스템이라고 지적했다.[29]

덩달아 그는 "한국의 부패 유형은 매우 흥미롭다. 엘리트 카르텔 유형이다. 많이 배운 놈들이 조직적으로 뭉쳐, 국민을 등쳐 먹는다"고 일갈했다. 나라를 뒤흔든 성남시 대장동 개발 사업 의혹 같은 경우가 전형적인 엘리트 카르텔형 부패가 한 예다. 국제투명성기구의 기준에 따르더라도, 한국은 절대 부패에서는 겨우 벗어났으나 여전히 공공분야

---

28) 재무부의 영문 약자인 MOF(Ministry Of Finance)와 마피아(mafia)의 합성어로, 금융계 사람들이 금융계 내의 재무부 출신들로 재무부 출신들의 막강한 힘과 연대감으로 영향력을 미치는 세력을 일컫는다.
29) 아시아경제, "[초동시각]끊이지 않는 '엘리트 카르텔형 부패'", 2021.10.06. 참조.

의 부패가 일반적인 국가다. 각종 엘리트 카르텔형 부패가 난무하는 이때, 대한민국의 지속 가능한 사회를 위해서도 우리는 각성해야 할 문제다.

그들만의 인맥으로 형성되는 이러한 카르텔 탓에, 소득양극화와 개천에서 용이 날 수 있는 신분 상승을 이룰 수 없는 사회가 돼버렸다. 고위층의 힘 있는 사람들이 카르텔을 통해 부당 이익을 얻는 권력형 부패가 그칠 줄을 모른다. 따라서 사회적 약자는 '한국판 신노예(新奴隷)'로 전락했다.

그중에서도 더구나 국회의원들의 행태가 도를 넘었다. 국회의원 등 기득권의 특권은 줄이고, 민의를 반영하는 제도를 더욱 확대하자는 내용이 없음은 물론 의지조차 없다. 현행 국회의원 수당만 보아도 "각종 명목으로 중복 지급하고, 특혜 면세를 해주고 있으며, 심지어 직무상 상해·사망의 경우 외에는 다 지급한다. 더구나 구속으로 인하여 직무 수행을 할 수 없어도, 매월 세비를 꼬박꼬박 날름날름 받아먹는 실정"이다. 이러한 상황인데도 국민발안제, 국민소환제, 국민투표부의권 등이 전무한 실정이다. 2023.12.29. 국민권익위원회의 가상자산 조사에 의하면, 이 집단이 벌인 '코인(가상화폐)' 국회의원 18명 중 10명, 국회법 어기고 소유·변동 내역 등 현황에 대한 미등록이다. 밝혀진 거래 금액만도 약 600억 원이고, 가족 명의는 예외다. 이렇게도 할 일 없고, 쓰레기와 형제간인 것처럼 세계에서도 '가장 무능하고 악질적인 집단'이다. 이런 자에게 저항은커녕 박수를 보내는 일부 영혼이 없는 국민도 불쌍하기 그지없다.

제21대 국회 막바지인 2023.11.9. 검찰총장 이원석은 "뇌물을 받은 국회의원, 다섯 명의 불법 정치자금을 받은 국회의원, 피해자 할머니들의 보조금을 빼돌린 국회의원, 국회에서 폭력을 행사한 국회의원, 부동산 투기를 한 국회의원, 가상자산을 국회에서 투기한 국회의원, 이 국회의원들에 대한 탄핵이나 제명은 법률상 불가능하다"고 말했다. 어이없게도 공직자 탄핵은 파면을 정당화할 정도의 중대한 헌법과 법률 위반이 있는 경우에만 인정된다.

✒ 시정잡배보다 못한 언사의 행렬

그렇게 따지면, 정말 '탄핵되어야 할 대상'은 범죄 혐의가 드러난 국회의원 아니냐는 것이다. 우리 헌법과 법률에 국회의원 탄핵 조항은 없다. 장관과 판사 등 공직자 탄핵소추를 남발하던 더불어민주당이 이재명 대표 사건 수사 검사의 탄핵소추안까지 발의하자, 법조계에서는 "정작 범죄로 기소된 국회의원들은 3심까지 버티며 임기가 끝날 때까지 특권을 누린다"는 비판도 나왔다. 재판 또는 수사를 받는 중인 21대 현역 의원은 최소 37명이다.[30]

이러한 자들은 국민이 지켜보는 생중계 속에서도 막말과 육두문자는 물론, 욕설과 비속어 남발은 예사다. 야누스 행각이면서도 요조숙녀처럼 고고한 척한다. 따라서 이러한 언행을 묵과할 수 없어 못마땅한 나머지 언론에다 "국민 앞에서의 막말 찬가(讚歌)는 중단돼야!"란 제하로 기고한 내용이다. 다음에서 보자.

참, 치졸하고 사나운 세상이다. 이러한 세상을 만드는 장본인은 국민이 아니라, 자칭 높은 신분의 정치권이다. 저승의 지배자 하데스(Hades)마저 부러워할 온갖 특권을 가진 채, 언론에 비치는 국회의원들의 '막말'을 듣는 국민은 슬프다. 이들의 막말로 인한 안하무인은 도를 넘었다. 이들 앞에는 국민은 안중에도 없다. "야, 너, 새X, 놈, 금수, 암컷...," 해도 해도 너무 심해 말문이 막혀, 부끄러운 나머지 이러한 어귀(語句)에 수식어까지는 나열은 않겠다.

---

30) 조선일보, "뇌물·성추행에도 탄핵 없다… 의원 37명, 3심까지 버티며 특권 누려 검찰총장이 말한 '비위 금배지들'". 2023.11.11.

막말도 사석에서가 아닌 지상파 방송을 통해 국민이 다 보고 있는데도 거리낌이 없기 때문이다. 무궁화가 아닌 '사쿠라(さくら)의 향연'인지, 주인인 국민 알기를 얼마나 우습게 보면 이럴까. 헌법 제46조에서는 머슴들에게 '청렴의무', '국가이익우선의무', '지위남용금지의무', '겸직금지의무'를 지게하고 있다.

이러한데도 국민을 무시하면서 내심과는 달리, 자기들끼리는 '존경하는 의원님!(Honourable Member!)'라고 칭한다. 당연, 존경의 의미는 국민에게서도 멀어진 지 오래다. 세계에서 욕을 제일 많이 얻어먹는 집단답게, 이제는 한술 더 떠 막말도 '끝판왕'까지 된 터라 배가 불러 터질 정도겠다.

인도 대륙을 벗어난 카스트제도가 동북아하고도 대한민국에 상륙한 탓일까. 국회의원이란 상전 아닌 상전들이 진정한 '공인'일까에 대한 의구심마저 드는 작금의 대한민국이다. 더구나 국민을 주인으로 하는 머슴인 이 자들은 국민의 혈세를 먹고 사는데도 말이다.

우리는 대한민국 헌법 제1조를 줄곧 말한다. 심지어 영화 <변호인>에서조차 주연 배우가 "주권은 국민에게 있고, 모든 권력은 국민으로부터 나온다"고 대사로까지 차용했을 정도이다. 즉 제1조 제2항으로 모든 국가기관은 국민에게서 직·간접적으로 민주적 정당성을 부여받아 구성되고, 이러한 민주적 정당성의 기저에는 국가기관의 권한 행사가 있다. 그 정당성은 국민이 직접 선출하는 국회의원으로 구성된 국회와 국민이 직접 선출하는 대통령에게만 부여되는 것이 아니다.

차제에 헌법개정(憲法改正) 시에는 이 조문을 "주권은 위임받은 국회의원에게만 있고, 모든 권력도 국회의원에게서 나온다"로 고치면 좋을듯하다. 막말까지 일삼는 이들은 더욱더 꽃방석에 앉아 이익을 공유한 카르텔로 인한 동료들과 "내 말은 법이로다. 그리고 우리는 국민 위에 군림하는 상전이다"고 너울너울 춤사위를 벌이겠다. 이때 피골상접한 궁민(窮民)이 우매(愚昧)하게, 신이 나 스텝(step)을 함께 밟을까.

국민의 머슴이 되어 권력을 직접적으로 가지는 건, 국민에게서 선출된 정치인이다. '공익(公益)'이라는 명분을 가져야 할 이들은 선거를 통해 선출된 국민의 대표로서, 국회에서 헌법과 법률의 재·개정 및 의결과 예산안을 심의 및 확정하는 등의 일을 한다. 선거를 통해 선출돼 국민에게서 권한을 위임받은 자로서, 국민의 뜻에 반하는 권한 밖의 행동(권력)은 행사하지 않는 게 철칙이자 상식이다.

우리나라의 국체와 정체는 전제정체나 군주제가 아닌, 민주정과 공화정임을 헌법 제1조 제1항에서 천명하고 있는데도 왕처럼 군림하려든다. 이들이 막말하게 된 기저에는 국민, 즉 유권자에게도 책임이 없는 게 아니다. 이러한 추태에도 이들에게 환호해서야 되겠는가. '의원님, 의원님' 하면서 혀가 꼬꾸라지면서까지 박수로 환영할 일이 아니다. 따라서 국민도 자중해야 한다.

세계 최고의 고임금에다, 별의별 특권과 특혜를 가진 이들의 만행은 한계점에 도달했다. 그대들만 정치를 알고, 국민은 정치를 모른다고? '전 국민이 정치평론가'인 세상임을 알아야 한다. 특권을 폐지하자는 운동에 힘입어 거대양당 체제를 깨부수는 밀알이 될 것인지 귀추가 주목되기도 한다. 도덕불감증에 빠진 이들에게 기대할 것은 없다. 이제 국민이 나서야 할 때다.[31]

✒ 공약(公約)은 공약(空約)뿐인 꼴값

다시 많은 문제점을 차차 서술하겠지만, 국민이 간과하고 있는 '공천권'과 '입법보조원'에 관한 두 가지 문제점에 대해 먼저 제기하고자 한다.

---

31) 브레이크뉴스, "국민 앞에서의 막말 찬가는 중단돼야", 2023.11.20.

첫째, 지방자치 단체장이나 지방의원 공천권을 가지고 이러한 후보자들의 목을 죄고 있다. 그에다 지방자치단체장에게는 3선 연임 제한 규정을 두면서, 정작 자신들은 별도의 제한이 없이 홍안에 검버섯이 피고 또 피면서 죽을 때까지도 할 수 있는 길을 열어두고 있다.

얼마나 뻔뻔스럽고도 악랄한 작태인가? 우리나라의 지방자치제도는 1949년 지방자치법이 제정된 뒤 우여곡절을 겪다가, 1995년 6월 27일 기초의회 의원과 광역·시·도의회 의원과 단체장 선거가 실시되면서 본격적인 지방자치 시대를 맞이하게 되었다. 지방자치는 지역 주민이 지방 행정에 자발적으로 참여할 수 있도록 함으로써 풀뿌리 민주주의 실현의 기초가 된다. 이런 시대적인 요구에 따라 우리나라는 헌법 제117조 제1항에 의해, 지방자치가 제도적으로 보장받고 있다.

2012년 18대 대선 때 박근혜 후보는 기초단체장과 기초의원 공천 폐지를, 대통령 선거 출마를 선언했다가 사퇴한 안철수 후보도 기초의원의 정당 공천제 폐지를 공약으로 내걸었을 정도로, 정치권이나 사회적으로 필요성을 절감하는 일이다. 그런데 국회의원들이 지방의회 후보들을 삽살개처럼 목줄을 메고 있으니, 아첨꾼이자 더러는 학력 세탁까지 한 토호세력(土豪勢力)이 많은 이들은 주민의 평가보다 공천권자인 국회의원들의 평가를 겁낸다. 풀뿌리 민주주의의 기초인 지방자치를 국회의원의 전리품 정도로 인식하면서, 도당·지구당 위원장이 지방자치단체장과 지방의회 의원의 공천권을 쥐고 자신의 선거 홍보요원으로 악용하는 것이 가장 큰 문제다.

둘째, 국회의원의 보좌관 수는 인턴까지 합하여 9명이다. 이조차 숫자가 많음에 지탄받는 실정에도, 그 외 '입법보조원'까지 둔다. 입법보조원 중 더러는 6개월 이후 내부 채용을 통해 인턴으로 승진한단다. 엄청나게 일을 많이 하는 집단 같아 보인다. 입법보조원은 의원실 지원부터 의정활동 홍보·콘텐츠 기획·제작 등 국회의원의 입법 활동을 보조한다. 이 같은 업무는 국회사무처 내부 규정에 따라 급여가 지급되는 인턴이 하는 일과 크게 다르지 않다. 그런데도 근로기준법의 사각지대에서 입법보조원은 보통 식비나 교통비 정도의 수당만 제공함에, 각 의원실의 재량이란다. 각 의원실 공고 내용 모두가, 임금과 근로시간이 정확하게 명시돼 있지 않다는 사실이다. 이러한 행태는 '인면수심에 찬 교묘한 근로기준법 등 위반'이 아닐까 싶다. 국회사무처 관계자는 "'입법보조원은 원래 무급'이고, 지급되는 소정의 교통비와 수당은 '각 의원실의 재량'"이라는 변(辯)이다. 그러나 근로기준법에 따른 임금이 제공돼야 하며, 근로자의 지위로 인정돼야 한다.

근로자의 지위가 인정이 안 되어서일까? 깃대만 꽂으면 거의 당선권 지역인 어느 국회의원이, SNS에서 이렇게 설레발을 치고 있었다. "택시기사로 새출발하는 X국장님, 우리 의원실 입법보조원으로 활동 중인 국장이 인생 3막을 출발했다. 마침 택시를 몰고 국회에 왔기에, 승객이 돼 XX에 들렸다가 공항에 내렸다. 커피 한잔하라고 팁까지 줬다. 안전 운행과 건강과 새 출발을 기원한다"다.

이 내용을 보아하니, 이 의원 나리(?)는 세비 외 지급되는 고액의 택시비로 자신의 운임과 팁까지 한턱낸 것이다. 세상, 어디에도 이렇게 남는 장사는 없다. 입법보조원에 대한 '채용 절차의 기준'이 개인자영업자에게도 없을법하나 이들 마음대로니, 자기 돈 한 푼 안 들이고 생색을 낸 꼴이다. 그러고는 지역구에 가느라 공항에서 의전을 받으며, 공짜 비행기를 타고 갔을 게 뻔하다. 그리고 지역구에 가서는 지방의원 나리들을 목줄로 끌면서 재선을 위해 시장통을 돌며 "형님(언니)! 동생! 친구! 아버지(어머니)!..., "라고 칭하며, 중앙정치인이 하는 일인지 지방정치인이 하는 일인지 똥오줌을 못 가렸을 것이다. 바로 이런 게 대한민국 고등사기꾼집단[32]인 국회의원들의 추태다.

이러한 자신들의 잘못을 모르고 철면피처럼 당연시하고 있는 점이

---

32) 정종암, 앞의 책, 20·128·349면 참조.

큰 문제가 아닐 수 없다. 지인이기도 한 전 국회의원은, 갓이 떨어졌으나 돈 잘 버는 변호사임에도 "KTX 요금이 왜 이렇게 비싸냐?"고 볼멘소리를 한 적이 있다. 혈세로 인한 황제 대우를 받은 습성이다. 각종 이권과 개발 사업 관련 부정부패의 사슬에는 항상 국회의원이 끼어 있다. '화천대유사건'을 보더라도 비례보다는 지역구 국회의원이, 초선보다는 다선일수록 가능성이 높다. 국회의원이 '지역구 관리' 명목으로 '쪽지 예산'으로 지역 토건 예산을 따가는 관행은 여전하다.

✒ 아테나의 페리클레스 같은 지도자가 있다면

지중해를 제패한 고대 강국 아테나와 스파르타 간의 펠로폰네소스 전쟁사는 이렇게 전한다. 이 전쟁의 첫해인 기원전 431년에, 쓰러져 간 이들을 위한 장례식에서 페리클레스(Pericles, 기원전 495~429)는 추도사에서 이렇게 읊었다. "여러분은 날마다 여러분의 도시의 힘을 바라보며, 도시의 연인(erastai, 에라스타이)[33]이 되어야 합니다. 그리고 여러분이 이 도시의 위대함을 이해하게 될 때, 그것을 이룩한 이들이 용감하고 명예로웠으며, 행동의 시기에 무엇이 필요한지를 알았던 사람들임을 생각하기 바랍니다. 그들은 설령 어떤 일에 실패하더라도, 최소한 자신들의 도시는 자신들의 용기(arete, 아레테)[34]를 잃지 않게 하려고 했고, 그 도시에 가장 아름다운 제물을 바쳤습니다. 그들은 '공익'을 위해서 자신의 목숨을 바쳤기 때문에..., (투키디데스 《펠로폰네소스 전쟁사》 원전 2.43.1~2)." 자신의 우수성과 잠재력으로 아테나를 위하고 자신을 위해서, 민주정의 우월성 아래 아테나를 애욕적인 열정같이 사

---

33) 통상적으로 '연인'을 뜻하는 'lover'가 아니다. 더구나 도시의 연인을 뜻하는 'a city lover'도 아닌, '아테나를 향한 사랑(Love for Athena)'을 뜻한다.
34) 고대 그리스에서 탁월함이나 어떤 종류의 우수성을 뜻한다.

랑하라고 강력한 헌신을 역설했다.

또한 그는 그 대가로 일종의 불멸성을 약속했다. "자신들의 삶을 '공익'을 위해서 바치고 그럼으로써 결코 낡지 않는 칭송을 받고, 가장 뛰어난 무덤을 얻되 그들이 누워있는 그곳이 아니라, 그들의 영광이 남겨진 영원한 기억 속에서 언제나 그곳에서 필요할 때마다 연설과 행위를 고무시킵니다. 명성 높은 자에게는 전 세계가 무덤인 것입니다. 고향 땅의 기념비에 새겨진 글뿐 아니라 타향에서도 글로 쓰이지 않은 기억이, 그리고 그들의 행위보다 그들의 정신에 대한 기억이 각각의 사람 속에 남습니다. 이제 여러분이 그들을 본받아야 합니다. 행복에는 자유가, 자유에는 용기가 필요함을 아시고 전쟁의 위험에 움츠러들지 마십시오"라고 자신의 조국 아테나를 위하다가 산화한 자들에게 설명했다.[35]

아테네 민주정치의 전성기를 가져온 큰 정치가였던 페리클레스는, 1년간의 전쟁에서 죽어간 전사자의 찬미와 함께 산자도 이러한 정신을 잇기를 당부하면서 아테네 시민의 기상을 드높이고자 했다. 그의 이러한 추도 연설은 아테네 민주정과 정치적 자유, 그리고 제국의 영광과 평등에 대한 감동적인 찬양으로서 근대 민주주의의 기원을 이루었다.

철학을 중시한 그는 소크라테스(Socrates, 기원전 470~399)보다 한 세대(약 25세 차이) 전의 사람으로, 가급적 연회를 삼가고 검소했다. 그리스·페르시아 전쟁과 펠로폰네소스 전쟁 사이에 '아테네의 황금시대'를 열었고, 델로스동맹으로 아테네제국을 건설하였다. 지금도 건재하면서 초등학교 교과서에도 나오는 파르테논신전을 축조하고, 세계 최초라고 볼 수 있는 '무역 봉쇄'인 메가라법령으로 메가라 상인들에게 아테네 시장과 아테네 영향에서 배제시키기도 하였다. 아크로폴리스 언덕에 지어진 파르테논신전(Parthenon)은 세계인의 관광명소가 돼,

---

35) 도널드 케이건, 허승일·박재욱 역, 《펠로폰네소스 전쟁사》, 까치글방, 2006, 101~102면. 참조.

한 세대 전이나 지금이나 본래의 모습으로 천천히 보수되는 모습을 보이고 있다.

이 모습은 세계인의 공용어처럼 되어버린 우리의 '빨리빨리'란 문화와는 사뭇 다르고, 중국인의 여유와 느긋함의 상징인 '만만디(慢慢地)'와도 게임이 안 될 정도로 더디더라도 심혈을 기울여 다듬고 있다. 또한, 그는 펠로폰네소스 전쟁에 대비해 아테네에서 페리우스까지 성벽을 쌓았다. 이 성벽 또한 플라톤의 《국가》에서 등장하는 소크라테스와 그 일행이 '정의'를 논한 출발점(?)인 페리우스 항구[36]에서 보면 허름하게나마 보존되고 있음을 알 수 있다.

페르시아를 물리친 것에 대한 신에게 감사의 표시로 건축한 후 델로스동맹의 금고 역할도 한 파르테논 신전은 페리클레스 시대인 기원전 447년 델로스동맹의 위상이 가장 강성했을 때 착공하고, 기원전 438년에 건물의 뼈대가 완성되었으나 외장 공사는 기원전 432년까지 벌렸다. 그리스는 1975년에 파르테논을 비롯한 아크로폴리스의 건축물 복원을 추진해, 유럽연합(EU)의 자금 및 기술 지원을 받아 공사 중이나 현재까지도 진행 중이다. 한 세대 전에 방문했을 때나 근간에 방문했을 때나 진척 속도는 그대로처럼 보인다. 그만큼 복원에 심혈을 기울인다는 증표이겠다.

그러했던 페리클레스도 이 연설 2년 후인 기원전 429년, 창궐한 전염병에는 이기지 못하고 죽기는 하였다. 그 죽음을 재촉한 것은 스파르타의 침입에 대비하여 축성된 성으로 농토를 버리고, 전 시민을 피신시켜 생활하게 한 탓이 크다. 후대의 사가(史家)들은 아테네 민주주의와 아테네제국을 전성기로 이끈 위대한 정치가였다고 인정한다.

---

36) 해운국인 그리스의 페리우스항은 세계 물동량 3위를 차지한다. 아테네 중심지에서 30~40리 정도의 외곽에 있다. 이 항에서 유럽 각국과 '로드스'나 '크레타', 그리고 '산토리니'를 가는 배를 타면, 거의 우리나라의 대우해양조선이 만든 선박이다. 이러한 모습이 한국인으로서 가슴 뿌듯하게 한다. 그러나 여기서 성벽 아래 주거지를 손짓하면서 "재건축하면 돈 벌겠다"는 무리도 보았음이다. 해외에서까지도 대한민국이 '부동산투기공화국'임을 일부 기름기 반질반질한 홍안의 한국산 아줌마들이 몰지각한 연출을 하는 모습이 씁쓸하지 아니한가? 《국가》에서 트라시마코스가 말한 '정의가 강자의 이익'이어서인지 모르겠다.

아! 시대의 영웅도 이렇게 가고야 마는 것을.[37] 유대교·기독교·이슬람교의 시조이자 이스라엘 민족의 조상인 아브라함(Abraham)처럼, 한국의 기득권층만은 더러는 100세에도 자식을 낳을 정력을 유지하면서 175세까지 살 수 있겠다는 것인가? 그 이상으로도. 그러나 우리 인간에게 영생은 없다. 이를 애써 외면하려고 하겠지만, 태초에 우리 인류의 조상은 어땠는지에, 약자의 피를 빨아대는 대한민국 특유의 흡혈귀들도 깨닫게 앞서 제2장에다 설파했다, 우리 조국이 세계 민족 속에서 추락하거나 지구상에서 사라지지 않기를 빌면서 '대한민국 최고의 꿀단지 속'으로 들어가 보자.

---

37) facebook.com/jeongjongam. 2015.11.26. "대한민국 민주화의 기수이자 군부독재를 종식시킨 불세출의 영웅 YS, 영면에 들다" 아주 매서운 날씨의 국회의사당 영결식장이었다. 어젯밤 서울대병원 조문을 가서는 야누스 정치꾼도 제법 보았다. 이제 고인의 유훈처럼 화합과 통합이다.

제5장

꿀단지에만 빠진 국회의원이란

국회의원(國會議員, congressman)이란 사전적 의미로서는 대한민국 국회의 의원으로, 국회의 구성원이다. 상임위원회 위원장 등 특별한 보직을 맡지 않는 한 차관급 예우를 받는 정치인이다. 이러한 의미에서부터 특권을 갖고 출발하는, 물에 빠져도 건져주지 않는다는 우리나라 국회의원이다. 이러한 '건달 중의 건달'들이 전체 국민의 대표자로서의 지위를 가진다.

강제위임(强制委任)이 금지된 오늘날의 대의민주주의 제도에서, 국회의원은 자신을 선택한 선거구민의 의사에 얽매이지 않고 국민 전체의 이익이 우선되어야 한다. 자신의 지역구만을 대표하는 게 아니라, 전체 국민을 대표한다. 따라서 국회의원은 선거구민의 의사에 구속되지 않고, 전체 국민의 대표로서 국익을 위해 직무를 수행하여야 한다.

이들의 의무는 헌법과 국회법에 주어져 있다. 헌법에는 국회의원의 헌법상 지위에 관한 규정은 없으나, 헌법 준수의 의무와 국민 전체의 봉사자(헌법 제7조 제1항)이고, 법률로 금지된 겸직을 금지(헌법 제43조)하고, 청렴의 의무(헌법 제46조 제1항)와 국가 이익을 우선하여 양심에 따라 직무를 행할 의무(헌법 제46조 제2항), 지위와 특권의 남용을 금지(헌법 제46조 제3항)하고 있다. 다음으로 국회법에서 보면 의원으로서의 품위를 유지할 의무(국회법 제25조), 출석할 의무, 회의장의 질서를 준수할 의무, 다른 의원을 모욕하거나 발언을 방해하지 않을 의무, 국정감사 및 국정조사에서의 주의 의무, 국회의장의 명령에 복종할 의무가 있다. 그리고 각종 특권과 권리를 가지는 반면에, 국민의 대표로서 국정

심의에 전념하는 데 필요한 특별한 의무도 함께 지고 있다.

헌법과 국회법이 규정하고 있는 의무 사항은 조금 더 깊게 깊게 살피면 다음과 같다. 첫째, 헌법에서 국회의원은 "그 지위를 남용하여 국가·공공단체 또는 기업체와의 계약이나 그 처분에 의하여 재산상의 권리·이익 또는 직위를 취득하거나 타인을 위하여 그 취득을 알선할 수 없다." 하여 지위를 남용한 이권 개입을 금지하고 있다. 둘째, 겸직금지이다. 또한 헌법은 "법률이 정하는 직을 겸할 수 없다." 이는 법률로써 규정하도록 위임하고 있다. 즉 공직자가 입후보하여 의원직에 선출될 수 있으나, 의원직의 보유는 타 공직의 포기를 전제로 한다는 점이다.[38]

따라서 입법자는 헌법 제43조의 위임을 이행함에, 헌법상의 권력분립원칙 및 직업공무원제도의 정치적 중립성(헌법 제7조 제2항)과 사법의 독립성 등에 의한 구속을 받는다. 이러한 점에서 입법자가 국회의원에게 직업공무원이나 법관의 직을 겸할 수 있도록 규율한다면 헌법 위반이 될 것이다. 셋째, 국회법에서도 이들의 의무를 더 구체적으로 규정하고 있다.

국회의원은 다음과 같은 헌법상 지위를 갖는다. 첫째, 국회가 헌법상 부여받은 기능을 이행하기 위해서는 그 구성원인 국회의원도, 이에 부합하는 헌법적 지위를 가져야 하기에 헌법상 지위는 국회 기능의 보장을 위한 불가결한 전제조건으로서 보장되는 것이다. 따라서 헌법 제46조 제2항에서 "국회의원은 국가 이익을 우선하여 양심에 따라 직무를 행한다"는 것은, 헌법 제7조 제1항 공무원은 국민 전체에 대한 봉사자이며 국민에 대하여 책임을 진다는 뜻이다. 제42조(재판의 정지 등). 그리고 제44조 ①국회의원은 현행범인인 경우를 제외하고는 회기 중 국회의 동의 없이 체포 또는 구금되지 아니한다. ②국회의원이 회

---

38) 헌법상 겸직금지 조항의 목적과 의미는 동일인이 행정부나 사법부의 공직과 의원직을 동시에 보유함으로써, 발생할 수 있는 이해충돌의 위험성을 방지하고 조직상의 권력 분립을 보장하고자 하는 것이라고 헌법재판소는 밝히고 있다(헌재 1995.5.25. 91헌마67).

기 전에 체포 또는 구금된 때에는 현행범인이 아닌 한 국회의 요구가 있으면 회기 중 석방된다), 제45조 국회의원은 국회에서 직무상 행한 발언과 표결에 관하여 국회 외에서 책임을 지지 아니한다 등과 함께, 임기 동안 의원직의 존속 및 실질적 행사를 포괄적으로 보호하는 '국회의원 이들의 헌법적 지위에 관한 근거규범(根據規範)'이다.

달리 말해 '우리나라 전체 국민(全國民)의 대표성'과 '자유위임(自由委任)'이다. 여기서 '무기속위임(無羈束委任)'라고도 하는 자유위임이란 대표자가 누구에게도 기속되지 않는다는 원리를 말한다. 즉 대표자는 국민 전체, 선거인 집단, 선거구, 그리고 정당과 교섭단체 등에 대하여 독립적인 지위를 가진다는 의미이다. 자유위임 대의제는 치자(대표하는 자)와 피치자(대표되는 자)의 동일성을 부인하고, 선거에 의한 대표자의 선출. 통제 수단의 결여로 자유위임 대의제의 한계가 바로 포퓰리즘을 낳는 원인이 되면서 포퓰리스트(populist)들이 준동하게 된다. 따라서 이러한 자유위임 대의제의 한계가 저항을 낳게 한다. 자유위임은 국민과 대의기관 사이의 관계로서 '대표자의 자유위임'은 대의제의 본질에 속하는바, 대의민주주의가 기능하기 위한 필수적인 요소이다. 즉 공익 실현을 위해 불가결한 독자적인 판단과 행위의 법적 가능성을 국회의원에게 부여하고 있다.

이는 우리 헌법에는 명시돼 있지 않지만, 다음과 같은 헌법상 지위를 가진다고 할 수 있다. 제46조 제2항을 자유위임의 헌법적 근거로 하고 있다. 국가 이익을 판단하는 기준은 국회의원 개인의 양심에 따른다는 것으로, 그러나 유권자의 의지나 의사가 개입되는 게 아니다. 다음 선거에서 정치적 책임을 부담할 뿐, 법적 책임은 부담하지 않는 위임을 뜻한다. 따라서 국민소환제가 없는 우리의 현실에서는, 차제에 국민의 대다수가 원할 때가 되면 헌법 자체가 '기속위임제(羈束委任制)'에 기초한 헌법으로 개정되어야 하지 않을까 싶다. 그러나 헌법개정은 쉬운 게 아닌비, 재론하겠지만 국민의 중지(衆智)가 앞서야 한다.

둘째, 전체 국민의 대표성이다. 헌법 제46조 제2항에서 임기 동안 국민의 대표자로서 전체 국민의 이익을 대변하고 결정하여야 한다. 따라서 자신의 지역구를 돌보면서 이익을 대변하는 것은, 이에 반(反)하지 않는다. 셋째, 국민의 대표자인 동시에 정당의 대표자이다. 즉 정당의 지원과 배경에 힘입어 이들이 선출되며, 정당(헌법 제8조) 소속 위원들과 원내교섭단체를 구성하여 국회 내에서 공동의 정책을 실현하기도 한다. 이에 헌법 제46조 제2항과 제8조는 서로 긴장 관계에 있다.

이러한 의무를 떠나 국회의원의 권리는 첫째, 국회 구성원으로서 권리가 있다. 둘째, 대의기관으로서 국회의 과제 이행에 참여할 권리가 있다. 셋째, 국회에 의한 국민의 대의를 위해 권리와 의무에 있어서 평등해야 한다. 의원은 전체로서 국민의 대표이기에, 모든 의원의 동등한 법적 지위와 참여 권한을 전제로 한다. 넷째, 교섭단체 구성권, 상임위원회 소속 활동권, 발언권과 표결권, 질의(질문)권, 수당·여비 수령권 및 교통 편의권, 그 외 공동으로 행사할 수 있는 국정조사요구권·임시회 요구권·의안 발의권 등이 있다.

국회법은 국회의 민주적·효율적 운영을 위하여 국회의 조직과 의사, 기타 필요한 사항을 규정한 법률(1948.10.2. 법률 제5호)이다. 국회의 조직, 의사, 그 밖의 필요 사항을 규정함으로써 국회의 민주적·효율적인 운영에 기여함을 목적으로 하는 법이다. 총칙, 회기와 휴회, 의원, 교섭단체·위원회와 위원, 회의, 청원, 탄핵소추, 징계 등에 대한 내용인 16장 169조와 부칙으로 구성되어 있다. 주요 내용은 이 법에서 찾아볼 수 있다.

이러한 국민의 주권을 위임받은 이들은 선서문에서 "나는 헌법을 준수하고 국민의 자유와 복리의 증진 및 조국의 평화적 통일을 위하여 노력하며, 국가 이익을 우선으로 하여 국회의원의 직무를 양심에 따라 성실히 수행할 것을 국민 앞에 엄숙히 선서합니다"라는 설레발을 치고는, 전제군주정의 왕이라도 된 듯이 안하무인으로 날뛴다. 이 선서문은 2매로, 선서 후 각각 서명한 뒤 1매는 이들이 보관하고 1매는 국회사무처 의사국에서 보관한다.

그런데, 선서문에서처럼 이들이 '국가의 이익'을 우선할까. 언감생심이다. '사익(私益)'에 앞서기에 세간의 지탄을 받는다. 공익과 사익이 충동할 때는 사익이 앞서고도 남을 집단으로 국민 속에 팽배해 있기 때문이다. 앞서 본 바와 같이 개개인이 헌법기관이고, 이들에게는 각종 혜택, 풍족한 세비, 보좌 인력 지원 등을 제공받는다.

더구나 이에 따른 소요 비용은 국민의 혈세로 충당된다는 점이다. 포용이 없는 '폐쇄적인 계급사회'를 형성[39]하면서, 현재 이들의 연봉이 1억 5천만 원이 넘는다. 이 금액은 OECD 국가 중에서 4위로, 미국과 일본, 그리고 이탈리아 다음이다. 그러나 국력과 국민소득 등을 고려할 때는, 부끄럽고 또 부끄럽게도 세계 1위를 차지하고 있다. 이들 국가보다 대체적으로 약 2배나 차지한다. 국민이 잘 알지 못하는 사이에 이들은 '셀프입법'을 통해 급여 수준을 꾸준히 슬금슬금 올려온 결과치로, 소모적인 정쟁만 일삼을 뿐 시대적 과업은 뒷전인 채 보수(급료)는 세계 최고 수준이다.

이게 바로 국민의 혈세를 축내는 세력임에도 마땅히 제어할 방법이 그다지 많지 않다. 그 외에도 헌법과 법률, 국회규칙과 관행으로 보장받는 각종 특권과 특혜가 엄청나게 많은 현실이다. 교섭단체 대표는 월 4,000~5,000만 원, 상임위원회 위원장 1,000만 원, 각 위원회 위원장에게는 600만 원이 지급된다. 이러함에도 출석이나 입법 활동을 강제하는 조항조차 없기에 '그들만의 천국'을 방불케 한다. 이들의 양

---

39) 케이스탯리서치[Kstat Report 79]에서 2023년 6월 30일~ 7월 2일 동안, 우리 사회 '다양성' 및 '포용성' 평가란 여론조사에서 '차별'과 관련된 다양한 주장에 대한 동의 여부를 질문한 결과, '동의한다'는 의견이 가장 높은 차별은 '직업'(82%)이고, 다음은 '학별'(79%), '돈'(70%), '성'(65%), '나이'(62%) 순으로 나타났다. 50·60세대는 1970~80년대의 고도성장을 경험한 세대로, 자신은 물론 주변에서 '계층상승'을 이뤄낸 것을 일상적으로 목도한 세대로서, 최근의 우리 사회는 '계층상승 사다리'가 부러졌다고 생각함에 따라 '차별' 동의도 가 더 높은 것으로 분석된다고 진단했다.

심에 대한 호소가 가능할까. 암담한 현실에 무지몽매한 국민은 당하고만 있다. 이들이 죽어야, 아니 이 집단을 폐기해야 대한민국이 사는 길이 아닐까.

✒ 희화화(戲畵化)된 국개(國犬)

무위도식해도 자기 통장으로 꼬박꼬박 에누리 없이 들어오는 구조로, 가히 염라대왕과 하데스 왕이 부러워하고도 남는다. 저승에 가서야 잘못했다고, 무릎이 깨지고 주체할 수 없는 코·눈물을 흘리고도 남을 것이다. 그러나 때는 늦어 소용없는 일이다. 따라서 국민에게서 '국개이원(國犬夷員)'이나 '국해이원(國害夷員)'[40] 또는 '국개(國犬)'라는 멸칭(蔑稱) 속에 조롱을 받는다. 정확하게 국회의원이라고 칭하는 국민은 없을 만큼 희화화(戲畵化)되어 있다. 경상도 억양으로는 '구케(拘-)' 또는 '국개원(國犬員)' 등으로 일컬어진다.[41]

2023.3.31. 국회 공직자윤리위원회가 공개한 지난해 말 기준, 국회의원 재산변동 사항에 따르면 500억 원 이상 자산가를 제외한 국민의힘 의원의 평균 재산은 35억 9천764만 1천 원으로 집계됐다. 더불어민주당이 18억 3천967만 3천 원이었다. 이 정도면 백만장자(13억 1,150만 원)가 되어야만 배지를 달 수 있다는 결론이 도출된다. 절반 이상이 본인이나 부인과 자녀 명의로 주식을 보유하거나 거래하고 있다.

---

40) 정종암 저, 정치평론집『보통 사람들의 아름다운 도전』, 종암, 2012.19~21면. 참조.
41) '국개이원'이나 '국개원'이라고 칭해짐은, 국가와 국민의 이익을 우선하지 않는 오랑캐 같은 무리란 뜻이다. '국해이원' 또한 국가와 국민에게 해악을 끼치는 자를 말한다. '구케'는 국민의 이름으로 단죄되어야 할 무리를 뜻한다. '국개'는 국가의 개란 뜻이 많이 되겠다. 이는 조롱하는 의미로 많이 쓰이고 있으나, 저자로서는 좋은 의미로 쓰고 싶다. 따라서 진정한 국개가 되겠다. 우리나라 각 가정에서 키우는 애완견이 약 1,500만 두나 된다. 애완견은 주인에게 충성한다. 따라서 만약에 저자가 국회의원(고관대작 포함)이라면, 명실상부 국가와 국민의 개(犬)가 되겠다는 의미로 쓴다. 밥 한술 먹으면 되지 아니한가. 어차피 저승까지는 존속하지 못할 부와 권력인 터라, 사익은 철저히 배제하겠다는 것이다. 이승에 옴도 동지요, 저승을 감도 아주 미미한 순서를 둘 뿐 동지가 아니리오.

보유한 주식재산이 평균 총 8억 2천만 원으로, 임기 3년 사이 평균 1억 8천만 원(26.9%)이 늘어난 것으로 조사됐다. 그들 중에 사업이나 했었어야 할 야누스의 피를 가진 자는, 재산 15억 원을 넘어 코인(가상화폐)만 60억 원이나 있었다.

우리 사회에서 가장 신뢰받지 못하는 집단으로, 인식되고 있다는 현실을 부정할 자가 있겠는가? 그러나 아쉽게도 없다. 이러한데도 이러한 '백만장자만의 천국을 방불케 하는 고등사기꾼집단'에, 무엇을 얻어먹을 게 있는지 우매한 국민은 깨달아야 한다. 그리고 더 가관을 보자. 경제정의실천시민연합(경실련)이 2023년 7월 25일, 2020년 3월 중앙선관위가 공개한 총선 후보자 기록에 근거해 현역 국회의원 전과 경력 조사 결과를 발표했다. 경실련의 조사 대상 현역 의원은 283명이다. 21대 총선 당선자 300명 중 의원직을 상실하였거나 재·보궐 선거로 당선된 의원 17명은 제외된 까닭이다.

놀랍게도 조사 대상 283명 중 33%에 달하는 94명이 전과 경력 보유자였다. 10명 중 3명꼴로 전과자가 섞였다고 보면 이해가 빠르다. 전과자 비율이 3분의 1을 점유하는 국회 모습은 거북하게 다가온다. 공조직 또는 민간기업이었으면 전과 경력자가 30%를 넘긴다는 것은 있을 수 없는 일이다. 전과 경력 비율을 치솟게 한 특수 사정이 없지는 않다. 이중 딱 절반 숫자는 민주화·노동운동 전과자라고 한다. 이들을 일률적으로 제외하면 일반 전과 경력자는 47명으로 낮아지기는 한다. 그렇다고 47명은 국민정서상 용인될 수준이냐 하면 그렇지 않다.[42]고 한다. 이들에게, 이 또한 하나의 벼슬인지 궁금증을 낳는다. 같은 기간 일반 국민의 전과자 비율은 행정규제가 다른 나라보다 많은 탓에, 행정 사범을 포함한 29.8%보다도 상대적으로 높은 수치이다.

어느 시대나 어느 세상을 불문하고 사기꾼은 있다. 일반인은 '새 발

---

42) 대선일보, "공천 부실이 낳은 '현역 의원 33% 전과 경력'", 2023.07.25. 사설 참조

의 피'거나 하수에 불과하다. 더러는 생계범도 있을 정도다. 그러나 이 고등사기꾼집단은 합법적으로, 그것도 교묘하게 국민의 혈세를 최고 치(세비 등이 세계 1위)로 축내면서, 걸핏하면 큰돈을 챙기고도 불체포특 권 뒤에 숨거나 하는 사기의 수준이 아주 높다는 것이다. 지역이기주 의에 편승해 국가의 장래에 대한 고민은커녕, 예산을 챙겨 불필요한 공항 등을 만들기도 한다. 이 또한 '이권 카르텔'에 지나지 않는다.

✒ 노인복지와 출산율 꼴찌인 무늬만의 경제 대국

OECD 국가 중에서 부끄럽게도 노인복지가 꼴찌인 현실에서 생계가 막연한 노인이 1,250원짜리 콩나물을, 한국전쟁 참전용사인 80대 노 인이 생활고로 마트에서 식료품 8만 원어치를 훔쳤다고 처벌받는 국 가에서, 국회의원이 이러니까 존경을 받겠는가? 빈곤으로 인한 65세 노인 자살률이 OECD 평균보다 3배 가까이 높고, 상대적 빈곤율 1위 를 차지하고 있는 현실에서 말이다.

통계청 조사 '2022 고령자 통계'에 따르면, 우리나라 65세 이상 노 인 고용률은 2021년 기준 34.1%로 OECD 평균인 14.7%의 2배 이상 이자 OECD 회원국 중 가장 높은 수준이다. 실질적인 은퇴도 72세로 OECD 회원국 중에 가장 높고, 가장 오랜 기간을 일하면서도 66세 이 상 고령자의 상대적 빈곤율이 43.2%로 OECD 회원국 중 노인빈곤 율과 노인 자살률이 단연 1위다. 문제는 노인 빈곤이 심각한 상황에 서 단기적인 해법을 마련하기는 쉽지 않다는 점이다. 이 수치가 40% 를 넘는 국가 또한 우리나라가 유일하다. 더구나 65세 이상 노인 자살 률은 2019년 기준, 인구 10만 명당 46.6명으로 OECD 평균 17.2명의 2.7배에 달한다. 소득이 중위소득의 50% 미만인 계층이 전체인구에 서 차지하는 비율이 상대적 빈곤율이다. 소득이 빈곤선(중위소득의 절반)도 안 되는 빈곤층이 전체인구에서 차지하는 비율인 상대적 빈곤율이 높다는 것은, 그만큼 상대적으로 가난한 국민이 많다는 것이다.

여기서 기준중위소득(基準中位所得, Median income)이란, 보건복지부장관이 급여의 기준 등에 활용하기 위하여 중앙생활보장위원회의 심의·의결을 거쳐 고시하는 국민 가구소득의 중위-값을 말한다(국민기초생활보장법 제2조 제11호). 예컨대 국민 총가구의 월 세전소득을 조사하여, 오름차순으로 배열한 뒤 정확히 중앙에 있는 값이 바로 중위소득이다. OECD와 통계청 조사 2022년 기준에 따르면, 한국의 66세 이상 노인빈곤율(중위소득 50% 이하)은 40.4%로, 합계출산율마저 세계 꼴찌이기도 한 우리나라가 경제협력개발기구(OECD) 회원국 중 수년째 1위이다.

호주(22.6%)·미국(21.6%)·뉴질랜드(16.8%)·영국(13.1%)·캐나다(12.1%)·이탈리아(10.3%)보다 월등하게 높다. G7 국가 중 하나인 이탈리아와 경제력이 거의 맞먹는다고 큰소리쳤으나, 빈곤율이 4배나 높은 암울한 현실이다. 2023년에 와서는 더 멀어졌다.

2021년 기준 공·사적 연금소득은 월평균 60만 원으로 1인 최저 생계비(109만 6,000원)에도 턱없이 못 미치고, 노인 10명 중 1명은 이마저도 없는 사회보장제도의 사각지대에 놓여있다. 이렇게도 암담한 현실에도 국회의원·고위공직자·공기업 임직원·금융권 종사자 등은 고임금에다 고액의 연금으로 만수판(滿數版)이다. 이들은 이러한 통계지표를 보면서 죄스러움이라도 있을까.

더구나 평생 교도소는커녕, 벌금형이나 과태료조차 처벌 경력이 없는, 중천에서 해가 저물려는 시점인 저자[43]로서도, 특히 국회의원들의 처사는 이해가 안 가는 부분이다. 이 자들은 경미한 전과조차 없는 모

---

43) 이를 보면 저자는 60년 세월을 선방한 셈이다. 주변을 보면 우리 사회에서 50·60세대는 전과자가 제법 있기 때문이다. 참고로 우리나라 전과자 비율(과태료·벌금 전과 포함)이 약 30% 선이다. 통상적으로 고위공직자(국회의원 선거)에 진출하려면 범죄경력조회서가 첨부된다. 검·경 처벌 경력이 나오게 되어 있으나, 저 사로서는 말끔하기에 곧바로 발급된다.

범은 뒷전인 채, 음주운전이나 폭행·사기 등의 잡범까지 있으니 말이다. 여기에다 추악한 탐욕까지 더하니 국민으로부터 존경심은커녕 욕을 제일 많이 집단으로 전락한 지가 오래다.

국회의원 대다수가 사법시험이나 고시 등에 합격한 '엘리트 아닌 엘리트(?)'들이다. 유독 대한민국은 이러한 자들에게만 공천권을 줘 국회에 입성시키기 때문이다. 이러한 자들은 국회의원을 하지 않더라도 기득권층인데도, 초기득권층으로 만든다. 더러는 대학입시 등에서 시험 한번 잘 친 덕에 '요람에서 무덤까지' 가는 행태를 벌이고 있다. 국회에서 하는 짓을 보면 과연 이들이 고등교육을 받은 진정한 엘리트인지 의문이 들 정도로 능력은 없고, 어떤 때에는 시정잡배(市井雜輩)보다 못한 행동까지 일삼는다.

그에다가 인문학 부재의 실타래를 수놓는다. "한국에는 고시나 사법시험에 패스하면, 연구는커녕 책 한 줄 읽지 않는다"고 어느 일본인 변호사가 말한다. 냉난방이 빵빵한 의원회관이나 고급세단 속 더위와 추위를 못 느끼는 꽃방석에 앉아 곶감에만 눈이 멀 뿐, 현장 경험에서 잔뼈가 굵은 현실적 이해도가 없고, 능력이 거의 전무한 집단에 지나지 않는다. 이러한 행태에 더는 못 참는다고, 시민들의 저항권(抵抗權, right of resistance)이 발동돼 일어섰다. 이를 잠깐 소개하고자 한다.

제2부
특권 폐지와 시민불복종

    그러면 여기서 특권폐지국민운동본부(약칭, 특본)가 2023.4.16. 14시 광화문 동화면세점 앞 광장에서 출범하여 진행하였음을 보자. "한국 정치, 타락과 퇴폐의 극치를 보이고 있다"면서 국회의원 특권 폐지와 고위공직자 비리 척결, 전관 범죄 등 우리 사회의 '특권 카르텔' 혁파를 위해 특본 회원과 시민단체, 일반 시민 등 수천 명이 결집한 가운데 출범식을 가졌다. 국민 누구나 공감할 수 있는 그들의 외침은 다음과 같다.

제6장

특권 폐지를 위한 국민 선언문

현실을 잘 간파하면서 그 대안을 제시한 '국회의원 및 고위공직자 특권폐지국민행동 4·16 선언문'을 본다. 지금 대한민국은 식민지지배를 극복하고, 국민소득 3만 불을 달성한 인류 현대 백년사의 유일한 국가가 되었다. GDP와 생활 수준이 극적으로 올라가는 동안 자살률이 세계 최고 수준으로 치솟았다. 행복도 조사에서 멕시코, 콜롬비아, 태국 등 경제적으로 어려운 나라들보다 뒤처져 있다. 따라서 대한민국은 기로에 서 있다. 건국 이후 가장 복잡한 초특급 위기와 단군 이래 처음으로, '세계 대국'의 꿈이 동시에 넘실거리는 분기점에 서 있다. 압도적 위기와 장대한 희망, 절망 세대의 신음과 좌·우 기득권 성공 신화의 환성(喚聲)이 동시에 퍼지고 있다. 그러나 빛보다 어두운 그림자가 더 길게 드리워져 있다.

세계사적 인구 추락, 사회해체, 신뢰연대의 독특한 약화, 공동선(共同線)의 추락, 특히 건국 이후 시간이 갈수록 분열하는 국가정체성의 위기, 내전 상태에 이른 '남남갈등' 등을 볼 때 이미 대한민국은 국가로서 존립 위기에 처했다는 진단도 가능하다. 한국은 이미 '축소불균형(縮小不均衡)의 회로(Circuit)'에 빠져있다. 사회의 각 부문이 문제지만, 특히 사회의 통합조정화합으로 희망의 조타수 역할을 맡고 있는 정치권은 희생도 헌신도 품격도 상실한 상태이다. 이 과정에서 선진사회의 필수 요건인 사회적 신뢰 자산은 줄어들고, '분열 공화국'의 오명을 감수하고 있다.

보수정당이나 진보정당은 모두 자기 이익에만 집착해, 국민 분열을 조장하고 자기이익독식형(自己利益獨食形) 정치인으로 전락하였다. 정치권의 인물생태계는 그레샴의 법칙(Gresham's law)이 지배해 악화가 양화를 구축하며 황폐해졌다. 국민의 마음을 하나로 묶어내야 할 정치적 리더십은 말기적 현상이라고 표현할 만큼 혼돈 상태에 빠졌고, 미래를 안내할 나침반은 상실된 지 오래다. 그 결과 사회문제 해결 능력이 극도로 취약해지고, 미래로 나아갈 동력은 악화일로에 있다.

✒ 지구상에서 대한민국호가 사라질 수도 있어

초고속으로 경제적 성과를 얻었지만, 국민의 정신세계와 영혼의 근육은 그 속도를 따라가지 못하고 있다. 이 시대에서는 불가피하게 창조적 소수와 비창조적 다수의 생산성 차이가 극명해지고, 광속도 사회(光速度 社會)에서 경쟁에 뒤처진 국민은 좌절하며 지쳐가게 된다. 그들에게 무슨 희망이 보이고 희망이 싹트겠는가. 정치·경제·사회의 모든 분야에 걸쳐 양극화와 분절화, 단절화, 단층화가 계속되고 심화하고 있다.

우리들이 이 문제 해법을 위해 첫 번째 우선 가야 할 길은 무엇인가? 국회의원·고위공직자 등 지도층부터, 그들이 구조적으로 가졌거나 챙겨서 나누어 가진 특권과 특혜를 내려놓는 것이다. 생존형 인물보다는 희생과 헌신·봉사 등 가치추구형 인간들로 정치판이 채워져 정치풍토를 개선하는 것이다. 이 길만이 시장경제와 사회안전망의 균형점을 찾고, 시장에서 승자의 파티와 함께 패자의 피난처가 균형을 이루는 길이 될 것이다.

이 사회의 이중구조를 해체하고 뒤처진 국민의 삶을 회생시킬 수 있는 기반이 될 것이다. 우리의 가슴이 좌절과 절망의 나락에서 희망의 언덕으로 힘차게 달려갈 수 있게 생동하는 맥박이 될 것이다. 국회의원의 특권과 200여 가지의 특혜는, 헌법기관으로서의 소임을 망각하고 당리당략과 자기보신(自己保身)에 따른 부당입법과 정쟁 조작으로 국민 분열의 씨앗이 되고 있다. 또 법조·공직사회의 전관예우 행태는 카르텔이 되어 '유전무죄, 무전유죄'의 결과를 낳기가 십상이다. 이에 우선 당장 고칠 수 있는 것부터 고치기로 한다.

국민의 뜻을 모아 다음과 같이 국민운동본부 출범과 실천 행동을 선언한다. 첫째, 국회의원의 비정상적 특권·특혜 폐지를 위하여 제도와 관행을 과감하게 고칠 것을 요구하며 바로 잡을 때까지 투쟁한다. 둘째, 법조(法曹)의 전관예우 카르텔 관행을 척결하는 제도와 관행의 혁파를 요구하며, 사법 정의가 흐르는 물처럼 온 누리에 퍼지도록 노력한다. 셋째, 고위공직자 임명이나 유관 기관단체 대표 선정에서 돌고 도는 회전문 인사 관행을 철폐한다. 오늘 출범을 알리는 '고고(呱呱)의 성(聲)'을 시작으로 전 국민의 뜻을 결집하는 세력을 조직화함으로써, 정치가 바로 서며 사법 정의가 구현되고, 고위공직자의 봉사행정이 이루어져 공공부문 생태계를 건강하게 복원시키는 찬란한 불꽃이 될 것을 선언한다.

개회사에서 최성해(전 동양대학교 총장)는 "지금 대한민국은 정치 혐오가 자리하고 국회의원과 고위공직자의 부패와 비리로 국민의 눈살을 찌푸리게 하고 있다"면서 "온갖 요사스러운 거짓말과 선동질, 막말, 말장난이 난무하고 여의도 정치귀족(汝矣島政治貴族)들은 나랏돈 받아서 돈 무섭고 귀한 줄 모르게 쓰면서 4년마다 국민을 갈라놓고, 또 다음 4년을 그들 방식대로 누리고 있다"는 특권층 계급사회 타파를 위한 메시지를 남겼다.

이어진 특본 상임대표인 장기표는 대회사에서 "지금 사회 전 부문에 걸친 양극화 심화로 국민 상호 간 대립과 갈등, 북한의 핵무기 위협 등 국가적 위기를 극복하려면 정치가 제 역할을 해야 하는데, 한국 정치는 타락과 퇴폐의 극치를 보이고 있다"고 지적하고 ▲국회의원에 대해 근로자 평균임금(2022년 기준 387만 원) 지급 ▲보좌관 정원 3명으로의 축소 ▲면책특권과 불체포특권 폐지 ▲완전선거공영제 ▲국민소환제 도입 등을 제시했다. 또한 그는 "그 나라 정치의 수준은 그 나라 국민의 수준에 의해서 결정된다. 나라의 주인인 국민이 나서서 정상배를 위한 정치를 끝장내고, 국민을 위한 정치를 이뤄야 할 때"라고 강조했다. 또한 행사 중간에는 '염라대왕도 시기하는 국회의원의 천하 특권' 풍자극 공연에, 시민들로부터 큰 박수를 받았다. 앞으로의 활동 방안 발표와 대국민 호소문 낭독에 이어, 국회의원·고위공직자인 '특권 2적(敵)'을 테마로 한 퍼포먼스 공연에서 특권 폐지에 대한 국민 염원을 담아내 호응을 얻었다.[1]

국가적 위기를 극복하려면 정치가 제 역할을 해야 하는데도, 지금 정치는 '타락과 퇴폐의 극치'를 보이고 있다. 제4차산업혁명의 새로운 세상에 대비할 정책 준비는 외면한 채, 다음번 선거에서 다시 국회의원이 되기 위한 정파 간 투쟁에만 매달려 있다. 이러한 정상배정치(政商輩政治)를 끝장내고, 또한 디지털 시대에 부응할 신문명정치(新文明政治)를 열기 위해서는 국회의원의 특권과 특혜를 폐지하며, 고위공직자의 부정부패를 척결하는 것이 대단히 중요하다. 이러한 나머지 '특권 폐지'를 위한 국민운동을 전개키로 하고, 국민 여러분의 적극적인 지지와 참여가 있기를 호소했다.

정치개혁을 위해서는 국회의원의 특권을 폐지하는 것이 무엇보다 중요함은, 국정운영의 기본인 법률을 만드는 데다 정부를 감사하는 권한을 갖고 있기 때문이다. 그리고 국회의원들이 국민의 신뢰를 얻기 위해서도 특권을 폐지해야 하지만, 진정으로 국민에게 봉사하려는 사람들이 국회의원이 될 수 있도록 하기 위해서도 특권은 폐지돼야 한다. 그러나 요원하다.

---

1) 브레이크 뉴스, "거짓말과 선동, 막말 난무…, 국민 혈세 귀한 줄 몰라", 2023.04.17.자 갈무리.

여의도 아방궁의 견고한 철옹성에서, 그들만이 누리는 폭식(暴食)으로 인한 정치 혐오(政治嫌惡)의 만연과 사회갈등으로 몸살을 앓고 있다. 각계각층에서 자신이 인재다 싶으면, '꿀물(Honey water)'이 포집된 국회'에 진입하려 든다. 꿀물도 '나눔이 없이' 너무 빨아 댕겨도, 당뇨를 유발해 죽음을 앞당긴다. 이러한 행태가 현격한 빈부격차와 함께 인구소멸 등으로 인하여, 지구상에서 대한민국호가 사라질 위기에 처하게 된다. 세상사, 영원함은 없다. 따라서 경각심을 가져야 한다.

✒ 전청조의 사기는 새 발의 피

저자는 SNS에, '대한민국 국회·고위공직자 특권 폐지'란 제하에서 이렇게 적었다. 표현이 거친 면이 없잖아 있다. 그러나 생중계 속 국회의사당에서 육두문자를 내뱉는 1/3이 전과자인 이 자들보다는 약과다. 경미한 전과조차 없거니와, 이 자들보다 도덕성에 있어 우위를 점하지 아니한가. 한번 보자.

"대한민국에서 제일 나쁜 사람이 국회의원과 고위공직자다. 펜싱선수 남현희의 연인이었다는 '전청조'란 청년이 사기 친 금액이 27억여 원이라 하나, 이러한 유형의 사기꾼은 '새 발의 피'로 '피라미'급인 하급 사기꾼에 불과하단 거다. 따라서 국회의원들을 '고등사기꾼집단'이라 칭함에 주저하지 않는다. 세계에서도 제일 '추악한 탐욕의 집단'이기 때문이다.[2] 근간 국회의원 등 기득권층의 특권을 내려놓자는 운동이 국민의 공감대 형성 속에 많은 성과를 이루었다. 여의도 샛강 변 으

---

2) 아지랑이가 너울거리던 이른 봄에 결성하여 2023.04.16. 특권 폐지를 위한 운동에 나서면서 발기인과 집회 및 세미나 토론자 등으로 참가한 이래, 장기표(신문명정책연구원장)·최성해(전 동양대 총장)·박인환(전 검사)이 이끈 특본은 2023.10.26. 해산함과 더불어 1주 뒤인 11.02.11;00. 국회 앞 목요집회 20회를 끝으로, 더 강한 투쟁을 위해 '정당화(政黨化)'하기로 했다. 저자도 부동산정책위원장을 겸했다. 이 운동을 하잔 의견은 출범식 2달 여전, 신문명정책연구원의 주례 운영위원회에서 점화되었다.

악새가 슬피 우는 계절과 함께 선거철이 도래했다. 국개(國犬), 이 자들(정확히 300명 중 특권 폐지 운동에 동참한 7명 제외한 293명)은 자신의 임무에 준한 범위를 넘어도 상당히 넘었다. 심지어 월 급료 수령액이 근로자 평균임금의 거의 4배를 받고 있다. 그 외 각종 특혜는 '저승의 지배자'이자 '죽음의 신'들이 부러워할 정도로, 국민소득 대비 세계 최고를 자랑하고 있다. 그럼에도 불구하고 철저한 도덕불감증에 빠진 채, 넘쳐나는 자신들의 특권을 당연시하는 자들도 있다. 더러는 "모든 길은 로마로 통한다"는 '팍스 로마나(Pax Romana, 96~180)'를 이룬 '존귀한 자(Augustus)'처럼 구는 꼴값도 있다. 이제는 저항할 수밖에 없는 수위까지 왔다. 근간 이 자들은 그 많은 특권에도 불구하고, 자신의 홍보와 돈을 끌어 모을 출판기념회를 한답시고 다량의 문자 메시지를 보내오는 공해를 일으키기까지 한다.

돈(錢), 부(富), 권력에 함몰된 채 약자를 짓밟으면서 피를 빨아대는 이러한 흡혈귀를 보노라니, 1899~1919년까지 독일의 식민지였던 캐롤라인 군도의 옙(Yap)섬이 생각나, 빈자의 서재에서 책 한 권을 꺼낸다. 밀턴 프리드먼(Milton Friedman, 1912~2006)이 노벨경제학상을 수상하게 만든 《화폐경제학(貨幣經濟學), Monetary Economics》의 'Chapter1, 돌화폐의 섬'에서 금속 물질이 생산되지 않기 때문에, 동전 형태의 크고 단단하며 두꺼운 석회석으로 만든 돌 바퀴로 된 화폐를 사용했다는 것이다. 그러나 사람이 운반할 힘이나 기구도 없고, 돌의 주인이 자기 소유물이라는 표시를 할 필요가 없다는 것이다. 거래한 새로운 주인은 그 돌이 '자기 것'이라는 인정을 얻는 데에 만족한다는 점이다. 우리나라의 흡혈귀인 저 탐욕자들은 저승의 강 뱃전의 지배자 카론(Charon)에게 거절당하고야 말, 저 돌(石錢)까지도 공수해 오지 않을까 싶어서다.

탐욕에 찬 나머지 국민 알기를 개똥만큼으로 여기는 그 잘난 자들에게 단언컨대, 그대들의 책 내용은 보나 마나 맹탕일 게 뻔하다. 궁민

(窮民, needy people)도 이제, 더는 이들의 노예가 되어서는 안 된다. 따라서 외람되나 고등사기꾼은 못돼도 (인)문학•법학•정치경제사상에 대해서는 집필할 수 있겠다. 그것도 장사치 책이 아닌 것 말이다. 그러나 내 품삯이 나올 게 가늠이 안 되기에 주저할 때가 많다. '아마추어 문(文)'을 조아리는 국개원(國犬員)보다 출판시장마저 불공정한 '슬픈 프로저술가'의 현실이 애달프다. 고등사기꾼집단에 고한다. 보좌진을 9명이나 거느리고 폼이나 잡지 말고 유한한 인생, 영원한 권세를 누리며 '아브라함'이나 '모세'만큼 살고프거든 거울 앞에서 자신의 모습을 비추면서 '국리민복(國利民福)'에 앞서라. 지금이라도 과한 특권과 특혜를 내려놓아라. 궁민인 나는 '호주머니 먼지 털어 나올 게 없는 놈'으로서, 국회의원 당신들에게 고하는 바다."고 썼다.[3]

그러면 고대 그리스의 스파르타법은 어땠을까에 대해 볼 수밖에 없다. 자신들의 법을 지키고, 그 토대 아래에서 번영을 이루면서 조령모개식으로 개정하지 않았기 때문이다. 그 시대 국제정세 속에서 교훈도 찾자.

---

3) facebook.com/jeongjongam. 2023.11.02.

제7장

스파르타와 투키디데스 함정의 교훈

　　스파르타(Σπάρτα, Sparta)·스파르타인(Sparta人)·스파르타법(Spartan law)에 관한 서술에 앞서 먼저 위정자와 정치인은 물론, 모든 국민이 되새겨야 할 미·중 간의 틈바구니 속 우리의 냉혹한 현실을 보고자 한다. 바로 '투키디데스의 함정(Thucydides Trap)'이다. 아테네의 역사가이자 장군이었던 투키디데스(Thukydides, BC 460? ~ 400?)가 《펠로폰네소스 전쟁사》에서 주장한 것에서 비롯된 용어이다. 기원전 5세기 기존의 맹주였던 스파르타가 급격히 성장한 신흥국인 아테네에 대해 두려움과 질투심까지 더해, 지중해의 패권을 놓고 전쟁을 벌이게 됐다. 투키디데스가 이러한 전쟁의 원인이 아테네의 부상과 이에 대한 스파르타의 두려움 때문이라고 주장한 데에서 유래한 용어로, 급부상한 신흥 강대국이 기존의 세력 판도를 흔들면 결국 양측의 무력 충돌로 가게 된다는 것이다. 즉 신흥 강국이 부상하면 기존의 강대국이 이를 견제하는 과정에서 전쟁이 발발한다는 뜻이다. 현재 부상하는 중국과 기존 패권국인 미국이 어르렁거리는 현상과 같다. 이 개념을 통해 미·중 갈등의 위험을 경고해 온 국제 안보 분야의 석학인 미국 하버드대 교수 그레이엄 앨리슨(Graham Allison, 1940~)은 "미·중 간 군사적 충돌 가능성이 생각보다 높고, 그 시발점은 한반도나 대만 등 제3지역이 될 수 있다"며 "미·중 갈등이 최악의 상황으로 치닫지 않도록 한국이 역할을 해야 한다"고 조언했다. 미국과 중국이 충돌할 가능성을 냉정하게 평가하고 한반도의 역할과 국제 정치의 역학관계, 외교적 딜레마 등에 관해 깊이 있는 관점을 펼쳐 보이는 한편, 제

3차 세계대전을 막기 위한 조언을 설득력 있게 제시한 《예정된 전쟁; Destined for War》이란 책이다.

지금 중국과 미국은 어느 쪽도 원치 않는 전쟁을 향해 다가가고 있다. 신흥세력이 지배 세력을 위협할 때, 가장 치닫기 쉬운 결과가 바로 전쟁이라는 '투키디데스의 함정' 때문이다. 신흥 국가는 높아진 자의식, 자기중심적인 오만, 국제적 인정 욕구, 한계를 모르는 야심 등으로 뭉쳐있는 반면, 기존 지배 세력은 쇠락을 경험하면서 지나친 공포, 불안감, 피해망상 상태로 나아가는 구조적 긴장이 극심해질수록 아주 사소한 불씨에도 대규모 충돌을 불러올 수 있다면서, 중국의 부상을 제대로 직시하는 것이 평화적인 미국과 중국의 관계를 만들기 위한 첫 걸음이라고 강조한다. 무엇보다 저자는 각국의 지도자들이 치열한 고민과 더 치열한 행동을 결합해야 한다고 이야기한다. 만약 양측이 전쟁을 피하기 위해서 어렵고 고통스러운 선택들을 해나가지 않는다면, 전쟁은 예정된 수순이 될 것이라 경고한다.[4]

이 용어를 중국의 최고지도자 시진핑(Xi jinping, 習近平, 1953~)도 2014년, 중국 공산당 제18차 당대회에서 언급한 바 있다. 중국이 빠질 수 있는 위기로 '투키디데스의 함정(Thucydides Trap)', 과거 저소득 국가였던 나라가 중간소득국가(Middle income country) 단계에서 성장 동력의 상실로 고소득국가(High income country)에 이르지 못한 채 중진국에 머무르거나 다시 저소득국가로 후퇴한 현상인 '중진국 함정(middle-income trap)'과 함께, 정부가 한 번 신뢰를 잃으면 일을 잘하든 못하든 국민이 이를 믿지 않고 부정적으로 반응하는 상황을 뜻하는 또 다른 용어인 '타키투스의 함정(Tacitus Trap)'을 거론하면서 "만약 우리가 타키투스의 함정에 빠지는 날에는 공산당의 집권 기초와

---

4) Graham Allison, 《Destined for War》(Can America and China Escape Thucydides's Trap?), Mariner Books. 2018. ; 동아일보, "[파워인터뷰]미·중 군사적 충돌 위험한 상황, 대만·한반도서 시작될 수도", 2022.10.25.

지위에 위험이 미칠 수 있다"고 경고한 바 있다.

여기서 '타키투스의 함정'은 고대 로마의 정치가이면서 역사학자인 타키투스(Publius Cornelius Tacitus, 55?~117?)의 이름에서 유래한다. 그의 저서《타키투스의 역사》에서 로마의 제6대 황제였던 갈바(Servius Sulpicius Galba, BC3~69)를 평가하며 "황제가 한 번 사람들에게 인기를 잃으면, 그가 하는 좋은 일과 나쁜 일 모두 시민의 불만을 불러일으킬 수밖에 없다"라고 기록한바, 이에 빗대 정부가 한 번 국민의 신뢰를 잃으면 일을 잘하든 못하든 국민이 이를 믿지 않고 부정적으로 반응하는 상황을 가리킨다.

그러나 시진핑이 2023.11. 아시아·태평양경제협력체(APEC) 정상회의 개최를 계기로, 미국 연방상원의원단을 만나서는 "양국 공동이익이, 의견차보다 크다" "'투키디데스의 함정'은 필연적인 것이 아니며, 넓은 지구는 중국과 미국이 각자 발전하고 번영하는 것을 완전히 수용할 수 있다"고 했다.[5] 우리는 가진 자만의 잔치에 취할 때가 아니다. 정신 바짝 차리고 '그레이엄 앨리슨의 경고'와 함께 '시진핑의 발언'에 주목하면서 항상 준비 태세를 갖추어야 한다. 이제 고대 지중해 패권국이었던 스파르타로 여행을 떠나보자.

스파르타는 기원전 1,150년경, 옛 미케네문명을 멸망시킨 정복 민족 도리아인들이 세운 고대 도시국가이다.

헤로도토스의《역사》에 따르면 청동기 시대 말기에, 북쪽의 마케도니아 부족들이 펠로폰네소스(Peloponnesos)로 침입하면서 암흑기에 접어든 것으로 추정된다. 침략자 도리아인들은 기원전 1200~1100년을 전후하여 북쪽에서 반도로 이주하여 이곳 부족들을 복속하고, 펠로폰네소스에 정착하였다. 도리아인들은 자기들의 나라를 세우기 전부터 스파르타의 영토를 넓힌 것으로 보인다. 이들은 동쪽과 남동

---

5) 한겨레, "시진핑, 중·미관계서 '투키디데스의 함정' 필연적 아니다", 2023.10.10

쪽 아르고스의 도리아인과 북서쪽의 아르카디아 아카이아인(Αχαΐα, Akhaia人)과도 싸웠다.

사료에서는 스파르타가 비교적 접근하기 어려운 곳이었던 곳으로, 펠로폰네소스반도(Peloponnesos Pen)에 위치하며 마니반도(Mani Pen)에 있는 케이프 마타판(Cape Matapan) 남쪽 끝에서 북쪽까지 약 100km 뻗어 있는 '타위게토스(Taigetos) 평원'의 지리 덕분에 성벽이 없어도 예부터 안전할 수 있었기 때문이다.[6]

그리스의 서사시인(敍事詩人)이자 서구 문학의 시조이며, 그리스 최대의 시성(詩聖)인 호메로스(Homeros)의 《일리아스, Ilias》에서 트로이 전쟁에 나오는 메넬라오스(Menelaus)와 헬레네(Helene)가 이 나라 출신이다. 그리스군의 맹주였던 미케네와 더불어 주요한 역할을 하는 국가로 등장한다. 미케네(Mycenae) 왕인 아가멤논(Agamemnon)의 동생이자 스파르타의 왕비였던 '헬레네'를 프리아모스(Πρίαμος, Priam)가 통치하는 트로이(Τροία, Troy)의 둘째 왕자인 '파리스'가 납치(납치했다고 보기보다는 둘 다 사랑에 빠져 트로이로 도주 - 저자 주)하는 바람에, 그 전쟁은 시작되었겠다.[78] 10년간의 전쟁에서 그리스연합군의 승리로 끝난 뒤, 다시 메넬라오스의 아내가 되어 함께 스파르타로 돌아가기는 하였다.

---

6) 헤로도토스·박현태 역, 《헤로도토스 역사》, 동서문화사, 2016, 421~464. 참조.

7) '고대 지중해사'에 심취한 저자는 튀르키예(Türkiye)의 트로이를 봄·가을에 걸쳐 두 번이나 갔었다. 거의 폐허 수준 그대로 남은 트로이 유적지 언덕 위, 올리브 나무 아래 의자에 앉아 약 3,200~3,300년 전 전쟁 당시 바다였을 들판을 바라보면서 《일리아드》 속 그 당시 지형과 비교하는 재미에 취하기도 했다. 트로이 유적지 입구에 들어서면 엉성하고 조잡한 트로이 목마(Δούρειος Ίππος, Trojan Horse)는 실망을 안긴다. 반면에 유적지 인근의 도시인 차낙칼레 시(市)의 해안 공원에는 영화 '트로이'에 등장했던 그 목마가 있다. 촬영이 끝난 뒤 영화 제작진이 이 도시에 기증한 것으로, 조금 그럴듯해 보인다. 차낙칼레 도(都) 가운데 다르다넬스 해협을 건너는 4.6km의 세계에서 제일 긴 '차낙칼레 1915교(1915 Çanakkale Köprüsü)'란 현수교가 있다. 한국 기업이 수주하여 2022년 3월 18일 개통되었다. 1915년은 갈리폴리 전투(세계 1차대전 때 영국과 프랑스 연합군과 튀르키예 간 전투로, 쌍방 50만 명이 넘는 사상자가 발생했다)가 벌어졌던 해를 기념해 이름이 지어졌다.

8) 고대 지중해 문화 탐구는 내게 끝없다. 몇 년째인지 모르겠다. 2019.08. 서울특별시 서초동 소재 예술의 전당에서 '그리스 문화전'이 있었다. 사진 촬영이나 메모는 금지된 조건에서 관람했겠다. 여기서 '고대 그리스 노예제도'에 대해, 국내 문헌 어디에도 볼 수 없는 사항이 있어 내 머리에 기억해 옮기기도 했다. 둔재인 나로서는 그게 얼마나 중요했으면 순간 초인적인 힘을 발휘했을까? 그때 이기힌 내용은 내 어느 졸저의 한 귀퉁이에서 숨 쉬고 있음에 웃을 때가 있다. 그 부분(지면)에 가면 말이다. -2023.11.06.

아테네가 무역과 예술을 장려하고 상공업을 발전시키는 등 상대적으로 유연한 분위기였다면, 스파르타는 완전히 그 대척점에 서 있는 도시국가였다. 그리스와 페르시아와의 전쟁에서는 두 도시국가가 똘똘 뭉쳐 페르시아를 제압하기도 하였으나, 끝내는 아테네와 스파르타 간에 펠로폰네소스 전쟁을 일으키게 된다. 무력을 숭상하는 민족이 건국한 도시국가였던 만큼, 스파르타는 그리스 문명권 사이에서도 유별날 정도로 군사력과 일신의 무력을 숭배하였다. 그러나 아테네와 스파르타 등의 그리스 국가들이 펠로폰네소스와 코린토스 전쟁이라는 연이은 장기적인 대규모 내전으로 인해, 끝내는 마케도니아의 알렉산더에게 집어 먹히는 결과를 초래한다. 그 후로도 지속적으로 저항했지만, 중과부적이었다.

그러나 눈여겨볼 게 있다. 바로 기원전 1,600~1,100년경 미케네 문명(Mycenaean civilization)이다.[9] 따라서 스파르타는 최소한 기원전 1,100년경에 시작되었고, 즉 미케네문명 막바지인 이때부터 스파르타의 '법(Law)'은 시행되었다고 여겨진다. 성경에 의하면 북부 산지에서 남하한 '아가야'라고 불리는 아카이아(Αχαϊα, Akhaia)인이 펠로폰네소스 반도 북쪽 해안에 구축한 고대 해양 문명이기 때문이다.

새로운 강자인 미케네가 크레타를 함락하면서 미노스 문명을 뒤로하고, 미노아 문명의 유산을 받아들여 찬란한 초기 그리스 문화의 꽃을 피울 수 있었던 미케네문명이 새롭게 생겨남과 동시에 강력한 법이 제정되었을 것이다. 트로이 전쟁이 일어났다고 추정되는 시기인 도리아(Doric)인의 침략으로 미케네문명이 멸망한 직후부터 새로운 도시국가들이 형성되기 직전까지의 시대로, 기원전 1,150년경 몰락한 이후 그리스 지역에는 약 300년간의 암흑기가 도래한다.

---

9) BC 3650~1170년경 미노스 문명(Minoan civilization)은 '미노아 문명' 또는 '크레타 문명'으로 크레타섬에서 발흥하면서 그리스 지방에서 처음 생겨난 문명이다. 이때 미노스는 그리스신화에 등장하는 크레타의 왕이다.

이때쯤(기원전 1,200년 경)이면, 고대 이스라엘 종교의 중심은 '야훼(히브리어 יהוה, Yahweh)'라는 신에 대한 숭배였다. 야훼는 본래 고대 북이스라엘 왕국과 유다 왕국의 민족신(民族神)으로, 유대교·기독교·이슬람교 등에서는 유일신으로 지칭한다. 기원전 9세기경(기원전 840년) 요르단강 동쪽에 위치한, 작은 왕국인 모압(Moab)의 왕 메사의 명령으로 제작된 '메사 석비(Mesha Stele)'를 통해 밝혀지기도 한다.[10] 근친상간의 부정한 관계로 출발한 민족(창 19:33)인 모압은 고대 레반트(Levant)에서 살던 셈족 계열의 민족이다. 뜻은 히브리어로 '아버지의 소생'이라는 의미이다. 구약성경(창세기)에도 등장한다. 아브라함(Abraham)의 조카이기도 한 롯(lot)의 두 딸은 아버지의 아이를 가지게 되었는데, 그 중 큰 딸의 아들이자 오랜 기간 이스라엘을 괴롭힌 민족이며, 그의 후손이 오늘날의 모압인(人)이다. 기원전 582년, 바벨론 제국의 침략으로 멸망했다. 기원전 7~2세기경까지 유목 생활을 하던 아랍계 나바테아인이 페트라(Petra)[11]를 중심으로 정착하면서 나바테 문명이 세워졌다. 구약에서 '에돔의 셀라'라고 불리는 이곳은 기원전 1,400~1,200년 경, 에돔과 모압의 접경지에 자리하고 있다. 따라서 모세(Moses)의 형이자 누이 미리암(Miriam)의 동생인 아론(Aron)(출 6:20; 7:7; 민 26:59)이 죽음을 맞이하기도 한 페트라는 현재 요르단 남부에 소재하며, 나바테아인이 사막 한가운데 붉은 암벽에다 건설한 산악도시이다. 근간 성지순례지로도 유명하다.

---

10) 1868년에 발견된 높이 91cm 높이와 60cm 넓이로 이루어진 비석으로, 검은 현무암 석판에 현재 근동의 팔레스타인(고대 가나안)과 시리아, 요르단, 레바논 지역인 모압 왕(王) '메사'('그모스'가 선왕')이 이스라엘을 무찌른 내용을 다룬 승리에 대한 기록이 있다. 나바테아인, 이스라엘인, 바벨론인 등과 교류하거나 전쟁을 하였고, 모압과 이스라엘의 관계는 원래 혈연적으로는 친척이지만 정치적으로는 적대적이었다.

11) 한편으로 저자가 '소유권'에 관한 연구를 하는 학자로서 연구차 하나님의 역사를 찾아 2023.6~7. 페트라를 방문했었다. 1989년에 상영된 영화 〈인디아나 존스〉의 촬영지이기도 하다. 그래서인지 페트라 박물관 입구 왼쪽 계단 아래에 '인디아 존스'란 슈퍼마켓이 있다. 점주이긴 넉살 좋은 젊은 요르단 청년이 농도 건네왔다. 계곡에는 '나바테아인 후예'가 전통 복장을 하고는 방문객에게 1달러란 모델료에 함께하는 사진 촬영도 허용한다. 세계 7대 불가사의 중 하나로, 함께 방문한 이집트 가자지구의 스핑크스와 함께 웅장함 그 자체였냐.

✒️ 리쿠르고스 헌법의 영원성

기원전 8~7세기경 스파르타에 내전이 일어나면서 정치구조가 흔들리자 스파르타도 무너질 위기에 처하게 되는데, 이때 등장한 인물이 바로 리쿠르고스(Λυκοῦργος, Lycurgus, 기원전 800~730, 그 이전의 사람일 수도 있다 - 저자 주)로, 호메로스의 시를 후대에 최초로 알리기도 한 '스파르타 제도의 아버지'인 그의 모든 개혁은 스파르타인의 세 가지 덕목인 시민 간의 평등, 군사적 적합성, 엄격성을 지향하였다. 공동체적이고 군국주의적인 개혁으로 스파르타 사회를 바꾸었다고 여기며, 이 개혁안에는 토지의 균등 분배, 시민 간의 완전한 평등, 이기심 억제 등으로 하고 있다. 인류 역사상 '미니스커트의 원조'는 스파르타로, 여성들의 엉덩이가 간신히 가릴 정도로 치마는 짧게 입었다. 건강한 아기를 순산하기 위해 남성 못지않은 신체 단련을 하였다. 나체로 훈련받는 것에 익숙해져 있었고, 남편은 아내를 존중하였으며 순산한 아기는 국가의 공유물이었다.

가장 대표적으로 7세부터 어린 소년들을 데려다가 병사로 자라나게 만든 제도를 도입한 인물로서, 제도와 법제를 통틀어 그의 이름을 본떠 '리쿠르고스 헌법'이라고 칭한다. 이 법은 8세기 동안이나 개정이 없이 존속하였다.[12] 그 존속기간에 있어 헤로도토스는 500년간 존속했다고 하나, 설사 리쿠르고스 헌법에 국한하더라도 그 이상일 수도 있다. 그 이유로는, 헤라클레스(Ἡρακλῆς)[13]의 증손의 손자(현손)이자 아리스토데무스(Ἀριστόδημος)의 아들인 에우리스테네스(Eurýsthēnes, 기원전 930년경)가 스파르타의 한 조상이기 때문이다. 전승에 따르면, 아기어드 왕조와 에우리폰티다이 왕조가 쌍둥이 형제인

---

12) 정종암, 《부동산정의론》, 2022, 42·485면. 참조.
13) 도리아인의 시조로, 기원전 1,400년경 미케네 왕국에는 후일 헤라클레스의 모델이 된 반전설적인 실존 인물이 존재하였다.

에우리스테네스와 프로클레스의 후손이다. 에우리스테네스는 스파르타 '아기어드'(아기어드 왕통) 왕조의 전설적인 창건자이며, 그리고 그의 후계자 '아기어드 1세'의 아버지였다. 그는 헬로스 해변 마을을 점령하였다. 그곳은 원래 에우리스테네스에게 주어졌던 보장된 권리였는데, 이를 줄이려는 그의 시조에 대해 저항한 것이다. 마을의 거주민들은 멍에를 뒤집으려 하였다. 그러나 '헬롯'이라 불리는 노예인 스파르타 계급의 하나인 그들은 항복하였다.

그들은 헤라클레스의 후손으로서 트로이 전쟁 후 두 세대가 지난 다음에 스파르타를 정복하였다. 이때면 기원전 약 1,200년 전이다. 즉 스파르타의 생성 연대가 기원전 8세기보다 훨씬 그 이전이기도 하거니와, 로마가 3차 포에니전쟁(기원전 149~146)을 기화로 그리스 지역을 포함한 지중해를 제패하게 된다. 그 와중에서도 로마가 복속은 시켰으나, 스파르타는 낙후되고 조그마한 변방이라 통치에서 포함시키지 않았다. 이때도 이전처럼 그들만의 법은 통용되었다는 점이다. 더구나 스파르타의 법제는 헬레니즘 시대까지 존속하였다는 게 정설이다.

그렇다면 스타르타인(Spartan) 그들의 법이 더 오랫동안 존속되었음에 귀결(歸結)된다. 당연, 리쿠르고스 이전에 법이 제정되었다는 점이다. 따라서 작금의 헌법 개정론자들은 반면교사로 삼아 헌법개정에 있어서는 신중을 기해야 하고, 설사 개정하더라도 문제가 되는 국회의원의 '불체포특권'과 '면책특권'에만 국한할 일이다. 우리 헌법이 아주 우수한 점을 간과해서는 안 된다. 고대 스파르타인들은 지나치게 검소한 나머지 대규모 건축물이나 기념비를 거의 만들지 않았으며, 문화유산마저 남기지 않았다. 아마도 올리브 박물관과 레오니다스의 동상 정도만이 빛났다. 지금도 세계 3대 운하 중 하나인 '고린도 운하'[14]에서 이오니아해를 바라본 후, 그곳을 가 보면 우리나라의

---

14) 아테네에서 기차나 버스로 갈 수 있는 80km 떨어진 펠로폰네소스반도에 있다. 사도 바울의 전도 지역이기도 하다. 웅장하게 보이는 시지프스산 아래 코린트 유적지 박물관은 입장료가 8유로이나, 무료로

조금 큰 읍내 시가지 정도이고, 한때 펠레폰네소스 전쟁 후 29년간 이나마 패권을 쥔 영화를 누린 고대지역답지가 않음을 발견할 수 있다. 아이러니하게도 투키디데스는 현재의 이러한 면을 예견했다는 점이다.

귀금속 화폐를 폐지한 후 사용하게 된 식초에 담가둔 녹슨 쇠 화폐는, 단위 무게로 가치를 환산해서 귀금속 화폐랑 비교했을 때 훨씬 더 많은 수를 요했기에 숨기거나 옮기거나 하는 도둑질마저 힘들게 하였다. 이러한 탓에 관리의 비리와 재산의 은닉 현상이 사라졌다. 주택의 크기와 형태를 제한하여 모든 스파르타인이 동일한 주거 수준을 갖게 하였다. 작금의 대한민국 특권 세력들은 이 대목에서 좀이 쑤셔 죽을 지경이겠다. 더러는 혈압상승으로 졸도에 이를지 모른다.

또한 자신만의 럭셔리(luxury)한 생활을 넘어 투기로 한몫 챙기려는 세력들이 놀랄 수 있는, 가구나 의복 등 생필품의 수준을 제한하여 모든 스파르타인이 비슷한 종류의 물건을 사용하게 강제하였다. 부유층의 토지와 노예를 몰수하여 가난한 시민에게 분배하였다. 모든 스파르타인을 자립이 가능한 자영농으로 성장시켰으며, 가질 수 있는 땅의 크기도 제한하여 경제 수준에서 평등을 달성하였다. 그러나 이후 거듭되는 전쟁으로 인해 국유노예(國有奴隸)인 헤일로타이(Heilotai)의 소유에 불균형이 초래되면서, 어느 정도의 빈부격차가 벌어지는 과(過)가 없는 건 아니었다. 인구 비중에서 90%를 차지한 헤일로타이는 스파르타인들이 이주해 왔을 때, 그 땅에 먼저 입주한 그들은 스파르타인에게 정복되어 농노의 신분으로 전락하였다. 스파르타가 서쪽 인접 도시국가인 메세니아를 정복하였을 때도, 그 땅의 선주민은 헬롯(Hel-

입장할 수 있는 날도 있다. 매표소 입구에는 흡연자를 위한 항아리로 된 재떨이도 있어, 한국에서 흡연으로 인한 가끔 죄인 취급 당하는 저자는 힘차게 두 개 피나 피는 낙을 연출했다. 소위 '흡연권(吸煙權)과 혐연권(嫌煙權)의 충돌'은 없었다는 점이다. 근처에 있는 6,4km인 운하(그 너머는 이오니아해)는 로마 네로 황제 때 건설됐다. 그 운하는 폭이 좁아, 크루즈가 아닌 여성이 항해사인 유람선을 탈 수 있다. 코린토스 역에서 도보로 얼추 30분 정도 소요된다. 버스도 있으나, 그리스는 우리나라와 달리 정시에 오지 않는 불편함이 있다.

ots)화되었다. 수확물은 절반씩 나누었으며, 스파르타인보다 수적으로 우세한 이들의 반란은 시시때때로 발생했다.

공동식당을 구역 단위마다 설치하여 공동으로 식사를 하게 하였다. 공동 식사는 시민들이 서로 간에 친분을 쌓게 하여, 투철한 국가관과 굳건한 형제애를 형성하는 데도 기여했다. 시민들에게 자녀에 대한 양육은 물론 교육 의무를 부여했으며, 모든 시민의 자녀들에게 20세까지 교육하였으며, 30세까지 군에 복무케 하였다. '아고게(agoge)'라고 일컬어지는 교육은 생활 유지에 필수적인 사냥법, 그리고 합리적 사고에 필수적인 논변학 및 수학과 전투에 도움이 되는 실전 체육이 주된 내용이었다. 하지만, 장애가 있는 경우는 사회 효율성 증대에 도움이 되지 않는다고 낭떠러지에 던져 죽이거나 내다 버리게까지 하였다.

재산의 권리에 있어서는 남녀 차별을 두지 않고 동등한 권리와 의무를 부여했다. 민선관 제도로 왕·장로·시민을 감시하게 하였으며, 이기적이고 향락적인 생활 양식에 대한 억제가 있었다. 모든 스파르타인에게 군사훈련을 의무적으로 참여하게 하도록 강제하였다. 주기적인 노예 학살과 사냥을 통해 전투 감각을 익히게 하였다.

권력은 '왕과 집정관', '원로원', '민회'란 3가지로 크게 나누어졌다. 왕은 그 자신부터가 원로원의 일원으로, 왕과 동등한 입법 권력을 가지게 하였다. 28명으로 구성된 장로회를 설치하여, 왕과 동등한 입법 권력을 가지게 하였다. 특이하게도 2개의 왕가에서 2명의 왕을 선출함으로써, 서로를 견제하게 되어 참주정(僭主政, Tyranny)으로 나아가는 폭주를 막았다. 왕의 권한은 민회에서 뽑히는 임기가 1년인 5명의 집정관(에포로이, ephoroi)에게 견제되다가, 시대가 지나면서 차츰차츰 집정관에게 권력이 넘어간다. 리쿠르고스 또는 테오폰포스가 정했다고도 전해지나, 클레오메네스 3세(Κλεομένης, 기원전 260~219, 기원전 235~222 재위) 때 일시 폐지되었다가, 부활한 후 최소한 200년까지 존속되었다.

원로원은 실질적으로 가장 발언력이 강력했던 곳으로, 민회에서 종신직으로 뽑힌 60세 이상의 의원 30명으로 구성된다. 예외는 그 자신부터가 의원인 왕들이다. 민회는 법안을 인준, 거부, 동맹, 전쟁 선포, 조약 체결을 결정하는 곳으로, 원로원 의원을 선출하며 매년 집정관을 선출하는 전당이었다. 아테네의 민주정(民主政, democracy)과 달리 스파르타는 과두정(寡頭政, oligarchy)이었으나, 스파르타의 정치체제는 비교적 많은 시민의 정치참여가 있었기에 높은 안정성을 지닌 체제였다.

　여기서 참주정(僭主政, Tyranny)은 왕이 사욕을 위해 폭력적인 지배를 하는 체제이며, 과두정(寡頭政, oligarchy)은 덕으로서 뛰어난 것이 아니라 재력으로서 뛰어난 소수자가 지배하는 정체이다. 민주정(民主政, democracy)은 형식적으로는 자유인이 전원이 정치에 참여하는 정체이지만 실체로서는 다수를 차지하는 빈민이 수적인 힘으로 지배하는 정체를 말한다. 하여튼 스파르타법은 왕이 법 위에 있는 '법에 의한 지배'가 아니라, '법의 지배'를 받는, 즉 왕을 비롯한 신분 고하를 가리지 않는 전 시민 모두가 법의 지배를 받는 사회를 추구하였다. 근대 철학의 아버지 프랑스 데카르트(René Descartes, 1596~1650)에 따르면 "스파르타의 위대함은 그 법률들 각각이 특히 뛰어나다는 것에 있지 않다...., 그 위대함은 한 개인에게서 기원했던 그 법률들이 단 한 가지 목적을 향한 것이었다는 사정에 있다"고 말이다.

🖎 인류 최초의 사회주의자

　이쯤에서 인류 최초의 사회주의(社會主義, Socialism)를 생각하게 한다. 사회주의의 시원자(始原者)는 '리쿠르고스'가 되겠다. 전술했듯이, 스파르타의 법과 제도를 살펴본 결과치에 의해서다. 사회주의는 개개인의 의사와 자유를 최대한 보장하기보다는 사회 전체의 이익을 중요시하는 '이데올로기(Ideologie)'다. 스파르타에서는 부를 멀리하고, 돈을 축적하거나 돈을 가지고 다투는 일도 없었다. 자비(긍휼)가 넘치고, 국익을 위해 애국심을 국가에 바치는 게 습관화돼 있었다.

이 대목에서 대한민국 고위공직자, 아니 말단직부터의 모든 공직자와 해외 출장으로 하룻밤 숙박비를 260만 원이나 쓴 문재인 정부 시절 한국가스공사 어느 흡혈귀 같은 사장의 꼬락서니나, 선진국이라고 자부하면서도 외유성 해외 출장을 일삼는 지방의원과 국회의원 등은 어떤 감정일까 궁금하다. 이건 국민의 재산에 대한 도둑질이자 강도행각이다. 국민의 정신건강을 해치는 일이다. 이러함에도 일벌백계는 없다. 서민에게나 잡범에게는 냉혹한 법의 잣대를 들이댐과는 달리 관대함이 도둑질을 더 부추기는 형국이다. 국가도, 정부도 공범 관계에 지나지 않기에 국민으로서의 저항권이 발동돼야 한다.

불평등으로 인한 양극화 해소에는 탁상에서만 논해지거나 이에 철학조차 없는 정치권이다. 우리도 스파르타처럼 '이중왕(Dual King)'이 필요할까나. 아니면 궁민의 등골을 빼먹은 데 대한 죄악세라도 징수할까나. 또한 그들은 공평한 토지분배와 시민군 체제, 공동체의 삶으로 이상적 평등주의를 이룩하였다. 정치구조는 이러한 두 명의 왕을 두는 특이한 체제였다. 이로써 스파르타의 권력은 자연스레 페르시아로 원정을 떠난 '아게실라오스 왕'(Agesilaus the Second, 기원전 444~360, 396년(400?~360년 재위) 임명)에게 집중되었다.

크세노폰(Xenophon, 기원전 430?~354?)을 전장(戰場)에서 적으로 만났던 그는 자신의 죽음직전에 조각상이나 자신을 모사한 것을 만들지 못하게 하고는, 잘 살았다면 알아서 기억되리라고 생각했다. 치적을 남기려고 혈안이거나 그 치적을 부풀리거나, 더러는 과오에 대해서는 축소하려 드는 우리나라 각 정권에 시사하는 바가 크다. 또한 체구는 왜소했고, 소아마비였던 그는 "용기는 정의가 수반되지 않는 한 무가치하다. 하지만 모든 이가 정의로워지면 용기는 불필요해진다"는 명언을 남겼다.

사회주의는 인간은 고립되어 홀로 존재할 수 있는 존재가 아니라, 사회 속에서 생활을 영위하면서 공동체를 구성하고 살아가게 되므로 사회공동체의 이익을 우선시하고, 개인의 자유는 제한될 수 있다는 방향을 제시한다. 이처럼 사회주의란 본디 나쁜 제도가 아니라, 좋은 제도였다. 따라서 분단된 우리나라 특유의 '관념형태'인 이데올로기 속 사회주의나 공산주의와는 다르다.

제8장

민주주의와 자유민주주의

근간에 대두되는 민주주의(民主主義, democracy)와 자유민주주의(自由民主主義, liberal democracy), 전체주의(全體主義, totalitarian)와 공산전체주의(共産全體主義. Communism Totalitarianism?)[15]의 차이점에 대한 명확한 진단을 내리기가 어려운 점이 있다. 아니 혼란스럽기 그지없다. 굳이 '자유', 그리고 '공산'이란 수식어를 붙이지 않아도 우리나라가 민주주의 국가이지, 전체주의 국가는 아닌 게 너무나 자명한 일이 아닌가. 민주주의는 귀족제나 군주제 또는 독재에 대응한다. 즉 국가의 주권이 국민에게 있고 국민을 위하여 정치를 행하는 제도 또는 그러한 정치를 지향하는 사상으로, 다의적인 개념으로 쓰이고는 있다. 또한 민주주의는 여러 형태로 변모되며 사용되고 있으며, 심지어는 실제로 민주주의와 거리가 먼 공산국가들까지도 민주주의 국가로 자처하는 실정이다 보니 일면 '자유민주주의'나 '공산전체주의'라 칭함도 완전한 이해 불가는 아니다.[16]

또 다른 실례로 해방 이후인 1946.2. 북한에서는 '북조선임시인민위

---

15) 대한민국 정책브리핑(www.korea.kr)에서 복기한다. 윤 대통령은 2023.4.19. '4.19 기념사'에서 "우리가 피와 땀으로 지켜온 자유민주주의는 늘 위기와 도전을 받고 있다"면서 "독재와 폭력과 돈에 의한 매수로 도전을 받을 수도 있다"고 말했다. 민주주의는 국민의 자유를 지키기 위한 정치적 의사결정 시스템입니다. 자유를 지키기 위한 민주주의가 바로 자유민주주의입니다. 독재와 전체주의 체제가 민주주의라는 이름을 쓴다고 해도 이것은 가짜민주주의입니다." 또한 같은 해 8.15. '광복절 기념사'에서는 "'공산전체주의' 세력은 늘 민주주의 운동가, 인권운동가, 진보주의 행동가로 위장하고 허위 선동과 야비하고 패륜적인 공작을 일삼아 왔다." "조작선동으로 여론을 왜곡하고 사회를 교란하는 반국가세력들이 여전히 활개 치고 있다." 나아가 그때 방송통신위원장 이동관에 따르면 "선전·선동을 능수능란하게 했던 공산당의 신문과 방송"들도 활개치고 있다고 한 바 있다.

16) 북한의 김씨 왕조는 물론이거니와, 태국에서 육로로 라오스를 입국하려고 일명 '우정의 다리'(타이·라오 간 우호를 기념)를 건너자마자 '라오인민민주주의공화국'란 입간판마저 있음을 볼 수 있었다. 그러나 두 차례나 방문한 끝에 현지인 집에서 숙식하며 실제로 생활해 본 결과로는, 사회주의나 공산주의국가와는 먼 세상이었다. 물욕이 없는 세상이었으며, 심지어 봉지 커피를 마시면서 심야에도 혼자서 돌아다녔을 정도이니.

원회'[17]가 탄생하고, 그 후 선거를 기화로 국회가 있어야 했으므로, 김일성(김성주)이 위원장인 22명을 내각으로 하는 '북조선인민위원회'가 구성되었다. 북한은 이 위원회의 이름으로 농지를 무상으로 몰수하여, 실제 경작민에게 배분하는 무상몰수·무상분배를 하는 토지개혁을 단행했다. 이에 남한의 이승만 정부는 부랴부랴 '우리나라 최초의 토지공개념'이라 할 수 있는 토지개혁을 덩달아 단행하기에 이르렀다. 하지만 북한은 매매·소작·저당권이 금지되었기에 경작권만 주어지고, 소유권은 국가로 하였다. 또한 북한은 이러한 개혁이 채 한 달도 안 되는 기간에 완수한 반면, 남한은 13년간이란 세월을 소비했다. 더구나 이 위원회는 1946.8. 전(全) 산업을 국유화하는 법까지 제정했다.

사회주의혁명을 주도하는 프롤레타리아 독재정권임에도 불구하고, 사회주의나 공산주의 이념 못지않게 '민주' 또는 '민주주의'를 참칭(僭稱)하였다. 더구나 김일성은 정권 수립에 있어 북한 주민의 반대를 완화 또는 제압하기 위해서 '민주주의'라고 선동·선전하기에 이르렀고, 북한의 '진보적 민주주의'는 자본주의국가들의 낡은 국회식 민주주의와는 다른 인민의 '진정한 민주주의'라고까지 역설했다. 하여튼 북한이 대외적으로 조선민주주의인민공화국(朝鮮民主主義人民共和國, Democratic People's Republic of Korea, DPRK)라고 칭한들, 민주주의 국가라고 간주하지 않는다.

그래서인지 헌법학의 거두 권영성은 자유민주주의는 '자유주의와 민주주의가 결합된 정치원리'라고 한다. 자유주의란 자신의 인격을 독자적·자율적으로 발전시켜 나가려는 인간 정신의 근원적 욕구에 바탕한 이념 내지 원리로서, 국가권력의 간섭을 배제하고 개인의 자유와 자율을 옹호하고 존중할 것을 요구하는 사상적 입장이다. 이에 대하여 민주주의란 국민에 의한 지배 또는 국가권력이 국민에게 귀속되는

---

17) 정종암, 앞의 책, 303~308면. 참조.

것을 특징으로 하는 정치원리를 말한다.[18] 또한 헌법학 교수를 지낸 허영은 우리 헌법이 채택하고 있는 자유민주주의는 국민이 국가권력의 주체인 통치 형태도 아니고, 또 치자와 피치자가 동일한 통치 형태도 아니며, 그렇다고 다수의 통치를 뜻하는 상대적 민주주의도 아니다. 자유민주주의는 국가권력의 창설은 물론 국가 내에서 행사되는 모든 권력의 최후적 정당성이 국민의 정치적인 합의에 귀착될 수 있는 통치 형태로, 이때 국민적 합의의 바탕은 자유·평등·정의와 같은 실질적 가치라고 한다. 이러한 가치는 자유민주주의의 가치적인 핵인 동시에, 자유민주주의의 실질적 내용이다. 따라서 통치 구조상의 제도와 장치는 바로 이러한 내용의 자유민주주의를 실현하기 위한 수단에 지나지 않는다. 예컨대 우리 헌법상 국민투표제도·대의제도·선거제도·복수정당제도·지방자치제도 등은 국민주권의 이념에 따라 자유민주주의를 실현하기 위한 제도이다.[19]

자유민주주의란 자유주의와 민주주의가 결합된 정치원리 및 정부 형태라고들 한다. 인간의 존엄성을 바탕으로 개인의 자유와 권리를 보장하는 헌법을 세우고 민주적 절차 아래 다수에 의해 선출된 대표자들이 입헌주의의 틀 내에서 의사결정을 하는 체제를 의미하고, 자유민주주의는 공정한 선거, 사유재산의 권리, 정부와 다른 정부 기관의 분리(3권분립), 문민 통치, 시민의 자유를 포함한 민권 보호와 법 앞의 평등 등을 기반으로 한다.

민주주의에서는 이러한 해석은 당연한 것으로, 불필요하게 '자유'란 수식어를 차용하여 '자유민주주의'라고 하지 않더라도 민주주의의 기본이며 민주주의 국가임이 자명하다. 우리나라의 분단이라는 특수한 체제에서 북한 공산주의와 대결상태이기에 과민 반응에 지나지 않는다. 그러하지 않더라도 대한민국 자유주의 체제는 지켜진다. 민주주의

---

18) 권영성, 《헌법학원론》, 박영사, 1999, 132면.
19) 허 영, 《한국헌법론》, 박영사, 2011, 148면.

란 틀 안에 자유주의가 포섭(包攝)되기에 굳이 나눌 필요도 없다. 자유민주주의가 아닌 '민주주의'란 문언만으로도 공산주의나 사회주의가 아닌 민주주의이고, 민주국가는 공산국가가 아니다. 공산주의를 지향하는 현재의 북한이 '조선민주주의인민공화국'의 정치체제는 수령의 통치를 정당화하는 주체사상을 기반으로 한 일당 독재체제다. 이러함은 지배계급이 세습으로 유지되기 때문이다.

'민주주의'의 대략적인 필수 요건은 첫째, 국민은 1인 1표의 보통 선거권을 통하여 절대 권한을 행사할 수 있어야 한다. 둘째, 적어도 2개 이상의 정당들이 선거에서 정치강령과 후보들을 내세울 수 있어야 한다. 셋째, 국가는 모든 구성원의 민권(民權)을 보장하여야 함에, 이러한 민권에는 출판·결사·언론의 자유가 포함되며 적법절차 없이 국민을 체포·구금할 수 없다. 넷째, 정부의 시책은 국민의 복리 증진을 위한 것이어야 한다. 다섯째, 국가는 효율적인 지도력과 책임 있는 비판을 보장해야 한다. 정부의 관리들은 계속적으로 의회와 언론에서 반대의견을 들을 수 있어야 하고, 모든 시민은 독립된 사법제도의 보호를 받아야 한다. 여섯째, 정권 교체는 평화적 방법으로 이루어져야 한다는 점에서 작금의 우리나라가 공산주의국가가 아닌 민주(주의)국가임은 뛰어넘을 수 없이 자명하다.

'자유민주주의'는 유권자들의 헌정 절차를 통하여 사회적 모순점들을 개혁하고, 공공질서를 유지함으로써 혁명을 예방한다. 다양한 이해관계를 경쟁적인 정당 활동을 통하여 수렴(收斂)함으로써, 자유민주주의는 시장경제원리에서 비롯된 자유경쟁을 정치제도에서 다시 살려낸다. 자유민주주의 체제는 사회복지제도를 도입하여 자유경쟁을 규제하면서도, 한편으로는 시장경제원리에 입각한 경제생활과 자유로운 정당 활동을 통하여 인간의 자유를 계속 발전시켜 나가고 있다. 독일연방공화국 기본법(독일연방헌법)에 따르면, 자유민주주의는 "모든 폭력적 지배와 자의적 지배를 배제하고, 그때그때 다수의 의사

와 자유 및 평등에 의거한 국민의 자기결정을 토대로 하는 법치국가적 통치질서"라고 한다.[20]

✒ 전체주의와 공산주의

'전체주의'는 개인은 전체 속에서 비로소 존재가치를 갖는다는 주장을 근거로, 강력한 국가권력이 국민 생활을 간섭·통제하는 사상 및 그 체제이다. 달리 말해 개인주의에 반대하고 개인보다 단체에 우월한 가치 기준을 두는 주의로, 정치적으로는 자유주의·민주주의에 대립하는 절대주의·독재주의·국가주의·파시즘과 동일하다는 점이다. 따라서 '공산 전체주의'는 사회주의[21]와는 다른 레닌-맑스주의(MarxismLeninism)에 입각한 이오시프 스탈린(Joseph Stalin, 1879~1953)식 공산주의(Communism)와 공동체, 국가, 이념을 개인보다 우위에 두고, 개인을 전체의 존립과 발전을 위한 수단으로 여기는 사상인 전체주의를 포괄하는 개념이 아닐까 싶다. 파시즘과 스탈린주의 등 전체주의에 대한 분석과 '악의 평범성(Banality of evil)'이란 개념으로 나치에 의한 '유대인 대학살(Holocaust)'의 성격을 논한, 한나 아렌트(Hannah Arendt, 1906~1975)는 전체주의에 의해 위협을 받은 인간 자유에 대한 성찰이다. 결코 인간의 마음에서 자유에 대한 사랑을 지우지 못하고, 운동이란 이름으로 인간이 움직일 수 있는 공간을 축소하고 파괴했을 뿐이라고 한다.

따라서 실업, 인구과잉, 정치적 불안, 사회적 혼란으로 규범이 사라

---

20) http://www.doopedia.co.kr. 권영성, 앞의 책, 132~133면. 독판; BVerfGE 12, 45 [51] 재인용. 참고로 독일 연방공화국 기본법은 1949년 5월 23일에 제정되고, 2017년 7월 13일의 법률(I2347) 제1조에 의하여 최종 개정되었다.
21) 사상으로서의 사회주의는 생산수단의 사회화를 지향하는 일련의 포괄적 사상이고, 공산주의는 사회주의 중 폭력혁명으로써의 프롤레타리아 독재를 수용한 사상이 아닐까 싶다. 그리고 체제로서의 사회주의는 칼-맑스가 설파하는 '낮은 단계의 공산주의'에, 공산주의는 '높은 단계의 공산주의'에 조응(照應)하는 사회나고 볼 수 있겠다.

지고 가치관이 붕괴되면서 사회적·개인적 불안정 상태인 사회적 아노미, 개인을 쓸모없는 존재로 만드는 이러한 현상들은 모두 전체주의적 해결 방식에 대한 유혹을 부추긴다. 즉 한 사회에서 다수의 잉여인간(剩餘人間)이 발생하고, 이들은 정치적 리더들과 결탁하여 폭력을 행사하기 시작하면 대중은 이들보다 계급이 더 낮아지면 그 사회가 전체주의가 되고, 전체주의가 지배하는 곳마다 인간의 본질이 파괴되기 시작한다고 본다.

공산주의의 가장 본질적 요소는 사적 소유의 부정에 있고, 개인의 소유권이 인정되지 않는다. 사회의 모든 재산은 사회의 소유로 되며, 사회 구성원들은 이들을 누릴 수 있으며, 이를 통해 계급이 없는 평등한 사회를 구현하려는 것이 이상이었다. 공산주의를 태동시킨 사람은 마르크스이기 때문에 더구나 아니다. 물론 우리의 '(자유)민주주의'를 무너뜨리려고 이 사상에 따르는 급진주의가 없는 건 아니다. 이러한 이들 때문에, 윤 대통령이 발끈했는지 모를 일이다.

일반적으로는 공산주의가 사회주의의 하위 개념이지만, 마르크스의 이념을 이어받은 블라디미르 레닌(Vladimir Lenin, 1870~1924)은 "사회주의는 공산주의가 되기 전의 단계이다. 사회주의가 절정에 달하면 국가는 마치 처음부터 없었던 것처럼 자연스레 사멸되고, 노동자와 농민들의 자유로운 결사에 의한 코뮌주의 사회가 도래한다"라고 주장했다. 공산주의는 일당독재의 공포 속에 끝없이 주입되었던 이데올로기로 세뇌교육과 선전·선동에 의한 결과, 인민들은 자유의지와 정치적인 행위능력을 상실하게 만든다. 독재자들 모두가 신격화되면서 인민들은 당과 수령만 믿고, 독재자들의 범죄에 대해 찬양하도록 강제하고 있다.

1917년 공산주의 이념을 바탕으로 하여 레닌은 '10월혁명(볼셰비키혁명)'에서, 볼셰비키당을 이끌고 공산당 혁명을 성공적으로 수행함으로써 지구상에 최초의 공산주의 정권을 탄생시켰다. 칼-맑스 사상에 기초한 20세기 최초이자, 세계 최초의 공산주의 혁명이었다. 그러나 동유럽권을 중심으로 한 공산주의 국가들은 1989년 11월 9일, 베를린장벽이 무너지면서 1991년 소련의 붕괴로 끝난다.

오스트리아 태생의 영국 경제학자이자 법학자인 프리드리히 하이에크(Friedrich August von Hayek, 1899~1992)[22]는 베를린장벽이 무너지던 그날, 그 광경을 방송하던 TV에서 눈을 떼지 못한 채, 병상을 지키던 아들에게 "봐라. 내가 예언했던 대로 사회주의(공산주의)가 무너지고 있지 않는가?"라고 했었다.

그는 화폐적 경기론과 중립적 화폐론을 전개하였고, 수정자본주의 이론을 형성하고 신자유주의의 입장에서 모든 계획경제에 반대하였다. 그의 지론에 따르면 시장의 자유를 철저히 보장하고 정부는 일절 개입해선 안 된다. 경제적 자유 없이는 개인의 자유와 정치적 자유가 존재할 수 없다고 본다. 전지전능하고 자비로운 지도자(정부)는 존재하지 않는다. 한 사람의 지식이 아무리 뛰어나도 수많은 사람이 가진 지식 조각 수천만 타래의 합을 능가할 수 없으므로, 정부의 시장 개입이라는 막대한 권한을 부여해서는 절대 안 된다. 사회주의가 인류를 노예로 만드는 이념이자 진보를 가장한 '악'이라고까지 주장을 편다. 물론 시장이나 정부도 실패할 수 있지만, 시장이 실패하는 경우보다 정부가 실패할 때는 더 막대한 희생이 따른다. 따라서 정부는 일반 상황에 적용되는 규칙을 만드는 일만 하고, 나머지는 전적으로 개인의 자유에 맡겨야 한다는 주장이다. 그러나 우리 헌법상 경제조항에서는 국가의 개입을 허용하고 있다.

---

22) 하이에크의 《노예의 길》이나 《치명적 자만》 등을 접하면, 저자로서는 가끔 섬뜩함마저 느낀다. 2020.11.21.자 수양록에서 이렇게 썼다. 신자유주의자 하이에크는 내 기억 속에는 '자비가 없는 냉혈주의자'로 각인될꼬? 그의 이론에 따르면 구제금융에도 국가의 개입은 없어야 할 것이고, 받겠단(현실적으로) 건 뭐야? 신자유주의에 물든 부자나 경제학자들도 코로나-19로 인한 재난지원금까지 꿀꺽꿀꺽 받아 챙기는 이중성이 더한 대한민국이다. 이 나이에 내가 사회주의와 자유주의 이론에 대한 최고봉에 도달하려고 마지막으로 안달한다. 레이건과 대처가 신주단지(神主丹脂)처럼 모셨다지만, 케인즈이론에 더 점수를 주면서 두 이론을 믹싱(mixing)하고 싶다. 그리고 이제는 신자유주의가 수명을 다하지 않았나?

✒ 계획경제와 신자유주의

우리나라에서는 개념조차 아는지 모르는지 흔히들 '자유 우파' '자유시장주의' '우익'을 외치는 자들이 박수로 환영할 그의 또 다른 변을 더 보자. 스승 '루드비히 폰 미제스'(Ludwig von Mises, 1881~1973)[23]를 통해서 마르크스주의자로부터 전향한 '자유주의 대부'인 신자유주의자 하이에크는 사회주의, 자유주의, 전체주의를 어떻게 보는지 간략하게 서술코자 한다.

첫째, 사회주의는 집단주의요 전체주의다. 때로는 단지 사회주의의 궁극적인 목표인 사회정의, 더 큰 평등과 안전이라는 이상을 묘사하거나 의미한다. 그러나 사회주의자 대부분이 이 목적을 달성하기 위해 채택하는 방법을 의미하기도 한다. 많은 유능한 이들은 이 방법이야말로 그 목적을 충분하고도 빠르게 성취할 수 있는 유일한 수단으로 간주하고 있다. 이런 의미를 지닌 사회주의란 사기업 제도와 생산수단의 사적 소유를 철폐하고, 이윤을 추구하는 기업가 대신 그 자리에 중앙계획 당국이 들어서는 '계획경제체제'의 창설을 뜻한다.[24] 후술하겠지만, 이 정도면 현 우리 헌법상 경제조항은 폐지해야 하는 우를 범할 수도 있는 문제로 치달을 수 있다.

그리고 "적과 우리의 구분, 적에 대한 혐오, 무엇보다도 질투를 에너지로 사용한다" "사회주의는 반자유주의적이며, 자유주의를 탄압한다"고 한다. 따라서 사회주의는 특정주의 혹은 지역주의다. "독일 좌우 사회주의 운동은 적과 같은 쌍둥이다"고 눈에 쌍심지를 켰다. 정의란 눈속임, 사기 혹은 폭력이 없는 자유시장에서 결정되는 임금 혹은 가격들만을 의한다. 그리고 이런 유일한 의미로만이 우리는 정의로운

---

23) 독일 나치즘의 경제학이 자본주의가 아니라, 사회주의라고 주장한다. 1933년 2월 3일에 행한 연설에서, 아돌프 히틀러가 "나는 사회주의자다(Ich bin Sozialis: I am a socialist)"고 외쳤을 정도이면 그렇게 말하고도 남는다.
24) 프리드리히 A.하이에크·김이석 역, 《노예의 길》, 자유기업원, 2018, 71면.

임금 혹은 정의로운 가격들을 의미할 수 있다.

법의 역사는 보편적으로 적용이 가능한 정의로운 행동 규칙이 점진적으로 등장한 역사일지라도…, 동일한 목적 순위에 구성원들이 봉사하는 사회의 도덕적 우월성과 함께 점증해 가는 기술적인 통제 가능성은 전체주의적 추세를 도덕적으로 위장한 것처럼 만들었다. 실제로 사회적 정의의 개념은 '토로이의 목마'였다. 이 목마를 통해 전체주의가 잠입해 들어왔다.[25]

둘째, 자유주의에 대해서는 '진화론적 자유주의 사회철학'을 재구성하여 이를 체계화시키고, 그것이 자유 사회를 확립하고 유지하기 위해 우리에게 주는 이론적·실천적 교훈을 정립하는 데 있다. 구소련과 동유럽 사회주의, 그리고 서유럽의 복지국가가 붕괴하였음에도 불구하고 자유주의에 대한 비판, 그리고 정부의 경제에 대한 간섭은 그칠 줄 모르고 있다. 자유시장주의는 악의 화신으로 비판받고 있다. 빈곤의 원인, 빈익빈 부익부 그리고 실업의 원흉이라고 비판한다. 사회의 모든 악을 자유주의 탓으로 돌리는 것은 사회주의와 사회민주주의가 풍미하던 20세기와 전혀 다름이 없다.

'자유 사회'를 위해 남긴 유산은 다음과 같이 나눠볼 수 있다. ①자생적 질서 이론이고, ②지식의 한계에 관한 이론이다. 이 두 이론을 기반으로 하여, 정치적 유토피아를 비판하면서 자유 사회의 존재 이유를 설득력 있게 설명하고 있다. ③법치주의 이론이다. 이를 통해 법과 자유의 상호의존성을 강조하면서 자유를 확립하고 이를 보호하기 위해서 법의 지배가 얼마나 중요한가를 역설하고 있다. 개인의 자유를 보호하기 위해서는 시민적 영역은 물론 경제 부문에 이르기까지 광범위하게 법의 지배가 확립되어야 한다는 것이다. ④문화적 진화론이다. 자유주의는 문화적 진화의 선물로서 우리는 이러한 진화의 선물을 보

---

25) 프리드리히 A. 하이에크·민병국 외 2인 역, 《법, 입법, 그리고 자유》, 자유기업원, 2018, 34·46·218~35·443~8면. 참조.

호해야 한다는 것이다. 자유주의는 인간을 문명화된 사회로 이끌어간 가장 중요한 요인이 되었다는 것이 그의 주장이었다.

따라서 서로 다른 의견을 가진 사람, 서로 다른 지식을 가진 사람들의 상호작용은 정신적 삶의 본질을 구성한다. 우리의 지식의 성장은 그런 다양성에 기초를 둔 사회적 과정이다. 우리의 이성적 지식의 성장은 다양성에 기반을 둔 사회적 과정이다.[26]

셋째, 전체주의에 대하여는 전체질서의 성격이라는 행동의 주도 개념이 전혀 없어도 된다고 믿음으로써 스스로를 속이는, 그리고 특정한 결과들을 달성하기 위한 특정한 '기법들'을 검토하는 데에만 스스로를 국한시키는, 겉만 그럴듯한 '현실주의'는 실제로는 전혀 현실적이지 못하다..., 전체질서의 주도 모형이 어느 정도는 항상 유토피아일 것이라는 점은 부인할 수 없다. 이데올로기처럼 유토피아도 오늘날 나쁜 말이다. 대부분 유토피아는 그 목적이 사회를 과격하게 재설계하는 것이라는 것, 그 실현을 불가능하게 만드는 내적 모순으로부터 시달리고 있는 것은 맞다. 그러나 전체적으로 성취될 수 없는 이상사회의 모습 혹은 지향할 질서 전체의 주도 이념은 어쨌거나 합리적 정책을 위해서라면 없어서는 안 될 전제조건일 뿐만 아니라, 정책 문제들의 실제 해결에 과학이 할 수 있는 주요한 기여이기도 하다.[27]

하이에크의 사상을 보건대 사회주의국가의 몰락을 통해 자유주의의 승리가 역사적으로 증명되었지만, 사회주의는 여전히 정치의 영역에서 자유주의를 위협하고 있다. 전 세계 대부분 국가가 자유주의 체제를 표방하는 현대사회를 살아가며, 우리가 지키고자 하는 가치뿐 아니라, 실제 인간의 일상을 지켜주는 이념이 무엇인지에 깨달음을 주기는 한다.

---

26) 프리드리히 A.하이에크·김이석 역, 앞의 책, 2018, 49~52·121~126·166~167면. 민경국 저《하이에크, 자유의 길》, 한울아카데미, 2019, 교보문고 서평 및 336면. 참조.
27) 프리드리히 A.하이에크·민병국 외 2인 역, 앞의 책, 115~116면.

그러나 '복지' 내지 '복지국가 실현'이라는 이름으로 개인의 자유를 제한하고 국가의 역할을 확대하려 한다는 점에, 이를 면밀하게 살펴서 주목하고 경계해야 한다고 설파하면서 자유의 원칙들로 바르게 수립되지 않은 정책이나 제도는 언제나 자유에 반할 수 있는 무서운 위협이 되기 때문이라는 이유를 댄다.

그의 주장에 따르면 인류를 위한 '자비' 또는 '긍휼'의 미(美)는 보이지 않는다. 그의 사상을 접하면서, 앞서 말한 대로 어떨 때는 무슨 이런 '냉혹한 인간'이 있을까에 도달하게 한다. 자본주의의 경제체제가 사적 이윤추구의 목적이고 생산수단의 사적 소유와 자유경쟁이 수단이긴 하지만, 피 한 방울 나오지 않는 약육강식의 사회이며, 복지라고는 바라볼 수 없는 '가진 자의 천국'을 추구하는 것만 같기 때문이다. 우리나라 경제학자들 대부분이 이러한 신자유주의를 숭상해서인지, 노인복지 등에서는 OECD 국가 중에서 제일 꼴찌를 면하지 못하고 있다.

또 그에 의하면, 인간의 이성을 과도하게 믿는 순간을 조심해야 한다. 그 순간부터 역사가 쌓아왔던 성취들이 무너지기 시작하기 때문이다. 선진국은 산업화와 민주화의 역사도 훨씬 길고 복잡하다. 후발주자인 우리도 근간에서야 선진국이라고 하나, 기존의 선진국들이 먼저 닦아놓은 그 길들을 보며 본받을 점은 배우고, 아닌 점은 반면교사로 삼아야 한다. '역사'라는 책의 수많은 지면에서 자유라는 단어는 상당한 지분을 갖고 있다. 그것은 역설적으로 그만큼 인간의 역사는 억압의 역사이고, 사람들에게 있어 자유는 곧 '정의'와 직결되는 문제임을 늘 인식하고 있었다는 것을 보여준다는 평이다.

마이클 샌델(Michael Sandel, 1953~)은 종종 기회 평등의 유일한 대안은 냉혹하고 억압적인 결과의 평등이라는 생각이다. 그러나 또 다른 대안이 있다. 막대한 부를 쌓거나 빛나는 자리에 앉지 못한 사람들도 고상하고 존엄한 삶을 살도록 할 수 있는 '조건의 평등'이다. 그것은 사회적 존경을 받는 일에서 역량을 계발하고 발휘하며, 널리 보급된 학

습 문화를 공유하고, 동료 시민들과 공적 문제에 대해 숙의하는 것 등 으로 이루어진다고 한다.[28]

'공정함=정의'란 공식의 성립은 우리나라에서는 요원하다. 승자는 자신의 승리를 "나의 능력에 따른 것이다. 나의 노력으로 얻어낸, 부정 할 수 없는 성과에 대한 당연한 보상이다"고 보게 되나, 그 능력만은 아니다. 그 승리의 월계관을 쓰기까지의 길목에서는 자신의 능력과 재 력이 탄탄한 부모의 기여만이 아니라, 개인의 경쟁에 앞서 이 사회의 모든 구성요소가 함께 하였기에 가능하였음을 외면하거나 간과해서 는 안 될 일이다. 능력이 '부'만으로 이루어지는 자유지상주의의 그림 자가 더는 없는 사회가 돼야 한다.

1974년 노벨경제학상 수상자인 하이에크에 이어 2년 후인 1976년, 노벨경제학상을 수상한 미국의 경제학자 밀턴 프리드먼과 함께 적극 적인 투자에 의한 비자발적 실업의 극복을 제시한 독창적인 이론이다. 미국의 뉴딜 정책과 현재의 각국 공공투자 정책에도 반영되어 '케인스 혁명'이라 할 정도로 커다란 영향을 미친 케인스[29]이론(학파)에 반대한 신자유주의자의 쌍두마차로 군림했다. 하이에크와 프리드먼이란 경 제계 두 거장은 21세기 경제·사회 사상의 양극단을 잘 포착한 사상가 는 거의 없다는 평가를 받는다. 신자유주의 신봉자들에게서는 양차 세계대전의 공포와 파시스트 정권의 참상, 대공황의 고통, 정치 이데 올로기의 극렬한 대립과 씨름하면서 하이에크와 케인스는 근대적 문 제에 대한 치료법과 미래의 재앙을 막기 위한 안전장치를 찾았다는 평

---

28) 마이클 샌델·함규진 역, 《공정하다는 착각》, 와이즈베리, 2020, 349면.

29) 영국의 경제학자인 케인스(J.M. Keynes, 1883~1946)가 "사실상 세상은 이념 이외의 그 어떤 것에 의해서 도 지배되지 않는다. 권좌에 있는, 심지어 미친 사람도 그의 미친 생각과 이념을 수년 전의 어떤 학문적인 엉터리 삼류학자로부터 얻은 것이다. 기득권층에 의한 이익이 사회변화에 영향을 미친다는 말은 과장된 것이다. 선과 악에 대해서 위험한 것은 이념이지, 기득권이 아니다"고 한 말은 유명하다. 중심 정책 변화 는 정부 조치가 공공사업이나 감세와 같은 적자 지출인 재정 부양, 금리 및 통화 공급의 변화(통화 정책)를 통해 실업 수준을 변경할 수 있다는 명제였다. 그 원동력은 대공황의 경제위기와 1936년, 존 메이너드 케인스의 《고용, 이자 및 화폐의 일반 이론》의 출판이었다. 이 이론은 존 힉스에 의해 신고전주의적 틀, 특 히 IS-LM 모형으로 재작업되었다.

가를 하기는 한다.

프롤레타리아 혁명을 거부하고 점진적인 사회개혁을 주장함으로써, 마르크스주의와는 사뭇 다른 길로 이론을 전개하게 된다. 따라서 제2차 세계대전 후 1951년, 특히 서유럽에서 새롭게 반공주의를 외치며 등장한 우익적 사회민주주의의 별칭인 민주사회주의(民主社會主義, democratic socialism)는 서구 자본주의 질서와 결합하게 된다. 사유재산제를 인정하는 가운데 사회 전체의 생존을 강조하는 측면을 가미하고, 국가적 차원의 조정과 균형을 주장하여, 공산주의적 요소를 많이 수용하게 된다.

그렇다면 앞서 본 바와 같이, 인류 최초의 사회주의자는 '리쿠르고스'임이 분명하다는 점을 다시금 솔론(Solon, 기원전 640?~560?)과 비교하여 본다. 스파르타가 아닌 아테네에는 시인이자 입법가였던 '솔론의 개혁'이 있었다. 토지 생산물의 많고 적음에 따라 시민을 4등급으로 나눠, 각 등급에 따라 참정권과 병역의무를 부과하였다. 현존하는 모든 부채를 탕감하고, 이후 인신을 담보로 한 대출을 금지하였다. 담보로 압류당한 농경지를 포함한 부채로 인해 노예로 추락한 시민들까지 해방시켰다.

여기서 주목할 점은 리쿠르고스가 이상주의자이자 혁명가였다면, 솔론은 주어진 현실을 고려하는 개혁가였다고 할 수 있겠다. 더구나 솔론은 폴리스 전체에 개인소유 토지를 내놓으라고 강제할 수 없었다는 점이다. 그러나 솔론과 달리 리쿠르고스는 시민이 균등하게 분배된 토지를 가지게 하고, 그 땅에서 경작하는 노예에게서 수확물의 50%를 받았다. 따라서 솔론은 사회주의자라고는 볼 수 없는 결론에 도달한다.

이러한 사회주의 사상을 플라톤(Plato, Platon, 기원전 427~347)이 이어받아 재창안하였다. 리쿠르고스는 정치가로서 최초의 사회주의자이고, 플라톤은 철학자로서 최초의 사회주의자라고 칭함도 맞겠다.

통틀어 말하면 리쿠르고스가 인류 최초로 사회주의의 시원성(始原性)을 가졌다고 볼 수 있다. 이러한 스파르타의 신화는 플라톤의 이상국가는 물론, 후대의 정치가에게 많은 영향을 끼쳤다. 사회주의는 인간 개개인의 의사와 자유를 최대한 보장하기보다는 '사회 전체의 이익'을 중시하게 여기는 이데올로기이다. 그 변천을 다음에서 보고자 한다.

생산수단의 사회화 또는 공유화를 지향하는 다양한 사상을 통칭이면서 의미가 다양하게 쓰이기도 한다. 사회주의란 말은 다음 다섯 가지의 각기 다른 뜻으로 사용되고 있다. ①생산수단의 사회적 소유와 계획경제 제도를 수단으로, 자유·평등·사회정의를 실현할 것을 주장하는 사상과 운동을 뜻하는 경우(고전적 사회주의의 뜻으로 사용되는 경우) ②생산수단의 사회적 소유와 계획경제라고 하는 제도 자체만을 가리켜 뜻하는 경우 ③사회주의의 목적만을 가리키는 경우(자본주의보다 한층 훌륭한 사회를 뜻하는 경우) ④공산주의의 첫째 단계 또는 보다 낮은 단계를 뜻하는 경우(마르크스주의에 따른 변증법적 유물론으로써 쓰일 경우) ⑤민주사회주의적 용법(민주주의적 방법에 의하여 민주주의 자체를 완성함으로써 사회를 개조하려는 사상 및 운동 또는 민주주의 최고의 형태를 뜻하는 경우) 등이라고 두산백과에서는 설명하고 있다.

이념은 중요하다. 이념이 없으면 세상이 보이지 않는다. 인류의 역사를 만드는 것은 인간의 생각과 행동이 지배한다. 역사가 이념에 의해서 결정적인 영향을 받는 이유이기 때문이다. 따라서 그 생각과 행동을 결정하는 게 '이념'이다.

사회주의는 노동운동 등의 사회운동과 급진적·진보적 운동에 많은 영향을 끼쳤다. 예컨대 8시간 노동시간·아동의 노동 방지·주5일 근무제 등은 사회주의적 이념의 확대 등에 있다. 이에 영향을 받아 나타난 19세기에서 20세기 전반에 이르기까지 격렬한 노동운동의 결과물로 나타났다. 사회주의자들은 노동조합운동 등을 통하여 노동자의 교섭력을 강화하고 노동자에게 유리한 규제를 만들고자 노력해 왔고 일부

성과를 거두었으나, 이러한 노동자의 권익 향상의 과정을 사회주의의 영향이라고 볼 수는 없으며, 오히려 자유주의적 맥락에서 이루어져 왔다는 반론이다. 마이클 샌델은 이러한 게 사회주의의 영향이라기보다는, 중세의 시민적 공화주의에서부터 엄밀한 현대의 권리중심적 자유주의로 이행하는 과정에서 나타난 결과라고 한다. 또한 사회민주주의의 경우에는 북유럽에서 사회민주당이 집권하면서 복지국가의 기틀을 닦은 것은 사실이다.

그러한 나머지 사회민주주의나 민주사회주의 등은 지금도 유럽에서는 일정한 영향력을 가지고 있다. 스웨덴 등 북유럽은 특히 복지국가의 모범적인 모델이 되었다. 중남미나 아프리카 등지에서는 경제를 더 악화시켰다거나 대중의 인기에만 영합한다고 부정적인 면이 없는 게 아니나, 미국은 2010년대 후반부터 젊은 층을 중심으로 사회주의에 대해 긍정적으로 보고 있다는 것이다. 더구나 미국의 버니 샌더스(Bernie Sanders, 1941~) 상원의원은 사회주의 전체가 아닌 북유럽식 사회민주주의를 옹호한다. 즉 '민주적사회주의'란 초부유층이 아니라, 보통 사람들을 대변하는 정부이자 활기찬 민주주의라고 한다.

공산주의는 사회주의라는 거대한 틀 아래 존재하는 여러 사상 중 하나다. 19세기초, 영국의 선구자적 사회주의자 로버트 오웬(Robert Owen), 프랑스의 생시몽(Saint-Simon)과 샤를 푸리에(Charles Fourier)를 통해 이상적 국가를 추구하였다. 즉 3대 유토피아 사회주의자로, 공상적 사회주의다. 초창기 사회주의는 폭력이 난무하는 게 아니라 평화로웠다. 이러다가 19세기 중반 마르크스와 엥겔스의 과학적 사회주의는 '(지상낙원인) 공산주의자'로 변모한다. 프롤레타리아 혁명을 추구하며, 이를 레닌이 계승한다. 따라서 수정자본주의가 반동하나, 수정자본주의는 2008년 글로벌 경제위기 이후로 혼란을 겪는다.

일반적으로는 공산주의가 사회주의의 하위 개념이지만, 마르크스의 이념을 이어받은 레닌은 "사회주의는 공산주의가 되기 전의 단계이며, 사회주의가 절정에 달하면 국가는 마치 처음부터 없었던 것처럼 자연스레 사멸되어 노동자, 농민들의 자유로운 결사에 의한 치열한 경쟁에서 벗어나 상생적인 삶을 실현하는 이념인 코뮌주의(commune-ism) 사회가 도래한다"라고 주장했다. 또한 사회주의 아래에는 공산주의만 있는 게 아니라 사회민주주의, 민주사회주의 등 여러 사상이 존재한다.

민주주의는 체제에 대한 이념이고, 사회주의는 경제에 대한 이념이다. 사회주의가 민주주의의 반대 개념은 아니다. 마르크스-레닌주의를 선택한 제2세계의 국가들이 전부 전체주의적인 독재국가였는데, 제1세계의 각국은 이를 사회주의국가에 대항하는 민주주의 국가로 선전하였기 때문이다. 따라서 경제민주주의가 실현된 사회가 진짜 민주주의이다.

우리 헌법(大韓民國憲法, Constitution of Republic of Korea)은 대한민국의 통치구조와 국민의 권리와 의무를 규율한 최상위 법이다.[30] 따라서 헌법에는 '자유민주주의', '사회민주주의'에 대한 명시적인 언급은 없으나 자유민주주의와 사회민주주의의 요소를 각각 담은 조항이 있고, 자유민주주의에 대한 유사 표현으로 '자유민주적 기본질서'라는 말이 등장한다. 여기에서 자동으로 자유민주주의가 도출된다는 것이 학계의 다수설이다. 국민 누구나 걸핏하면 외치는 헌법 제1조 제1항에서 "대한민국은 민주공화국이다"라고 함은 국가 정통성 규정이며, 자유민주주의(제8조 제4항, 제4조) 및 시장경제 관련 헌법 규정들은 헌법의 정체성을 명시한다. 민주주의는 국민주권에 기초하여(제1조 제2항) 국민이 공동체 질서를 결단하는 국민 지배(demos+crata, kratein, 자기지배, 결단, 동일성민주주의 배제), 국민의 대표가 가치 상대적 다원주의에 기초하는(제8조 제1

---

30) 국민이 제정 주체가 되어 국민의 민주적 의사에 의해 입법·개정되는 민정헌법(民定憲法)이자, 헌법의 입법·개정 절차가 일반 법률에 비해 까다로운 경성헌법(硬性憲法)이다. 전자의 반대로는 흠정헌법(군주가 제정한 헌법)과 협약헌법(군주와 국민이 타협하여 제정한 헌법)이 있다. 후자의 반대로는 연성헌법과 일반 법률의 개정 난이도가 같은 헌법)이다.

항 복수정당제, 단 가치 절대적 총의 지배는 배제) 다수결 원칙(제49조 원칙 규정)으로, 공동체 정책을 결정하는 헌법의 최고 기본가치다.

자유민주주의는 모든 폭력적·자의적 지배를 배제하고, 그때그때 다수의 의사와 자유·평등에 입각한 국민의 자기결정에 따른 자유 실현의 법치국가적 통치질서(法治國家的 統治秩序)다. 또 이와 같은 민주주의·자유민주주의를 가치로 삼는 헌법 질서가 민주적 기본질서·자유민주적 기본질서다. 그리고 자유민주주의는 가치상대적 다원주의(價値相對的 多元主義)의 다수결 원칙에 기초하는 대의민주주의를 전제로 실현된다. 자기지배의 직접민주주의는 일원주의(一元主義) 전제정(專制政)에의 길이다. 대의민주주의는 투표로 확인된 다수로 선출되는 대표자인 치자의 지배를, 그것이 양적 다수가 아니라, '일정 정도(일단) 옳을 것'이라는 질적 정당성이 인정되는 질서로 보아 다수 지배에 소수도 승복하게 하는 민주주의의 통치질서다. 따라서 자유민주적 기본질서는 자유민주주의 헌법 이념을 '법치국가적 통치질서'로 실현하는 규범질서이며 정치적 기본질서다. 이에 위배하는 정당에 대해서는 정부가 제소하고, 헌법재판소가 심판함으로써 해산할 수 있다.[31]

한편 2011.9. 국정감사에서 현 국민의힘 전신인 한나라당 의원들이 중심이 되어 역사 교과서를 수정하려는 시도가 있었다. 이때 격렬한 논쟁이 된 게 바로 이 부분, 즉 '민주주의'라는 용어를 '자유민주주의'로 바꾸려고 시도했던 점이다. 헌법에도 없는 것이, 무엇이 다를까? 다를 게 없고, 큰 차이 또한 없다. 언어의 유희에 불과할 뿐이다. 따라서 자유민주주의의 '자유'란 '민주주의'에 포섭될 뿐으로, 구분의 의미가 없다. 그러나 우리 헌법을 한번 보기나 하자. 헌법상 자유민주주의와 사회민주주의에 대해서 기꺼이 헌법상 근거 조항을 찾는다. 그래도 명쾌하게 적시한 용어는 없다.

31) 헌재 2001.9.27, 2000헌마238 등; 1994.4.28., 89헌마221 등; 1990.4.2., 89헌가113; 1991.3.11. 90헌마28; 강경근, 일반헌법학, 법문사, 2018, 105~107면.

전자에 대해서 헌법 전문 "(상략) 우리 대한국민은 (중략) 자율과 조화를 바탕으로 자유민주적 기본질서를 더욱 확고히 하여 정치·경제·사회·문화의 모든 영역에 있어서 각인의 기회를 균등히 하고 (하략)" 그리고 제4조에서 "대한민국은 통일을 지향하며, 자유민주적 기본질서에 입각한 평화적 통일정책을 수립하고 이를 추진한다."에서 근거 조항을 찾을 수 있겠다.

후자에 대해서는 헌법 제23조 제2항 "재산권의 행사는 공공복리에 적합하도록 하여야 한다" 제32조 제 제2항 "(상략) 국가는 근로의 의무의 내용과 조건을 민주주의 원칙에 따라 법률로 정한다." 제34조 제2항 "국가는 사회보장·사회복지의 증진에 노력할 의무를 진다." 제119조 제2항 "국가는 (중략) 적정한 소득의 분배를 유지하고, 시장의 지배와 경제력의 남용을 방지하며, 경제주체 간의 조화를 통한 경제의 민주화를 위하여 경제에 관한 규제와 조정을 할 수 있다."고 규정하여 재산권 제한, 노동권 보장, 사회적 기본권보장, 경제민주화로 하여 사회민주주의에 대한 근거로 삼을 수 있다. 그 외 헌법 제120조, 제121조 제1항, 제122~127조까지도 사회민주주의에 대한 근거가 된다.

✒ 경제민주화와 시장경제

이러한 재산권의 사회기속성(社會羈屬性)을 전제로 한 헌법상의 경제조항(제119조~127조)은 재산권 제한의 특수형태를 규정하면서, 자유방임적이고 고전적인 자본주의 원리에 따라 시장과 경제 현상의 자율성을 최대한 존중하면서도, 필요시는 국가가 시장과 경제 현상을 규제하고 간섭할 수 있도록 하는 수정자본주의 원리를 사회적 시장경제질서로 구체화하고 있다. 따라서 이러한 조항은 경제정책적인 시정의 방향과 한계를 명시한 것으로서, 재산권을 바탕으로 한 경제활동의 제한을 의미하기 때문에 이념적으로는, 재산권의 사회기속성을 강조하고 국가의 경제간섭을 허용하는 수정자본주의 원리의 구체적인 표현이라고 할 것이다. 합리적인 경제정책이 곧 효과적인 사회복지정책이라는 논리가 여기에서 나온다.[32] 따라서 우리 헌법은 '정의 사회' 이념을 구현하기 위해서, 경제생활 영역에서는 수정자본주의 원리를 채택하여 사회적 시장경제질서를 확립하고 있다.

제119조 제1항 "대한민국의 경제질서는 개인과 기업의 경제상의 자유와 창의를 존중함을 기본으로 한다."는 경제헌법의 질서는 자본주의 시장경제질서를 원칙으로 하는 헌법원리를 규정하고 있으며, 제119조 제2항에서는 경제자유화에 반대되는 이른바 경제민주화는 혼합경제질서, 즉 실질적 국민주권이 경제영역에서 실현되는 시장경제질서를 지니며, 사회적 시장경제질서를 포괄한다. 따라서 전자는 사유재산제도, 사적자치의 원칙을 기초로 하는 자유시장경제질서를 기본으로 하고 있음을 선언하면서도 경제적 평등을 위하고, 후자는 사회정의를 수용하는 사회적 시장경제질서를 최대한으로 시장경제질서 유지를 위한 보충적 최소한의 관여를 정하고 있다. 다만 제122조는 국토와 관련한 국가적 규제와 조정을 용인하여 국가의 광범위한 규제와 조정을 인정한다.[33]

1948년 제헌헌법은 '사회정의 구현'을 위한 '국가통제적 시장경제질서'이며, 현행헌법의 경제질서에 관한 원칙적 조항인 제119조와 1980년 헌법의 제120조[34]를 비교해 보면 제1항은 동일하다. 다만 제2항은 1980년 헌법 제2항과 제3항의 결합체로 볼 수 있다. 이 과정에서 경

---

32) 허·영, 앞의 책, 169~170면. 참조.

33) 강경근, 앞의 책, 118~120면. 참조.

34) ①대한민국의 경제질서는 개인의 경제상의 자유와 창의를 존중함을 기본으로 한다. ②국가는 모든 국민에게 생활의 기본적 수요를 충족시키는 사회정의의 실현과 균형있는 국민경제의 발전을 위하여 필요한 범위 안에서 경제에 관한 규제와 조정을 한다. ③독과점의 폐단은 적절히 규제·조정한다. 즉 제3공화국 이래 지속되어 온 경제 장의 원칙 규정은 제5공화국 헌법에까지 그대로 유지되어 왔다. 다만 제5공화국 헌법에서 제3항으로 독과점 규제 조항이 신설되었다.

제에 대한 국가적 규제와 조정을 위해 제헌헌법에서부터 차용해온 '사회정의'가 '경제의 민주화'로 대체되면서 '경제민주화'라는 이름으로 국가적 규제와 조정을 강화한다. 즉 '시장경제'는 어간(語幹)이고 '사회적'은 그 수식어를 의미하는 '사회적 시장경제질서'가 학계와 헌법재판소의 결정을 통해서 대한민국 헌법상 경제질서로 자리 잡는다.[35] 시장경제와 사유재산권 보장이라는 자본주의 경제의 두 축을 기반으로 사회정의 또는 경제의 민주화라는 이념적 기초에 따라, 경제에 대한 국가적 규제와 조정을 가한다는 의미에서 우리 헌법상의 사회적 시장경제질서는 시장경제, 사유재산권 보장, 국가적 규제와 조정 등의 개념을 포괄하는 종합적 상위개념이다.[36]

사실 해방 이후 우리나라의 경제정책은 사회주의적인 요소가 많았다. 그 예로서 경제정책의 대다수는 공산주의나 사회주의에서 볼 수 있는 계획경제(計劃經濟, planned economy)였다는 점을 부인할 수 없으나, '계획경제'라는 용어에 숨죽인 면도 있었다. 민주화가 된 이후에야 이 용어를 헌법학자나 경제학자들이 쉽게 떠올리게 되었다. 실상은 현행 헌법상 경제조항에도 계획경제가 가미돼 있는 게 자명하다.

사회적시장경제(社會的 市場經濟, Social market economy)는 독일식 자본주의 모델로 자유경쟁의 원리와 사회적 형평의 원리를 접목한 것으로써 '사회적 자본주의' 또는 '라인 자본주의'라고도 불리며, 빈곤층과 저임금 계층을 배려한 복지 지향적·인도주의적인 자본주의이다. 따라서 질서자유주의의 영향을 받아 시장 메커니즘, 민간기업의 활동에 대해 정부의 개입을 최소화하지만, 독과점 등 시장경제 자체를 해칠 수 있는 불공정 행위에 있어서는 정부가 적극적으로 개입해야 한다고 본다. 즉 민간경제 활동 주체에 가급적 최대의 자유경쟁을 보장하

---

35) 성낙인, 헌법학, 법문사, 2013, 270면.
36) 헌재 1996. 4. 25. 92헌바47, 축산업협동조합법 제99조 제2항 위헌소원(위헌); 성낙인, "대한민국 경제헌법사 소고· 편제와 내용의 연속성의 관점에서", 서울대학교 法學 제54권 제3호 2013년 9월 133·161면. 재인용.

면서도, 사회적 형평 확립의 목적에 한하여 정부의 사회적 개입을 허용하는 경제체제로 하고 있다. 학계의 다수 견해와 헌법재판소의 결정[37]은 한국 헌법상의 경제질서를 사회적 시장경제로 파악하면서, 사유재산제와 자유경쟁을 기본원리로 하는 시장경제질서를 근간으로 한다.[38] 달리 말해 자유주의 시장경제를 기본으로 하면서 사회적 시장경제가 가미된 경제조항임은 명백하다.

✒ 플라톤의 《국가》와 키케로의 《국가론》

리쿠르고스의 사회주의 태동에 이어 2,400년 전, 이상국가(理想國家, Ideal State) 건설을 염원한 이가 앞에서 언급한 플라톤이다. 그가 저술한 《국가, The Republic》[39]로, 원제는 폴리테이아(πολιτε?α)이며 '정치체계'란 뜻이다. 아테네와 긴 성벽 회랑으로 연결된 외항(外港) 피레우스에 있는 케팔로스(Kephalos)의 장자인 폴레마르코스(Polemar-chos)의 집에서 대화가 이루어진다. 대화가 있었던 다음 날, 그 내용을 소크라테스가 이야기하는 형식을 취하고 있다.

그가 생각한 이상국가는 공산국가·군주국가·민주국가로, 민주주의는 여자와 노예를 제외한 그 당시 인구 4만 명 중 약 5천 명의 남성 중심의 민주주의였고, 그중 500명이 좌지우지한 형태였다. 서민계급에는 절제의 덕, 군인 계급에는 용기의 덕, 통치자의 그것은 지혜의 덕이

---

37) 헌재 2001.6.28. 2001헌마132. 헌법재판소는 헌법상 경제조항에 대하여 "…, 우리 헌법의 경제질서는 사유재산제를 바탕으로 하고, 자유경쟁을 존중하는 자유시장경제질서를 기본으로 하면서도, 이에 수반되는 갖가지 모순점을 제거하고, 사회복지·사회정의를 실현하기 위하여 국가적 규제와 조정을 용인하는 사회적 시장경제질서의 성격을 띠고 있다."고 결정했다. 이런 류의 취지를 다수의 헌법재판소 결정에서 볼 수 있다.
38) 정종암, 앞의 책, 179~183·334·334면.
39) 이 책을 《국가론》이라고도 하나, 로마의 '키케로'가 플라톤을 추종하면서 제목을 본떠 같이 붙이기도 하여, 나는 《국가》라고 칭한다. 제1권(정의의 이익), 제2권(국가의 탄생), 제3권(수호자들을 위한 교육), 제4권(정의로운 삶), 제5권(공산사회와 남녀평등), 제6권(철학자와 통치자), 제7권(선의 이데아와 이상국가), 제8권(잘못된 국가체제), 제9권(지혜를 사랑하는 사람들의 왕국), 제10권(시인 추방론과 영혼 불멸설)으로 구성되어 있다.

며, 각각의 계급이 제각기 덕을 보존하여 자기 일을 실천할 때 국가 전체는 정의를 실현한다고 생각했다. 그가 추구했던 이데아(idea)의 세상은 공동선과 전문성과 함께 덕을 갖춘 완벽한 지도자에 의해 통치되는 '이상국가'다. 그 이상적 국가는 철인정치였다. 즉 '철학자가 통치하는 국가'이다. 통치자는 이데아 중의 최고의 이데아인 '선(善)'의 이데아'를 인식하는 자여야 한다는 것이다. 이데아는 형상(形相, eidos)을 뜻하며, 원래는 본다는 의미이다.

철저한 엘리트주의로 통치계급과 시민계급은 사유재산이 없어야 하고, 주택과 토지도 갖지 못하게 하였다. 생필품은 시민계급으로부터 공급받는 구조였다. 또한 통치계급은 남녀 구분이 없었다. 그리고 통치·수호계급은 공동생활로서 양육과 교육은 서로 함께 시켰다. 실제로 그는 현재 이탈리아의 시칠리아섬에 있는 옛 도시인 시라쿠사(Siracusa)의 참주(潛主) '디오니시오스 2세[40]의 요청으로 가서는, 그곳에서 이상국가(理想國家)를 세우려 하였으나 세 번이나 방문하고 4년 주기로 두 번이나 실패로 돌았다.

로마의 정치가이자 라틴어 작가였던 키케로(Marcus Tullius Cicero, 기원전 106~43)가 《국가론》 등에서 남긴 문헌에 의하면, 플라톤이 디오니시오스 2세(Dionysios II) 때만이 아니라 1세 때도 그의 제자 디온(Dion)[41]의 초청으로 시라쿠사에 간 적이 있다. 2권에서 4권까지 플라톤의 형제들은 소크라테스의 '올바름'이란 그 자체로도 결과적으

---

40) 측근이었던 다모클레스(Damokles)는 그의 부와 권력이 부러운 나머지, "단 하루만이라도 그 권좌에 앉아 보는 게 평생 소원이다"고 건의했겠다. 이에 수락해 앉아 보니 천장에서 칼날이 흔들리며 번쩍이고 있음에 얼굴이 사색이 되면서 "왜 칼이 천장에 있는지?" 묻자 "매 순간 언제 죽을지 모른다는 두려움 속에 산다. 내 권력은 언제 떨어질지 모르는 칼 아래에서 항상 위기와 불안 속에 유지되고 있다"고 한 일화는 키케로에게서 전해진다. 권력과 탐욕에 찬 헨리 4세에 빗대 셰익스피어가 "왕관을 쓰려는 자, 그 무게를 견뎌라"고 한 말과 일맥상통한다. 키케로에 의하면 디오니시오스 1세는 잔인하면서도 남을 믿지 않아 이발을 이발사에게 맡기지 않을 정도였다고 한다.
41) 디온은 플라톤의 제자이자 디오니시오스 2세의 친구이자 숙부였다. 그렇다면 디오니시오스 1세와 형제이거나 같은 항렬이겠다. 1세 때도 플라톤은 시라쿠사에 갔었다. 아버지인 디오니시오스 1세의 권좌를 이어받은 2세는 전제군주로서 스탈린이나 레닌, 그리고 무솔리니나 히틀러 같은 독재자였다. 그러했기에 플라톤은 시라쿠사에서의 '이상국가 실현'을 포기 또는 실패했는지도 모른다.

로 좋아야 한다는 주장에 맞선다. 그가 쓴 제5권에서는 "참된 수호자란..., 재물은 물론 가족까지도 공동으로 소유해야 한다. 그것이 '내 것'과 '네 것'을 없애고 분열을 막는 길이며, 행복을 불행으로 공유하는 길이지, 그렇게 되면 사유재산이 없으므로 쓸데없는 사건이나 소송에도 휘말릴 일도 없는 것이다"고 하고 있다.

플라톤의 정치실험이 실패로 끝났다. 시라쿠사의 참주 디오니시오스 2세를 바른길로 인도함으로써 '가능한 최선의 국가'를 건설하려던 계획이 수포로 돌아간 것이다. 비록 디온(Dion)의 간절한 요청 때문에 시작되었지만, 참주를 가르치는 일은 스스로가 꿈꾸어왔던 일이기도 했다. 단, 한 사람만 잘 설득하면 모두에게 좋은 결과를 가져올 수 있다는 확신이 그에게 있었다.[42] 그 실패에는 영혼 불멸과 사후 심판 따위에는 관심도 없는 참주에게, '올바른 정치'를 가르치는 일이란 쉽지 않았던 측면이 크게 작용했다.

플라톤이 인생 말년에 저술한《법률》에서는 완벽한 이상국가 다음의 국가 형태로서, 합리적 법치로 타락한 직접 민주정의 폐단을 제어할 수 있는 '법을 우선시하는 민주정체'를 설계하게 된다.《국가(政體)》편이 교육론, 예술론, 인식론, 형이상학, 정치사상 등 철학의 다양한 분야를 바탕으로 이상국가의 사상적 밑그림을 제공했다면, 12권으로 구성된《법률》편은 그런 '훌륭한 나라', '아름다운 나라'를 세우기 위해 현실적으로 문제를 어떻게 해야 할지에 대한 처방을 제시하고 있다. 지성을 갖춘 입법자가 만든 '최선의 법률'에 통치자를 포함한 모든 자들이 복종할 때 이상적 법치가 구현될 수 있다고 보았다.

제1권은 세 나라의 법률에 밝은 원로 셋이 크레타(Κρήτη)에 있는 크노소스(Κνωσός)에서 만나, 제우스의 동굴과 신전으로 가는 길목에서

---

42) 플라톤-누가 다스려야 하는가?(정치철학 다시 보기, 2016.7.15. 곽준혁·최장집, 위키미디어 커먼즈) 참조; Plato, "Epistle 7", Epistles in Timaeus, Critas, Cleitophon, Menexenus, Epistles, trans. R. G. Bury(Cambridge: Harvard University Press, 1989), 328c. 재인용.

국가체제와 법률에 관한 대화를 하는 것으로 시작된다. 이어지는 다음 권들에서는 교육 문제를 비롯하여, 국가체제의 기원, 입법자가 목표로 삼아야 할 사항, 법률에 앞서 반드시 필요한 설득 또는 권고의 성격을 갖는 전문(前文)에 대한 대화가 계속된다. 크레타인들의 새로운 정착지인 '마그네시아'라는 나라를 세우기 위해 지역과 토지의 분할 문제, 관직의 확립과 재판관의 선출, 혼인과 출산, 군사훈련, 범죄와 재판 등 법제화할 여타 문제들에 대한 논의가 이어진다.

특히 종교 문제를 다루는 제10권에서는 플라톤 철학의 그 통찰의 깊이가 더해진다. 나머지 권들에서는 재산권과 유산, 소유권 문제 등이 망라되어 있으며, 마지막으로 나라 체제와 법률의 보전 대책의 필요성과 함께, 이를 위한 회의체의 구성과 그 기능, 구성원들이 갖추고 익혀야 할 덕목에 관한 대화에서 마무리된다.

그가 추구한 '법의 지배(rule of law)'는 반드시 강제성과 설득으로 법률을 제정해야 하며, 민중에 대한 교육을 통해 사전적으로 충분히 소통할 것과 특히 '법의 지배'를 위해 통치자에게 과도한 권력의 부여를 크게 경계했다. 1인통치체제에서 초래되는 자유와 우애의 위축을 우려한 나머지, 알맞은 정도로 통치 권력을 제어해야 한다는 점이다. 자유와 우애 그리고 지성의 공유로 법 위에 군림하는 초월적인 군주의 지위를 인정하지 않았다. 군주 1인에 의한 자의적 인치가 아닌 '지성의 배분'으로 확립된 '최선의 법률'에 의한 통치였다. 이러한 게 바로 국가의 주권이 국민에게 있는 주권재민(主權在民)과 삼권분립(三權分立) 원칙의 지향점이었다.

토지 및 가축 등 사유재산권의 침해에 대한 합리적 보호와 침해 시 충분한 보상 제도와 반역자나 신전(神殿) 약탈자, 법률을 강제로 무너지게 하는 자는 추방이나 사형 등의 엄한 벌에 처하도록 하고, 모든 범죄에 대해 고의성 여부에 따라 형량을 달리했다. 과실범에 대해서는 최대한 관용을 유지하되, 자발적인 범죄에 대해서는 무거운 형량이었다. 존속·학대·구타나 살인 등의 패륜적 범죄에 대해서는 영원한 추방과 사형 등을 처하게 했다. 이를 목격하고도 가해자를 제지하거나 피해자를 돕지 않은 경우에도 태형·추방 등의 강력한 처벌로, 시민이 공동체의 일원으로서 사회 윤리의 수호를 위한 사회적 책무를 인식하게 했다.

법이 통치자와 권력자에게 휘둘리고 권위가 실추할 경우, 국가의 파멸을 가져올 수 있기에 통치자는 '법률에 대한 봉사자'로의 규정으로 법 위에 군림하는 초월적 군주의 지위를 인정하지 않았다. 군주 1인에 의한 자의적 인치가 아닌 '지성의 배분'으로 확립된 '최선의 법률'에 의한 통치를 희구했다.[43] 이러한 점이 바로 근대헌법에서의 주권재민과 삼권분립이란 정치철학의 근간이 되었다.

그의 《법률》은 실현 불가능한 '이상국가'가 아닌 '훌륭한 법질서'를 통한 차선의 '아름다운 나'를 구현하려 했다는 점에서 근대적 법치의 초석을 마련했다. 대한민국의 법은 '지성의 배분'의 의해 제정된 '훌륭한 법질서'로 치닫고 있을까? 그리고 통치자와 법을 만드는 국회의원들이 '법률에 대한 봉사자'란 인식을 제대로 하고 있을까에 대해 묻는다면, 한마디로 "NO"다고 국민은 말한다. 살펴본 바와 같이, 고대국가의 통치자와 국민은 작금의 대한민국과는 달랐음이 밝혀졌다. 국가는 공동체가 추구해야 할 가치와 질서를 존중해야 한다는 점이다.

이쯤에서 저자로서는 섬뜩하면서도 씁쓸함이 홍수처럼 밀려와 뇌리를 세차게 때린다. 대한민국에서 헌법을 가르친다는 교수의 탈을 쓴 장사치요, 국가 돈이라면 쌈짓돈으로 생각하는 부정의자(不正義者)의 말이 생각난다. 잿밥에만 눈이 어두운 나머지 연구는커녕, 몰이해와 빈두(貧頭)인 그자는 느닷없이 "그리스의 법은 죽었다. 없다"고 했겠다. 그리스의 법과 제도가 로마나 유럽에 전파되거나 계수(繼受)돼, 오늘

---

43) 플라톤Platon·박종현 역, 《플라톤의 법률》, 서광사, 2009. ; 머니투데이 "'法治主義者' 플라톤, 대한민국 '정치'를 평하다", 2013.11.23. 발췌.

날까지 계승되고 있다는 점을 간과했을까? 아니면 무식의 콧노래였을까? 그에다가 희랍어(希臘語, 그리스어)가 로마나 비잔틴(Byzantine) 시대까지 공용어로 쓰였다는 점이다. 고대 그리스 법과 제도, 언어에 대해 성찰해 볼 대목이 휘영청 달 밝은 밤, 방패연처럼 꼬리를 문다. 계수된 우리나라 법은 우수한 편이다. 실천이 문제다. 그런데 그 실천이 얼마나 이루어지고 있는지 보려니, 우리나라 특권 세력들은 법망을 피하면서 비웃기에 탐탁하지 않지만, 이제 그 군상(群像)들을 보지 아니할 수 없다.

제9장

고등사기꾼집단인 국회의원의 연봉은 세계 최고

국회의원은 180여 가지의 특권과 특혜를 누리고 있다. 세계 최고의 연봉과 특혜에다 7명의 보좌진과 2명의 인턴까지 두고 있다. 여기에 입법활동비가 연 2,540만 원, 정책자료 발간비가 연 1,200만 원, 정책자료 발송료 연 430만, 문자 메시지 발송료 연 700만 원, 야근 식대 연 770만 원, 차량 유류비 매월 110만 원에다 차량 유지비가 매월 36만 원이다. 그러고도 업무용 택시비까지 연 100만 원이다. 그래서 의원실 지원 경비가 총 1억 200만 원이 넘는다. 또 국고로 연 2회 이상 해외 시찰이 보장되고 있으며, 그 밖에 국회의원이 누리는 특권은 일일이 언급하기조차 힘든 현실이다. 후술하는 각국의 의원과 의회제도를 보면 기가 찬다.

✎ 명절휴가비만도 국민연금 평균 수령액보다 많아

다시 국회사무처에 따른 세부적인 내용을 보면, 2024년 세계 최고 고등사기꾼집단의 개인별 연봉은 각종 수당을 합쳐 1억 5,426만 원(2024년 1.7% 인상으로 1억 5,700만 원)이다. 구체적으로 일반수당은 월 약 708만 원에다, 관리업무수당 약 64만 원과 정액 급식비 14만 원까지 지급된다. 그리고 매년 1월과 7월 두 번, 일반수당의 50%인 약 345만 원의 정근수당과 설·추석에 각각 일반수당의 60%인 약 425만 원의 명절휴가비를 받는다. 각종 경비로는, 입법 기초자료 수집·연구 등의 입법활동비는 매월 313만 원, 회기 중 입법 활동을 지원하기 위한 경비인 특별활동비는 78만 원이다. 이러한 수당을 모두 합한 월 평균액은 1,300만 원이다. 통계청이 발표한 '2021년 임금근로자 일자리 소득(보수)'에 따르면, 근로자의 월평균 소득은 333만 원이다. 전체 임금근로자의 중위소득은 250만 원이다.

월급도 너무 많거니와, 명절휴가비가 850만 원(국민연금은 2023년 기준, 평균 58만 원x12=696만 원)이라는 게 말이나 되는가?[44] 국회의원만 명절을 쇠는 게 아니다. 공무원 신분인 보좌관을 운전기사로 두게 하는 것도 말이 안 된다. 항공기·KTX·선박마저 무료이며 1년에 1억 5,000만 원의 후원금을 받을 수 있고, 선거가 있는 해에는 그 2배인 3억 원까지 받을 수 있는데도 선거비용은 전액 국고에서 환급한다. 선거에 쓰라고 3억 원의 후원금을 받게 하고도 선거비용을 국가가 환급해 주니, 후원금을 받아 선거를 치르고 선거가 끝나면 선거비용 전액을 국고에서 환급받음으로써 돈을 벌게 되는 셈이다. 이 돈을 중앙당이나 시·도당에 내놓게 되어 있으나, 이렇게 하는 자는 거의 없다.

무엇보다 대통령 선거나 지방선거가 있는 해에도 3억 원까지 후원금을 받을 수 있다. 그러나 이 돈을 대통령 선거나 지방선거에 쓰면 공직선거법 위반이다. 그래서 선거가 있는 해라고 해서 추가로 받는 후원금은 대통령 선거나 지방선거에 쓸 수 없는 데도, 이 후원금을 왜 받을 수 있게 하는지는 헌법소원을 제기하기에 이르렀다.

국가는 정당에 국고보조금을 지급하는 것에는 경상보조금과 선거보조금이 있다. 선거보조금은 선거에 쓰라고 주는 돈인데 그 돈을 선거에 쓰고 나면, 그만큼 국고에서 '선거보전금'이란 명목으로 환급받는

---

44) 저자가 2023.07.26. 특본 2차 토론회에서 토론자로 나서, 원고에 없던 즉석에서 말한 내용을 다음과 같이 복기한다. "토론문에 없는 발언을 좀 하고자 합니다. 국민 여러분, 그리고 여기에 오신 방청객 여러분! 이 삼복더위에 휴가 계획은 세웠습니까? 엊그제 직장인을 상대로 한 설문조사에서 62%가 휴가 계획이 없다고 합니다. 그 이유는 경제적 어려움이었습니다. 이러함에도 불구하고 '아주 간교하고 잔학한 이익집단'인 국회의원들은 휴가비만 연 850만 원(2024년 기준)을 국고에서 지원받습니다. 반면 민초들의 국민연금 평균 수령액은 2023년 기준 월 58만 원, 연 696만 원에 불과합니다. 국민연금액이 이들의 휴가비보다 적습니다. 이건 사기입니다. 사기꾼 중에서 이러한 '고등사기꾼집단(이 표현은 2022년 3월에 펴낸 졸저 《부동산정의론》에서 처음으로 언급하였으며. 참고로 '부동산을 사고팔아 돈을 번다'는 망국적 예기는 하나도 없습니다. 어떻게 하면 부동산에 대한 정의를 이루고, MZ세대에 대한 희망에 대해)에게 이렇게 관대해서야 되겠습니까? 이래도 되겠습니까? 여러분, 어떻습니까?"고 설파한 바 있다.

다. 그래서 선거보조금을 받아 선거를 치르고 나면, 이를 받은 나머지 돈을 벌게 되는 구조이다. 이와 관련해 중앙선거관리위원회에서 2014 년과 2021년 두 차례에 걸쳐 이런 불합리한 점을 개선하라고 국회에 통보했으나, 국회는 이를 외면하고 있다. 이것은 국회의원의 특권을 넘어 헌법을 위반하는 불법행위가 아닐 수 없다.

✒ 거대양당의 재산 불리기

이러한 행각으로 거대양당은 선거보조금과 선거보전금으로 받은 돈으로 당사용(黨社用) 건물을 구입했다. 이는 재정은 정해진 사업에만 사용하게 되어 있는 법령을 위반한 것이다. 더욱이 당사는 임대를 한 채 국회 본관에 있는 사무실을 당사로 쓰는 행태는, 국회를 비롯한 정치권을 특권계급으로 만드는 일이 아닐 수 없다.

더 가관은 실례로, 2023.12.11. 중앙선거관리위원회 '2022년도 정당의 활동 개황'에 따르면 거대양당의 중앙당 재산이 2018~2022년 4년간 여당 112%, 야당 282%나 증가했다. 2022년 한 해 동안에만 각각 350억여 원과 348억여 원이나 증가하였음이 밝혀졌다. 이러한 연유는 대선과 지방선거가 있어서 국고보조금을 많이 받았기 때문이다. 이는 앞서 본 바와 같이 대선, 총선, 지선 등 전국 단위 선거 때마다 선거비용을 대부분 보전받고, 여기에 더해 선거보조금까지 받는 이중 수령이 가능한 정치제도가 문제를 더했다. '땅 짚고 헤엄치기'에다 자체적인 기득권 포기는 요원하다.

지난 20대 대선 때, 국민의힘은 409억 원, 더불어민주당은 438억 원을 썼으나, 선거를 마치고 소수정당과 달리 '득표율 10%'라는 제한 조건으로, 이 돈의 90% 이상을 국가로부터 돌려받았다. 혈세로 인한 거의 공짜로 선거를 치룬 셈이다. 더 불공정한 건, 거대정당은 선거를 치르기 전 이미 선거보조금 명목으로 200억 원 안팎의 돈도 지원받았다는 거다. 되레 국민의힘은 180억 원 정도, 민주당은 218억 원 정도를 지난 대선을 치르면서 사실상 벌었다. 2016년부터 모두 6차례 선거를 치르는 과정에서 양당은 매번 100억 원 넘는 수익을 남겼고, 모두 합하면 7년간 1,886억여 원을 벌어들였다. 같은 기간 국민의힘 재산은 606억 원, 민주당은 779억 원이 늘었다.[45]

선관위는 이런 문제를 인지하고 몇 차례 관계법 개정 의견을 냈으나, 거대정당들의 적대적 공생관계 때문에 제도 개선이 안 되고 있다. 선거 비용 중복 지원 관련 선거법 개정안은 20대 국회에서 발의됐지만 상임위에 3년간 계류되다 폐기됐고, 21대 국회에서는 단 한 건도 발의되지 않았다. 이 얼마나 '탐욕의 늪'에 빠진 채, 혈세를 탕진하고도 당연시하고 있는 현실이 서글프다. 국민이 불쌍하기 그지없다. 이 고등사기꾼집단에 쌈짓돈이 털리고도 대우를 못 받기 때문이다.

최고의 헌법기관인 국회에서, 그것도 입법의 권한과 책임을 가진 국회에서 이런 불합리하고 불법적이기까지 한 일이 관행처럼 유지되고 있다는 것은, 국회가 '무법천지(無法天地)'의 산실임을 말해준다. 이러고서는 어떻게 정상적인 국정운영이 이루어질 수 있겠는가? 제19대 국회 이후의 의원들에게는 지급하지 않기로 했으나, 제19대 국회 이전의 65세 이상 전직 의원에게 매월 120만 원을 지급하는 것도 비합리적이다. 일반 국민이 이 정도의 연금을 받으려면 월 30만 원씩 40년을 불입해야만 가능한 금액이다. 이러니까 세간에서 '사기꾼(고등사기꾼집단)', '도둑놈', '인간쓰레기', '여의도 건달'도 모자라 심지어는 '양아치(양아치 집단)'라고 욕을 처먹는다.[46] 욕설을 퍼붓지 않는 국민이 얼마나 될까.

45) kbs, "선거보조금 받았는데 환급도 받는 '거대정당'…국회는 뒷짐", 2023.01.07. 참조.
46) SNS에서 스포라이트를 받으며 입성한 어느 초선 여성 국회의원이 세상 물정 모르게 "국민들이 국회를 희화화(戲畫化)한다"고 썼다가, 되레 네티즌들의 항의를 받자 곧 삭제하는 경우가 있었다. 국회가 조롱거리가 된 지가 언제인데, 헛소리였을까? 그녀는 정의로운 척하지만, 차기에도 공천을 받으려고 알랑방귀 뀌는 소리가 온 천하를 뒤덮으며 특권 폐지에는 관심도 없다. 주말이면 바쁘게 지방을 오간다고 설레발을 치지만, 혈세에 의한 비행기 삯이 아깝고 세비가 아깝다.

또 보자. 실제적인 사건이다. 국회의원들이 누리는 면책특권과 불체포특권은 시대착오적인 것으로, 유언비어성 폭로로 정치의 질을 떨어뜨리고 범죄자를 보호할 뿐이라고 한다. 최근 현직 의원 노웅래는 6,000만 원의 뇌물을 받고도 구속되지 않았고, 민주당 대표 이재명도 온갖 범법행위에도 구속을 면했다.[47] 국민의힘 의원 하영재는 1억 2천만 원의 뇌물을 받아 체포동의안이 통과되어 법원에서 구속심사를 받았는데, 뇌물 받은 것을 시인한 탓에 증거인멸의 염려가 없다는 구실로 구속되지 않았다. 이렇게 된 것은 국회의원이 누리는 특권 때문이기도 하지만, 다른 한편으로 '특권 카르텔'에 따른 것이다. 노웅래는 압수수색에서 3억 원의 현금이 장롱에서 나왔는데도, 이 돈의 출처를 검찰이 제대로 조사하지 않았다고 국민의 원성을 사고 있다. 이 또한 불체포특권과 특권 카르텔에 따른 것이다.

이런 주장을 하는 사람들도 있다. 국회의원쯤 되면 상당한 정도의 특권은 누리게 해주어야 일을 잘할 것 아니냐고 말이다. 특히 국회의원의 월급을 4백만 원 정도만 주면, 부정한 방법으로 돈을 받으려 하리라고 보는 사람들이 많다. 그런데 그렇지 않다는 점이다. 스웨덴의 경우 국회의원들에게 어떠한 특권도 보장하지 않는다. 일반 국민의 삶과 꼭 같이 살게끔 한다. 그런데도 일은 가장 열심히 하기에, 가장 살기 좋은 나라가 된 것이다.

국회의원에게 특권을 보장하면, 오히려 특권을 누리려는 사람들이 국회의원이 된다. 특권을 없애야 특권을 누리기 위해서가 아니라, 진정으로 나라와 국민에게 봉사하려는 사람들이 국회의원이 될 수 있는 길이다. 그래서 국회의원의 특권과 특혜 폐지 방안을 다음과 같이 제시하는 바다. 첫째, 국회의원의 월급을 근로자 평균임금(2024년 기준 약 400만 원)으로 하고, 일체 수당을 없애며, 의정활동에 필요한 경비는 국회사무

---

47) 이투데이 2023.09.27. "이재명 구속 면했다…法 "증거인멸 염려 있다고 단정하기 어려워"

처에 신청해 사용케 한다. 둘째, 보좌관은 3명만 둔다. 셋째, 면책특권과 불체포특권은 헌법의 개정으로 폐지하되, 그 이전에는 국회의 결의로 행사할 수 없게 한다. 넷째, 선거는 완전한 공영제로 하고, 선거를 위한 후원금 모금과 선거비용 환급을 없애며, 정당에 대한 국고보조금 지급도 없앤다. 다섯째, 국민소환제를 도입하여 국회의원의 직무를 제대로 수행하지 못할 때는 지역 유권자의 투표로 해임한다.

정치인은 114위, 정부는 111위 등 공공기관에 대한 신뢰도가 꼴찌 수준으로, 경제력 규모 10위권인 우리나라가 이렇다는 것은 국제적 수치이다. 그 나라 정치의 수준은 그 나라 국민의 수준에 의해서 결정된다. 나라의 주인인 국민이 나서서 정상배를 위한 정치를 끝장내고 국민을 위한 정치를 이뤄내야 한다. 특히 특권 폐지에 동의하지 않는 국회의원이나 고위공직자는 명단을 공개하여, 다시는 공직을 맡을 수 없게 할 제도적 장치가 필요하다. 정상배 정치의 종식과 정치의 정상화를 위한 고위공직자 등에 대한 특권과 특혜 폐지를 위한 운동에, 국민의 지지와 참여가 지속돼야 한다.[48]

판검사도, 변호사도, 고위공직자도, 박사도 국회의원이 되려고 혈안인 우리나라는 그곳 국회가 그만큼 특권과 특혜가 많기 때문이다. 따라서 '꿀물(honey-water)이 잘잘 흐르는 벌집(beehive)'인 우리 국회와 국회의원은 '궁민(窮民, commoner)에게서의 착취의 시대'를 마감하고, 후술하는 각국의 의회 중 '영국' 편에서 많은 교훈을 얻고는 벤치마킹(bench-marking)해야 한다. 이러함으로써 정치권을 혐오하지 않는 세상이 되면서 대한민국호가, 이 지구상에서 사라질 위기로 치닫지는 않아야 할 것이다. 아래에서 적시하는 불체포특권부터 먼저 없애자.

---

48) 특권폐지국민운동본부에서 발행한 소책자(정가 1,000원)의 내용에서 일부 발췌한 것으로, 원문에 충실하기 위해 부분적으로는 존칭어를 썼다. 또한 다소 매끄럽지 못한 문언은 약간의 수정을 가했다.

제10장

'방탄국회'와 선심성 감세의 공생

    '방탄국회(防彈國會)'라는 악질적인 신조어까지 생성된 불체포특권(不逮捕特權, privileges)은 행정부의 부당한 억압으로부터 국회의원의 자주적인 활동을 보장하기 위한 제도이다. 달리 말해 국회의원은 현행범인 경우를 제외하고는 회기 중 국회의 동의 없이 체포 또는 구금되지 않으며, 회기 전에 체포 또는 구금된 때에는 현행범이 아닌 한 국회의 요구가 있으면 회기 중 석방되는 하나의 큰 특권에 속한다.

    따라서 불체포특권의 취지가 행정부의 불법적인 탄압으로 인하여 국회의원의 자주적인 활동 보장을 위함인데도, 방탄국회는 불체포특권을 악용하는 점에 문제가 있다. 즉 국회의원의 범죄 혐의로 체포하고자 할 경우, 국회가 열리고 있으면 국회 동의 없이는 체포할 수 없는 노릇이다. 예컨대 검찰 수사가 진행 중이라도 이들의 체포를 막기 위해, 소속 정당이 하릴없이 임시국회를 개의하는 방법인 방탄국회로 세간의 지탄을 받고 있다. 특히 세계 어느 국가보다도 심하다. 작금의 정부가 군사독재정권이 아닌데도 말이다. 이는 도둑질을 하고도 국회의원이기에 면죄부를 받겠다고 당연시하는 심보에 지나지 않는다.

    불체포특권이란 영국의 절대군주가 의회 활동을 탄압하기 위해 불법적인 체포·구금 등을 남용한 탓에, 제임스 1세(James I. 1566~1625) 때 처음으로 인정되었다. 즉 왕권과 의회 사이에서 왕이 의원을 체포·구금으로 의회의 기능을 마비시키려는 의도를, 사전에 차단해 의원을 보호하기 위한 장치로 마련된 제도였다. 우리나라도 1948년 제헌헌법에서부터 현행헌법까지 예외 없이 인정하고 있다. 이는 행정부의 불법적 억압으로부터 국회의원의 자주적인 활동을 보장함으로써, 국회 운영을 원활히 하고자 하는 취지로 시행되고 있다. 국회의원이 현행범인 경우를 제외하고는 회기 중에는 국회의 동의 없이 체포·구금되지 아니하며, 회기 전에 체포·구금된 때에는 현행범이 아닌 이상 국회의 요구가 있으면 회기 중 석방되는 헌법상 특권을 말한다(헌법 제44조 제1항).

우리 헌법은 현행범(現行犯)인 경우에는 국회의 동의 없이 체포·구금할 수 있도록 하였고, 또 회기 전에 체포·구금한 경우에는 국회의 요구가 있으면 현행범이 아닌 이상 회기 중에는 석방한다(헌법 제44조 제2항). 회기는 개회 시부터 폐회 시까지로, 휴회를 포함한다. 국회 회기 중에 현행범이 아닌 의원의 체포·구속 시는 반드시 국회의 동의를 받아야 한다. 체포 동의를 받았을 경우는 정부가 이를 관할법원 판사에게 보내 영장을 발부받아 집행하며, 받지 못하면 회기가 끝난 뒤에 국회의장의 승인을 받아 집행할 수 있다.[49]

법 조항에 명문화한 이유는 국회의원이 정책추진에 있어, 어떠한 억압이나 공권력의 영향도 배제한다는 의미다. 그러나 이 제도는 국회의원의 범죄 혐의에도 불구하고 편법으로 보호하는 도구로 악용된다. 검찰의 수사가 진행 중인 국회의원의 체포를 막기 위해 소속 당이 일부러 임시국회를 여는 '방탄국회'가 그 일례다. 회기가 아닌 경우는 현역 의원이라도 불체포특권이 적용되지 않기 때문에, 법원은 국회의 체포 동의 절차 없이 영장 발부 여부를 결정할 수 있다.

그러나 현행범이 아닌 한 국회의원은 국회의 회기 전에 체포 또는 구금된 때에도 국회의 요구가 있으면, 회기 중에 체포 또는 구금된 의원의 석방 요구를 발의할 수 있는 게 석방요구안이다. 이러한 석방 요구가 발

---

49) 1986년 아시안게임이 끝나자마자 지역구가 대구였던 야당인 신한민주당 의원인 유성환 (1931~2018)이 본회의장에서 "우리나라의 국시는 반공이 아니라, 통일이어야 한다"는 발언이 국가보안법 위반으로 징역 1년을 받아 9개월간의 옥고 끝에 이듬해인 7월, 병보석으로 석방되었다. 1991년 항소심 법원은 공소사실이 '국회의원 면책특권 범위 내'라면서 공소기각 판결하였고, 1992년 대법원에서 확정되긴 하였다. 따라서 국회의원에 대한 체포동의안이 국회에 제출된 사례가 유 의원이 처음이었고, 동의안이 가결된 사건이다. 이러하듯이 독재정권은 본문에서 서술한 것처럼, 영국의 군주제 치하에서와 같았다.

의된 때에는 재적의원 4분의 1 이상의 연서로 그 이유를 첨부한 요구서를 국회의장에게 제출해야 한다. 석방요구안이 국회를 통과하여 회기 중 석방되었더라도 국회가 폐회되면 해당 국회의원은 재구속된다(국회법 제26~28조). 그런데 이러한 권한을 무슨 특권처럼 죄짓고 이 조항 뒤에 숨을 수 있다는 점에서 문제를 낳는다. 정치후진국답게 개인적 비리나 범죄 수사를 막기 위한 수단으로 악용하기 때문이다.

대선 때마다 후보들이 국회의원 불체포특권 폐지 또는 포기, 특권 내려놓기를 공약으로 내세웠다. 야당 대표도 대선 때 국회의원의 불체포특권을 폐지하겠다고 약속하였으나, 이듬해인 2023년 신년 기자회견에서 "경찰이 적법하게 권한을 행사한다면 당연히 수용하겠지만, 경찰복을 입고 강도 행각을 벌이고 있다면 판단은 다를 수 있다"며 입장을 사실상 철회했다. 또한 혁신위원회가 쇄신안 1호로 '전(全) 의원 불체포특권 포기 서약'을 제시했지만, 의총에서 또 받아들여지지 않았다.

그러자 이재명 대표에게 비우호적인 의원 31명은 다음날, '불체포특권 포기'를 선언하기에 이르렀다. 여당 112명 중 110명[50]이 불체포특권 포기를 서명한 가운데, 방탄국회를 위한 임시회를 연달아 여는 방식으로의 남용을 방지하기 위해 재적의원 3분의 1 이상 요구 시 15일간 임시회 소집을 미루는 이른바 임시회요구유보제(臨時會要求留保制)를 골자로 하는 국회법 일부개정안이 신선하다.

현재 임시국회는 재적 국회의원 4분의 1 이상이 요구 시 방탄국회가 열릴 수 있는 점에, 이를 배제할 수 있다. 범죄 혐의가 있는 국회의원이 구속 전 피의자 심문을 막기 위해 임시회를 연달아 개회하는 방탄국회를 방지할 수 있도록 한 것이기 때문이다. 따라서 전체 의원이 불체포특권을 포기하거나 일정 부분 완화해야 한다. 정당하게 행사

---

50) 그런데 일반인은 꿈도 꿀 수 없는 여비 등은 포기하는 자가 한 명도 없다. 그놈의 돈이 아무리 좋더라도, 일정한 보수 외는 포기해야만 진정성이 있지 않을까 싶다. 제21대에서 특본의 특권 포기 요구에 응한 자가 300명 중 7명뿐이었다.

될 때라야, 국민에게서 지지와 정당성을 부여받을 수 있는 법이다. 그러나 공염불로 끝났다. 수사선상에 놓이면 무조건적 '정치 탄압'이라고 '항변 같지 않은 항변'을 한다. 헌법 제11조는 사회적 특수계급이나 특권의 존재를 인정하지 않는다. 국회의원도 일반 시민과 다른 특권을 가질 아무런 이유가 없다. 죄가 있으면 처벌을 받는 게 공정함이다.

✎ 그들만의 꽃방석 교체와 보좌관 인건비 증액

국회 본회의장 의자는 텅 비고. 의자를 바꾼다고 의원들이 바뀔까? 2016년 제20대 때, 의원실의 의자 2,400개를 모두 새것으로 교체한 바 있다. 제21대 막바지인 2023.11.17. '적대적 공생관계'인 여·야가 17일 국회 운영위원회 전체 회의에서 의원실 보좌진 인건비 및 국회 경내 통신망 교체 등 의정활동 개선을 위한 예산안 증액에 합의했다. 이듬해 예산안 심사 시작 이후, 주요 상임위원회마다 정쟁과 파행을 반복하던 여야가 자신들과 관련된 예산을 두고는 짬짜미였다. 2024.1.2. 국회 예산정책처에 따르면, 지난해 국회에서 의결한 세법 개정안으로 인해 향후 5년(2024~2028년) 국세 수입은 4조 8,587억 원이 감소할 것으로 전망됐다. 대규모 세수 결손으로 세입 기반 확보가 과제로 떠오른 상황에서, 여야가 총선을 앞두고 '선심성 감세'에 힘을 모았다. 소득세 감면 앞에서는 '공생관계의 힘'이 대단했다. 되레 추가 감세 의지는 정부보다 야당이 앞장서는 추태였다.

특히 국회 소관 2024년 예산안은 364억 3,000만 원이 증액됐다. 6급 이하 국회의원 보좌진에게 지급하는 인건비(43억 4,300만 원), 그리고 국회의원 자신들만 처먹는 게 마음이 켕겼던지 의원실 인턴 명절 상여금 및 정액급식비 예산(15억 9,800만 원)까지 신설했다. 국회 경내 통신 사업 부문 교체(30억 원) 등이 포함됐다. 국회사무처는 운영위 회의실에 비치된 의자 100여 개에 대한 교체도 개당 60만 원(단가 100만 원)[51]으로 추진 중이다.[52]

정작 여야가 날을 세우는 그자들의 생각은 그대로인데, 할 일과 안 할 일 구분도 못 한단 말인가. 멀쩡한 의자 바꿀 생각 말고, 국회 본회의장 의자나 지켰으면 좋겠다. 국민의 염원이다. 말 없는 의자는 죄가 없고, 고등사기꾼집단 구성원 그대들에게 죄가 있을 뿐이다. 국회 본회의장 의자는 텅 비는 가운데, 온갖 욕설이 난무하는 속 그대들이 앉는 멀쩡한 의자를 교체한다고 '세계 속 일류 의원'이 될 자신이 있으려나. 우리나라같이 '방탄(Bulletproof) 정당', '돈 봉투(money envelope) 당', '코인(coin) 정당'도 있는지 눈여겨보겠다. 난지도 쓰레기장은 아름다운 꽃이 피건만, 여의도 쓰레기장에는 사쿠라(さくら, 서로 짜고 박수치며, 이익을 공유하는 무리 – 저자 주)만 필지라도.

이제 의회 선진국은 어떠한지 보고자 한다. 특히 영국 의회제도와 의원들에 대해 눈여겨볼 필요가 있다. 우리 국회의 한심함을 느낄 것이다.

---

51) 이 소식(동아일보 2023.11.17.)에 네티즌들의 가감 없는 반응을 보면 다음과 같다. "이 국개들아, 접이식 의자도 감사해라. 세금이나 축내는 쓰레기들아~" "당신들이 국민의 상전이지, 국민 비서냐?" "우리 집 의자는 당근마켓에서 5천 원에 구입" "개보다 못한 국개" "엉뚱한 건 협력 잘하네" "여·야 국개들이 국민을 좌우로 편 갈라놓고 악용해 먹는 것이다. 대통령도 탄핵하는데 왜 저들만 탄핵제도가 없나?" "대한민국 최고의 부패 집단" "영국처럼 장의자 놓고 솔선수범하라" "인간 같지 않은 놈들, 포철 용광로에 넣어 버리자"...,

52) 동아일보, "개당 60만 원짜리 국회 의자 교체 '짬짜미' 여야, 운영비 364억 증액 합의", 2023.11.17. 참조.

제11장

세계 각국의 의회와 의원의 태도

(1) **영국**부터 보자. 의회는 의회주권주의(Parliamentary Sovereignty)라는 영국의 헌법적 전통에 따라 최고의 법적 지위를 가지는 기관으로, 국민을 대표하고 입법권을 행사하며 정부의 활동을 감독한다. 의회는 국왕(Monarch), 상원(House of Lords) 및 하원(House of Commons)으로 구성되며, 법률(Act of Parliament) 제정을 위해서는 형식상 3자의 합의를 요한다. 의회의 과반수를 확보한 정당이 정부를 구성하고, 성문헌법의 부재로 인한 사법부는 위헌법률심사를 하지 않아 견제와 균형의 원리에 입각한 삼권분립보다는, 의회와 정부가 융합적인 특성을 갖고 있다.

대법원(Supreme Court)은 2009년에서야 상원에서 분리되어 사법부의 독립성을 확보하였다. 성문헌법이 없이 법률, 국제조약, 관례, 해석 등을 통해 기본권·통치구조 등 헌법적 사항을 규율하고 있으며, 이론상 의회는 어떠한 종류의 입법도 제한 없이 할 수 있으나, 실제로는 오랜 기간 확립된 양당제 정당정치를 통하여 국민의 여론을 의식하며, 판례에 의해 축적된 보통법(Common Law)과 국제조약, 관례 및 전통을 존중한다. 회기는 정해진 기간은 없으나, 보통 당해 봄부터 다음 해 봄까지 1년 단위로 나누어지며 총선 후 정부와 의회가 구성된 후 회기의 시작을 알리는 개원식(the State Opening of Parliament)을 기점으로 시작되며, 매회기 중 개회 기간은 평균 150일 정도다.[53]

---

53) http://www.mofa.go.kr. 영국 개황 2021.06.

영국에서 40년을 거주한다는 재영칼럼니스트(在英columnist) 권석하(權錫夏, 1954~, 《영국인 재발견》 저자)가 '영국서 배우는 국회의원 증원의 조건'이라는 제하에서 2023.4.29.자 국내 주간지에 설파한 내용이다. 단, 의원 수에 있어서는 늘리자는 주장이다.[54]

의원들은 선거철에나 유권자를 모실 뿐, 평소에 의원을 면담하려면 쉽지 않은 상황이다. 대표하는 국민의 수가 줄어들면 유권자와 접하는 시간을 더 많이 가질 수 있다. 유권자도 의원을 직접 대하고 자신의 의견을 표할 수 있는 기회가 많아진다. 유권자들은 의원에게 총선 때 약속한 공약에 대한 문의와 함께 자신들이 느끼는 국정에 대한 의견도 개진할 수 있게 된다. 결국 의원도 유권자들이 뭘 원하는지, 그리고 유권자들이 의원 자신을 어떻게 보는지 직접 느낄 수 있게 된다. 직접민주주의까지는 아니더라도, 이것이 대의민주주의의 장점을 최대한 살릴 수 있는 기회이자 방법이다.

영국은 2023년 4월 기준 인구 6,887만 7,847명에 하원의원 선거구가 650개로, 평균 10만 6,000명당 1개 선거구라는 뜻이다. 2019년 총선 때 전국의 유권자 등록자(영국은 선거권이 있어도 사전에 유권자 등록을 해야만 투표권이 있다)는 4,756만 명이었다. 이를 선거구 650으로 나누면 한 선거구의 유권자는 평균 7만 3,000명으로, 한국 국회의원보다 약 절반의 표만 얻으면 영국 하원의원이 될 수 있다는 뜻이다.

유권자 한 명이 갖는 무게는, 한국보다 두 배가 되어서인지 영국 하원의원들은 자세가 낮다. 의원들을 만나는 게 어렵지 않다. 거의 모두가 매주 자신의 지역구 사무실에서 유권자를 만나는 시간(surgery)을 갖는다. 이때는 따로 약속을 잡고 가지도 않는다. 그냥 정해진 요일과 시간에 의원 사무실에 가서 의자에 앉아 기다리다 보면 자신의 순서

---

54) 주간조선(weekly.chosun.com›news) 편집 : 2023.8.26. 참조. 인용한 글은 국회의원을 증원하자는 취지를 떠나 부수적으로 필요한 부분만을 인용하고, 저자가 우리 실정과 어법에 맞게 재해석한 부분도 있음을 밝힌다.

가 되면 면담을 할 수 있다.

의원회관 격인 포트컬리스하우스(Portcullis House(PCH))의 의원 사무실은 중진의원이 아니면, 서너 명의 의원들이 원룸 크기의 공간을 쓴다. 영국 상·하원 의사당 길 건너편에 있는 의원회관인 이곳에는 자신의 사무실을 가진 의원은 650명 중 213명밖에 안 된다. 중진의원이 되어야 독립 사무실을 가질 뿐, 그렇지 않으면 의원 서너 명이 사무실 하나에 칸막이를 쳐놓고 책상 하나 놓을 정도의 공간만 쓴다. 실례로, 4선 의원 사무실이 원룸 크기로 의원과 보좌관이 같이 쓰고 있었다. 크기는 가로 3m, 세로 2m인 7㎡(약 2평)으로 한국의 고시원 방 크기에 불과하다. 소파를 놓을 공간조차 없을 정도로, 열악하다 못해 측은할 정도이다.

여의도 국회 의원회관의 150㎡(약 45평) 규모 사무실과 비교하면 이유 없는 죄책감이 들 수준이었다. 거기다가 한국 의원회관의 도서관, 의무실, 무료로 사용할 수 있는 운동시설과 사우나는 꿈에서도 상상조차 할 수 없는 호화시설이다.[55] 이러함에도 한국과 달리 너무 쉽게 하원의원과의 면담이 이루어진다. 이때는 별의별 민원이 다 들어온다. 그중에서도 비자 문제가 제일 많다. 결혼한 배우자를 데리고 오려고 하는데, 내무부에서 정당한 이유 없이 비자가 거절되었다면서 도움을 요청하면 서류를 놔두고 가라고 한다. 그러면 검토 후 의원 이름으로 된 편지를 써준다. 미확인된 이야기지만, 내무부 비자 담당 부서에는 의원 편지가 붙은 비자 신청서만 따로 다루는 팀이 있다는 이야기도 있을 정도다.

실제로 그 편지를 함께 신청서를 제출했더니 거절되었던 비자가 발급되었다는 한인 동포들도 많다. 아직 영국 국적을 가지지 않아서 유

---

55) 런던 웨스트민스터에 있는 건물로서, 650명 중 213명의 영국 의회 의원과 그에 따른 직원에게 사무실을 제공하기 위해 2001년에 건립되었다. 국회의사당 부지의 일부인 이 건물은 웨스트민스터 궁전과 주변 환경에 제한된 공간을 제공하나, 제공 면적은 협소하기 그지없다. 반면 대한민국 고등사기꾼집단은 1인당 45평에 달해 궁전을 방불케 한다.

권자가 아닌데도 불구하고, 의원들은 정성을 다해 민원인을 대하는 경우가 많다. 그렇게 신세를 진 유권자는 그때부터 의원의 적극 지지자가 된다. 평소 동네 각 가정에 홍보물을 전달하는 일부터 선거철 사무실에 와서 편지 봉투 주소 쓰는 일까지 갖가지 궂은일을 하는 유권자들이 많다. 실제 영국 하원 분과위원회 회의록을 보면, 의원이 해당 장관을 상대로 유권자 민원 관련 질의를 한 기록도 볼 수 있다.

그러면 해당 장관은 반드시 조사한 후 다음 질의 시간에 답변하거나 혹은 문서로 의원에게 답한다. 이렇게 정성을 다해 유권자 한 명 한 명을 보살핀다. 그건 바로 표 한 장의 무게가 한국과 다르기 때문이다. 영국인들이 억울한 일, 특히 공무원으로부터 부당한 일을 당하면 제일 먼저 하는 말이 "의원에게 편지 쓰겠다"이다. 이 말은 특별한 경우가 아니라, 영국인들이라면 거의 자동반사적으로 나오는 말이다. 그만큼 유권자의 목소리를 선거철만이 아니라, 평소에도 귀 기울여 듣고 거기에 진지하게 반응한다는 뜻이다.

한국의 국회의원들은 과거에는 장관급, 현재는 차관급 예우를 받는다. 물론 내각책임제인 영국에서는 현직 장관은 모든 의원이, 상당수 차관 자리도 하원의원이 맡으나 평의원에 대해 일괄적으로 장·차관 예우의 관습은 없다. 의원이 외국 출장을 갈 때 공항 귀빈실을 이용하는 것은 상상할 수도 없다. 출입국 시 일반인과 같이 줄 서서 순서를 기다린다. 실제로 유명 정치인을 항공사 체크인 데스크 줄에서 순서를 기다리는 예를 많이도 볼 수 있다. 의원들이 공무 출장을 갈 경우는 비즈니스 클래스를 이용할 수 있지만, 워낙 유권자들과 감시단체들의 눈이 무서워 가능하면 일반석을 이용한다. 유권자들도 하원의원을 대단하게 여기지도 않는다. 동네에서 보는 이웃 아저씨 정도로 본다.

따라서 친근하게 서로 대하고, 스스럼없이 대화를 나눈다. 가령 의원과 골프나 식사를 함께했다고 뻐길 일도 아니다. 의원이 별사람이 아니라는 인식 때문이다. 희귀하다는 느낌도 없고 실제 특혜성 부탁을 들어줄 권력도 그들에게는 없다. 결국 흔하다 보니 별로 특별난 직업이라는 인식을 못 주는 것이다. 또한 하원의원들은 스스로 출세했다고 생각하지도 않는다. 입신양명이나 출세의 기회가 자신이 하고자 하는 일을 해내는 직업의 하나일 뿐이다. 거기에는 그럴 만한 다양한 이유가 있는데, 거의 '3D업종'이라고 할 만큼 하원의원이 받는 대접은 열악하다.

지난 2005년 영국 총선에서 당선된 초선 의원 중 기혼 의원의 40%가 5년 뒤 재선 때는 이혼했고, 2010년 초선 의원 17%가 당선 후 3년 만에 이혼 및 별거를 겪는 영국 의회 공식적인 모임인 '핸서드소사이어티(Hansard Society)'의 통계도 있다. 이 통계대로라면 실제 하원의원은 3D업종에 종사하는 셈이다. 근무 시간을 보더라도 박봉에 시달리면서도 얼마나 열심히 일하는지 알 수 있다. 지방 지역구 하원의원들도 1년 중 5분의 4를 런던에서 보낸다. 하원 평의원이 의회에서 근무하는 시간은 주당 69시간이다. 여기에는 런던에서 지역구로 돌아가고 다시 런던으로 돌아오는 시간은 미포함이다. 그렇게 선거구에 거주하는 식구들과 1년의 5분의 4를 이산가족으로 살다 보니, 이혼과 별거의 가능성이 높을 수밖에 없다.

하원의원들에게는 승용차 보조금도 없기에, 기사 딸린 승용차를 타는 의원은 손꼽을 정도이다. 의원 개인이 돈이 많아 기사를 쓰지 않는 한, 의원 경비 예산으로는 기사를 쓸 수 없다. 현직 장관들마저 개인전용 관용차가 없어, 필요하면 내각 사무처에서 배차받거나, 퇴근할 때는 대중교통수단을 이용한다. 실례로 2012년부터 2015년까지 보수당과 자민당 연립 정부의 에너지기후변화장관을 지낸 데이비 의원도 교외 기차를 타고 퇴근하곤 했다. 당시 인터뷰를 하면서 데이비 의원에게 "한국 의원들은 보좌관 2명, 비서관 2명, 비서 3명, 별도로 인턴 2명, 거기에 운전기사까지 있다"고 하자 입을 벌린 채 부러워했다. 수행비서도 없어 휴대전화도 직접 걸고 받는다. 정책과 법안을 만드는

데 도움을 주는 고급 보좌관은 의회 내의 전문 보좌관들을 쓰지, 개인 보좌관은 따로 없다. 보좌진은 단순히 지역구 사무실의 비서와 사무 책임자 정도가 고작이다.

2021년 기준 영국 하원의원 650명[56]의 전체 경비는 1억 3,250만 파운드(약 2,166억 원)였다. 의원 1명당 평균 20만 3,000파운드(약 3억 3,800만 원)를 쓴 셈이다. 그에 비해 2021년 한국 국회의원 300명에 대한 지원은 2,270억 원이었다. 의원 1명당 7억 7,000만 원(약 46만 2,000 파운드)을 사용했다는 계산이다. 영국 하원의원 평균 경비의 2.3배에 달한다. 이를 GDP와 물가로 환산해 보면, 영국 하원의원보다 5배는 많은 경비 보조를 받고 있다는 결론이다. 과연 이 정도 대접을 받는 한국 국회의원들의 가성비가 영국 하원의원에 버금갈지 궁금하다.[57] 우선 2023년, 영국 하원의원 세비는 8만 6,584파운드(약 1억 4,100만 원)다. 한국의 1억 5,700만 원(11만 8,320달러)보다 절대 금액이 적다. 각종 수당은 제외된 금액이다. 하원의원에게 사무실 수당 등 여러 유형의 수당도 지급한다.

1인당 국내총생산(GDP)으로 비교하면 세비는 영국의 1인당 GDP 4만 6,371달러의 2.3배이다. 한국 의원의 세비는 한국의 1인당 GDP 3만 3,393달러와 비교하면 3.52배다. 영국 의원의 세비보다 상대적으로 53%나 많다는 뜻이다. 거기에다 영국의 체감 의원수당은 2011년부터 독립 의회 표준 위원회(IPSA)가 별도로 급여를 책정하고 관리하고 있다. 물가가 한국의 2배라는 속설을 더해도, 영국 의원보다 3배는 더 많은 세비를 받는 셈이다.

하원의원은 특권이 거의 없다. 상원도 마찬가지다. 200여 가지 한국

---

56) 하원의 경우 보좌관은 일정한 예산 범위 내(한화로 3억이 조금 넘는 범위)에서의 고용 여부는 재량이나, 고용을 않거나 그 숫자는 미미하다. 그리고 영국 상원의원은 781명으로, 회기 중 회의 참석 시에만 교통비 등 수당만을 지급한다.

57) 명예직인 상원의원과 달리 선출직인 하원의원은 2022년 기준 연간 8만 4,144파운드(약 1억 4,132만 원)의 급여를 받는다. 한국 국회의원보다 약간 적은 수준이시만, 각종 수당은 제외된 금액이다.

국회의원들의 특권을 가진 영국 의원은 하나도 갖고 있지 않다. 특히 회기 중 불체포특권 같은 것도 상상할 수 없다. 물론 하원의원도 의회 내의 의정 관련 발언에 대해서는 민·형사상의 면책특권을 받는다. 그러나 의회 밖에서 행한 행동이나 발언에 대해서는 면책특권도 없고, 불체포특권은 더더욱 없다. 죄가 있으면 그냥 처벌 말고는 피할 방법이 없다. 또한 의원내각제라 연말연시, 성탄, 여름 휴가철을 제외하고는 거의 상시 회의 중이다.

현직 장관도 퇴근 때는 관용차가 아니라 기차를 탄다. 총리마저 자신의 선거구에 와서 유권자들과 직접 대화하지 않으면 다음 총선에서 가차 없이 낙선한다. 영국 유권자들은 의원은 물론 현직 장관 심지어 총리 앞에서도 저자세는 없다. 그들로부터 받을 혜택도 없고, 그들이 그럴 권력도 없기 때문이다. 애초에 그들에게 기대려는 기대를 아예 않는다. 영국인들은 정치인들을 겁내거나 특별히 대하지 않는다는 의미다. 그래서인지 영국의 정치는 정치인들이 만들지 않고 유권자들이 만든다. 영국 의회와 의원은 우리에게 시사하는 바가 크다. 정치인이 초심을 잃는 것은 그들이 받는 각종 혜택과 특권 탓일 것이다. 혜택과 특권에 취해서 즐기다 보면 초심을 잃게 마련이다. 국회의원들 상당수가 초심을 잃은 데는, 우리 유권자들한테도 일말의 책임이 있다는 것이다.

(2) **미국**의 경우. 미국 의회(美國議會, United States Congress)는 상원(United States Senate)과 하원(House of Representatives)의 양원으로 구성되어 있다. 상·하원 모두 직접선거를 통해 선출된다. 입법부 산하에는 8개 행정기관이 있다. 최초의 미국 의회는 미국독립전쟁 1년 전인 1774년에, 13개 식민지주의 대표가 모여 개최한 제1차 대륙회의를 기원으로 하고 있다. 애초에 단원제였다가, 건국의 아버지 중 한 사람이자 토머스 제퍼슨(Thomas Jefferson, 1743~1826년)과 함께 민주공화당의 공동 창당자이도 한, 제4대 대통령인 제임스 매디슨(James

Madison Jr, 1751~1836년)에 의해서 양원제가 주창되어 현재에 이르고 있다.[58]

구성은 미합중국헌법(美合衆國憲法)에 따라, 하원의 435명의 개별 의원이 2년의 임기로 지역을 대표한다. 하원 의석은 인구수에 따라 주별로 배분된다. 각 주에서 선출하는 하원의원의 수는 인구비례에 따라 정해진다. 캘리포니아주처럼 인구가 많은 주에서는 의원을 53명이나 선출하는 반면, 사우스다코타주, 버몬트주, 알래스카주와 같이 인구가 적은 주는 각각 1명의 하원의원을 선출한다. 그리고 100명의 상원의원은 6년 임기[59]로, 인구와 관계없이 각 주에는 2명씩의 상원의원이 있다. 2년마다 상원의원의 약 1/3이 다시 선출된다. 각 주에서 연방의원 선거를 관리하며, 각 주에서 선출하여 연방에 보낸다. 상원은 의장을 선출하는 하원과 달리, 부통령이 상원의장을 겸직하며 부의장만을 선출한다.

헌법 제1조는 연방법을 제정하고, 폐지하며 개정하는 모든 입법권을 의회에 부여한다. 연방 세금의 규모를 결정하고, 정부예산을 승인한다. 법률은 양원의 동의 없이는 제정되지 않는다. 하·상원은 입법 과정에 있어 대등한 파트너로 존재하지만, 상·하원에 독특한 권한을 부여하고 있다.

상원은 다음과 같은 몇 가지 고유한 권한을 가진다. 하원이 연방 고위공무원을 탄핵하고자 할 때는 탄핵 재판을 열 수 있는 권한, 대통령이 지명하는 연방 고위공무원에 대한 승인권, 조약 체결에 대한 승인권이 있다. 반면, 세입 징수에 관한 법률안은 하원에서 먼저 제안해야 한다. 또한 하원이 연방 고위공무원에 대한 탄핵 권한을 전유하는 데 대해, 상원은 탄핵심판권을 전유한다. 상원이 탄핵 소추 대상을 정할

---

58) 외교부 '외교간행물' 참조. 이하 동문.
59) 미국은 '주 대통령'이라고 불리는 2명씩의 상원의원을 각 주에서 선출한다. 90세 상원의원도 있다. 의정 활동을 성실히 수행하는 한 건강에 이상만 없으면 고령을 문제 삼지도 않는다. 참고로 트럼프가 2024년 기준 1945년생인 78세, 바이든이 1942년생인 81세라도 차기 대권을 놓고 재격돌을 벌일 참이다.

수도 없고, 하원이 탄핵 심리 기간이나 절차를 정할 수도 없다. 의회는 해산되지 않으며, 2년마다 전원 재선되는 하원의원의 임기에 맞추어서 회기가 결정된다. 의원들은 상원 15개, 하원 22개의 상임위원회 중 어느 위원회에 소속되며, 심의는 위원회 중심으로 진행된다.

1년 예산을 통째로 통과시키는 우리나라와는 다르게 미국 의회는 임시지출안(臨時支出案, continuing resolution)으로 수 개월짜리 짧은 예산을 편성하는 때가 있어, 대통령은 의회와 좋은 관계를 유지하길 강요를 받는다. 법안은 상임위를 거쳐 하원 또는 상원에서 1차 표결을 한 후에, 다시 각각 상원과 하원에서 2차로 동의를 받아야 한다. 하원은 과반이 찬성하면 법안이 통과되지만, 상원은 필리버스터가 존재하기 때문에 사실상 60표 이상을 얻어야 한다. 미국 의회에도 상임위원회와 특별위원회가 있다.

미국 의회는 과반수를 차지한 정당이 모든 상임위원장과 특별위원장을 독식하는 승자독식(勝者獨食, Winner Takes All)의 원칙이 적용된다. 따라서 과반수를 차지한 정당이 상임위원장과 특별위원장을 독식한다. 상원은 51% 이상의 단독 과반수일 경우 다 가져간다. 50:50 동수일 경우에는 부통령이 있는 정당이 상원의 상임위원장과 특별위원장을 독식한다.

소수정당은 대신 간사(Ranking Member) 1인을 보임시킬 수 있는데, 의회 다수당이 바뀌면 기존 다수당의 위원장은 간사로 바뀌며, 기존 소수정당의 간사가 위원장으로 바뀐다. 상임위원회에서 다수당 간사가 위원장을 겸임하게 되는 구조라고 볼 수 있다. 헌법 제1조 제1절에 의하여 의회는 입법을 독점한다. 연방 세금 규모를 결정하고, 정부의 예산을 승인하며, 법률은 양원의 동의 없이는 제정되지 않는다. 상·하원은 입법 과정에서 서로 대등한 관계이다. 의회의 권한을 견제하는 수단으로써 통과시킨 법이라 할지라도 헌법에 위배되면 사법부는 위헌심사를 통해서 이를 무효화 할 수 있지만, 이렇게 통과된 법은 논란의 여지가 있어 특히 야당에서 반대하는 법이라면, 야당이 집권 중인 주정부(州政府)에서 연방정부(聯邦政府)를 고소해서 연방법원에서 해당 법률의 위헌 여부에 대하여 심사하도록 요청한다. 단, 제1조 제7절에 따라서 행정부의 수장인 미국 대통령이 거부권을 행사하면, 재적의원 3분의 2가 다시 동의해야만 거부권을 무시하고 법안을 통과시킬 수 있다.

장관 등의 공직을 겸할 수가 없다. 단, 연봉이 많아도 고물가(高物價) 등으로 인하여 합법적인 부수입을 얻을 수 있으나, 이조차 연봉의 15% 내로 제한한다. 상·하원 의원은 연간 17만 4,000달러(약 2억 3,086만 원)의 급여를 받는다. 그 이외도 각종 수당을 받는다. 각 의원은 그 명목과 관계없이 지급된 수당의 총액을 재량에 따라 지출할 수 있다. 예컨대 보좌직원을 적게 고용하거나 사무실 유지 비용을 아껴서 남은 수당을 출장비 등 다른 용도로 재량에 따라 사용할 수 있다. 보좌진은 하원 18명, 상원 34명 이내에서 고용할 수 있다. 고용 한도까지 채용하는 경우는 많지 않으며, 보좌관에 대한 급료는 하원 132만 달러(약 17억 5,137만 원), 상원의원 347만 달러(약 46억 469만 원)의 의정활동비에서 지급한다. 이와 별도로 하원의원은 의정활동 수행에 필요한 비용을 의원직 수당(MRA)으로 받고 있다. 여기에는 보좌직 수당, 사무실 경비수당(최저 연간 25만 6,574달러), 우편료 등이 포함된다.

상원의원은 보좌직과 개별적으로 고용계약을 체결하고 보좌직에 대한 임면권을 갖지만, 보좌직은 별정직공무원 신분인 우리나라와 달리 연방공무원이 아니다. 보좌진수당은 하원의원들에게도 동일하게 지급하나, 상원의원이 대표하는 주(州)의 인구수에 따라 차등 지급된다. 여기서 미국의 땅덩어리가 좀체 넓고 유권자 수도 많다는 점에 있다. 따라서 보좌관 수가 많은 편이며, 항공편의 편의를 받는다.

이를 흉내 내서인지 우리나라 국회의원들이 좁은 땅덩어리에서 9명의 보좌관과, 짧은 거리에도 항공편과 KTX 무료 제공에다 VIP 대우는 받는다는 게, 옛 진주지방의 섭천(涉川) 소[60]와 대한민국 1천5백만 두 애완견이 웃을 일로 '도덕성 제로인 인간'들로 채워져 있다. 반역죄 같은 특별중범죄나 치안방해죄 등에 대하여는 불체포특권이 무한 주어지지 않는다.

(3) **프랑스** 의회(Parlement français)는, 입법부에 해당하는 의결기관이다. 양원제이며 '상원(Sénat)'은 상원, '하원(Assemblée nationale)'은 국민의회이다. 상원의 의사당은 뤽상부르 궁전이며, 하원의 의사당은 부르봉 궁전이다. 그러나 양원 통합회의에서 안건을 결정할 때는 베르사유 궁전에서 처리한다. 상·하원 모두 유럽의회와 비슷하게 원내 교섭단체를 구성하며, 원내 교섭단체는 당적보다 우선한다. 의원의 정수는 348명이며, 3년마다 상원의원의 선거로 상원의원의 절반을 선출한다. 상원의원 선거는 간선제를 채택하며, 평의원·시의원·시장·하원의원 15만 명에 달하는 선거인단을 구성하여 임기는 6년의 상원의원을 선출하는 형식이다. 또한 12명의 상원의원을 해외 거주 프랑스인이 선출하는 정부기구에서 선출한다. 상원의원은 상원의장을 자체 선출한다.[61]

프랑스혁명 이후 의회는 국민의회가 창설되어 단원제로 운영되었으며, 1791년 국민의회가 해산된 뒤에는 입법의회가 들어섰다. 전제왕정(專制王政)을 무너뜨린 혁명을 거치며, 1790년 법령을 통해 "의회의 동의 없이 의원을 체포·기소할 수 없다"는 원칙을 세웠고, 1791년 헌법에 "국민 대표는 입법부가 기소 이유가 있음을 의결한 후에만 소추될 수

---

60) 터무니없는 행동이나 언행을 할 때 경남 진주지방에서 쓰이는 관용적 표현으로, 도살장에 끌려가는 소가 얼마나 어이없으면 피식 웃었을까 싶다.

61) 프랑스 헌법 제24조 ①의회는 법을 의결한다. 의회는 정부의 활동을 감시한다. 의회는 공공정책을 평가한다. ②의회는 하원과 상원으로 구성된다. ③하원의원의 수는 577인을 초과할 수 없으며, 직접선거에 의해 선출된다. ④상원의원의 수는 348인을 초과할 수 없으며, 간접선거에 의해 선출된다. 상원은 공화국의 지방자치단체들을 대표할 것을 보장한다. ⑤재외 거주 프랑스인들은 하원과 상원에 자신들을 대표할 의원을 선출한다.

있다"고 규정했다.[62]

하원의 의석은 총 577석으로, 5년에 한 번씩 직접선거로 모든 의원을 선출하며 소선거구제와 결선투표제가 적용된다. 577석 중 566석은 해외영토를 포함한 프랑스 국내의 선거구에서 선출되며, 나머지 11석은 해외 거주 프랑스인들의 재외선거를 통해 선출된다. 1986년 프랑스 국민의회(이하 '하원') 선거는 예외적으로 결선투표 없이 정당명부식 비례대표제를 도입하였는데, 선거 결과 동거정부(同居政府)가 출현한 후 다시 정당명부식 비례대표제를 도입한 시기는 1986년이 유일하다.

하원은 법안을 제의하고 통과시킬 권한을 가지며, 총리 및 내각에 대한 불신임 권한이 있다. 이에 따라 하원이 원하지 않는 총리와 내각은 즉각 불신임 결의를 당하므로, 사실상 대통령에게 하원이 원하는 대로 총리를 임명하는 효과를 낳는다. 법안이 통과되려면 상원과 국민의회의 가결이 필요하나, 양원의 의견이 다르다면 하원에 최종적인 투표 권한이 넘어간다. 따라서 상원의 역할은 하원을 견제하는 데에 국한되며, 국민의회에 비해 권한이 작다. 간접선거로 의원을 선출하는 상원과는 다르게, 하원은 직접선거로 선출되기 때문에 국민의회의 권한이 더 강한 편이다.

상원은 하원과 거의 같은 수준의 권한을 가지며, 법안이 국회나 정부에서 발의돼 논의될 수 있다. 그러나 상·하원의 의견이 일치하지 않을 시에는, 정부는 하원에 최종 투표 권한을 넘기는 것을 원칙으로 한다. 특정 사안에 대해 여론의 영향이 크게 발산되거나 분쟁 조짐이 격화될 시에는 하원은 상원의 거부권을 묻기도 한다.

상원과 하원 모두 법안을 제출하고 의결하는 권한을 가지기 때문에,

---

62) 프랑스 헌법 제26조 ①의회의 각 의원은 직무 수행 중의 발언 및 표결과 관련하여 소추·수색·구금·재판을 받지 아니한다. ②해당 의원이 소속된 의회사무처의 동의 없이 범죄 또는 위법행위와 관련하여 체포되거나 자유를 박탈 또는 제한받지 아니한다. 단, 현행범이나 최종 판결이 선고된 경우는 예외로 한다. ③ 해당 의원이 소속된 의회의 요구에 따라 회기 중에는 의원에 대한 구금하거나 자유를 박탈 및 제한하거나 소추하는 것이 중지된다. ④해당 의회는 필요할 경우 제3항의 적용을 위해 추가 회의를 당연히 소집한다.

양측간의 결의에 도달하기 위해서는 수차에 걸친 협상 혹은 교섭이 필요하다. 이러한 경우는 양측이 대개는 동의 혹은 한쪽의 의견에 동조하는 쪽으로 방향을 선회하거나 정부가 해당 법안을 자체 철회한다. 하지만 이러한 권력 배분 구조는 자연히 상원보다 하원에 정치적인 사안의 의결권에 더 큰 비중의 역할을 주며, 특히 선거 이후로 정부가 국회의 도움이 필요시에는 공공연히 하원에 더 많은 초점이 모인다.

합리성이 떨어지거나 무작정 입법안 통과를 추진하는 행위는 엄격히 제한되며 새로운 내각이 반드시 상원의 동의 여부를 얻을 필요는 없다. 또한 반대투표를 추진하게 될 경우는 총원의 10% 이상이 반드시 동의를 해야만, 상정이 가능하다. 만약에 동의한 사안의 청원서가 거부되면 찬성으로 서명한 의원은 의회가 끝날 때까지 다른 청원서에 서명을 할 수 없는 게 특이하다.

상·하원 의원의 연봉은 2020년 기준 2023년 환율 대비 8만 9,920유로(약 1억 1,391만 원)로, 의장, 상임위원회 위원장 등에는 직책별로 추가 수당이 지급된다. 이 외에도 공적 업무를 수행하는 데 드는 비용 중 의회가 보전해 주지 않는 일체의 경비를 지원하기 위한 운영경비 수당이 매월 약 5,770유로(약 821만 원), 통신료와 퇴직수당 등이 지원된다. 상·하원 의원은 1~5명의 보좌진을 개별적으로 채용할 수 있으며, 그 고용 여부는 마찬가지로 개별 의원의 재량에 따른다. 단, 보좌직원은 학사 이상 학위소지자이거나 15년 이상의 전문 경력이 있어야 하고, 의원의 직계 가족 채용은 제한된다. 2022년 1월 1일 기준 보좌직원의 평균 보수월액은 3,697유로(약 540만 원)다.

대통령제이나 특별하게도 대통령에게 의회해산권을 부여하고 있다. 만일 대통령과 의회가 타협하기 힘든 대립 속에 있다면, 의회를 해산하고 국민의 신임을 묻는 방법을 헌법이 보장하고 있다. 의회를 마비시키는 정치에 대한 대책이 없는 헌법적인 흠결(欠缺)을 국회해산으로 해결하는 대안을 가지고 있다. 법치국가에서 의회가 법률을 제·개정하지 않으면 국가의 행정이 마비되는 현상을 사전에 차단하기 위한 제도다. 하원인 국민의회와는 달리 의회해산이 불가능하므로, 의원의 임기는 개인에게 문제가 없는 한 지켜진다. 헌법은 총리와 의회의 관계에서 대통령제 국가임에도 상호연관성이 강하다. 하원이 국민에 의해 직접 선출되므로 상원에 대해 하원이 절대적 우위를 가진다. 상원은 지방자치단체 대표다.

연방국가(聯邦國家)가 아닌 프랑스의 총리는 의회에 대해서도 실질적 권한을 가지는 특이한 제도로 운용되고 있다. 우리나라가 본받아야 할 점이 벌어졌다. 프랑스 대통령이 국민 70%가 반대하는데도 연금 개혁안을 추진하여 성공시켰다. 정년 연장과 연금수령 시점을 늦추는 내용이다. 연간 100억 유로(13조 원)씩 연금 재정에 적자가 나는 상황에서 더 이상 개혁을 미룰 수 없다는 것이었다. 유권자가 싫어하고 반대하더라도 국가가 가야 할 길이라면 욕먹으며 가겠다는 것이다. 이것이 정치지도자와 의회의 존재 이유다.[63]

(4) **독일** 연방의회(獨逸聯邦議會, Deutscher Bundestag)는 베를린에 있는 독일연방공화국 의회로, 국민에 의해 직접 선출되는 헌법기관이다. 의원 정수는 598명이나, 실제 의원 수는 초과의석과 보정의석(보상의석, Correction seat)으로 인하여 대부분 의원 정수를 초과한다. 따라서 제19대 연방의회 선거에서 111석인 초과의석이 발생한 탓에, 총 6

---

63) 조선일보, 2023.03.23. 사설 "의원 수 스스로 줄인 독일 의회, 우리 국회선 절대 못 볼 일"; 문화일보, 2023.9.1. "프랑스 연금개혁 오늘부터 시행…정년 62→64" 세마뉘엘 마크롱 프랑스 대통령이 강하게 밀어붙인 연금개혁이 1일부터 시행됐다. 연금개혁을 반대하는 쪽에서는 정년 연장을 골자로 한 데 대해 불만이 많은 상황이지만, 정부는 고령화 시대를 대비하기 위한 선택이라는 입장이다. 이번 개혁의 핵심은 정년을 62세에서 2030년 64세로 연장하는 것이다. 매년 3개월씩 점진적으로 늘어나 2030년에는 64세에 이르러야 은퇴하게 된다. 다만 일을 일찍 시작한 사람을 위해선 조기 퇴직의 길을 열어놨다. 예를 들어 일을 시작한 시기가 16세 이전이면 58세, 18세 이전이면 60세, 20세 이전이면 62세, 20·21세 사이면 63세에 퇴직할 수 있다. 다만 정년을 다 채웠다고 해서 연금을 100% 받는 것은 아니다. 지금은 42년을 납입해야 전액 연금을 받지만, 2027년부터는 43년으로 납입기간이 1년 더 늘어난다. 각종 특별 제도 혜택도 줄어든다. 대표적으로 그동안 조기 퇴직이 허용된 파리교통공사(RATP)나 전력공사(EDF), 프랑스 중앙은행, 헌법상 자문기관인 경제사회환경위원회(CESE)의 경우 이날부터 신규 채용되는 직원들은 민간 부문과 마찬가지로 정년 64세 규정을 동일하게 적용받는다.

개 정당이 5%저지조항(阻止條項, Electoral threshold)[64] 이상의 득표로, 의회에 진출하면서 각 정당에 대해 초과의석에 대한 보정의석이 배분 되면서, 연방의회는 709명의 의원으로 구성되어 있었다. 예컨대 100 명이 정원인 의회에서 A당이 전체 정당 표의 20%를 얻었고, 10명의 지역구 의원을 당선시켰다. 이 경우 A당의 의석수는 전체에 20%를 곱 한 20석이다. 지역구 의원에게 돌아갈 10석을 뺀 나머지는 A당의 비 례대표 의원들한테 돌아간다. 만일 A당이 지역구에서 22명을 당선시 켰다면 초과된 2석까지 모두 인정한다. 대신 A당에는 비례대표 의석 을 주지 않고, 다른 정당에 의석 추가로 배분해 의석수를 지지도에 맞 춘다. 이를 '보정의석'이라 한다. 하지만 우리나라에서는 우선 A당이 10명의 지역구 의원을 당선시켰을 경우, A당이 가지는 비례대표 의석 수는 연동률 50%를 적용해 10석이 아닌 5석이다. 보정의석 제도도 없다. 오히려 비례대표 의석수가 고정돼 있다. 정원을 넘는 연동 의석 이 나오더라도 정원에 맞춰 다시 의석을 분배하게 된다.

하원의원 정수는 지역구 299석, 비례대표 299석을 합쳐 598석이 다. 그러나 총선이 치러질 때마다 최종 배분된 의석수는 계속 늘어난 다. 이처럼 의석 정원과 최종 의석수가 달라지는 것은 독일만의 독특 한 선거제도 때문이다. 전체 의석수 배분이 정당 지지율에 의해 결정 되는 '완전 연동형 비례대표제'다. 독일 선거제도의 이념은 '사표 방지 와 소수의견의 충실한 반영'이다. 유권자는 지역구 선거에서 인물 본 위로 제1투표를 행사하고, 제2투표에서는 마음에 드는 정당에 표를 줄 수 있다. 각 정당의 전체 의석을 좌우하는 것은 사실 제1투표가 아 니라 제2투표로 볼 수 있다. 따라서 초과의석만 적용됐던 2009년 선 거에서는 의원 정수보다 24석이 늘어났으나, 보정의석까지 부여한

---

64) 봉쇄조항이라고 하며, 비례대표제에서 과도한 군소정당의 난립을 막기 위해 일정 비율 이상을 득표한 정당이 아니면 의석 배분 대상에서 아예 제외하는 제도.

2013년 총선에서는 최종의석이 631석으로 33석이나 증가했다.[65]

총선에 참여한 정당은 우선 제2투표 득표 비율에 따라 의석을 배분받는다. 각 정당은 배정받은 의석수를 우선 당선된 지역구 의원으로 채운 후 부족분을 비례대표로 메꾼다. 그런데 이 과정에서 당선된 지역구 의원 수가 배정받은 의석수보다 많은 정당이 나올 수 있다. 이런 경우에는 초과한 지역구 의석을 그대로 인정한다. 그리고 초과 의석수를 감안해, 최종적인 의석 배분이 정당 득표율에 비례하도록 각 정당에 보정의석을 또 부여한다. 즉 지역구 당선자가 각각 10명, 20명인 A, B 정당의 제2투표 득표율이 같다면 최종적인 양당의 의석수는 동일하게 된다.

초과의석으로 인해 득표율과 의석 비율이 일치하지 않는 점이 헌법재판소에서 위헌결정이 나옴에 따라, 이를 보완하기 위해 2013년 총선부터 보정의석을 부여하는 제도가 도입됐다. 초과의석만 적용됐던 2009년 선거에서는 의원 정수보다 24석이 늘어났으나, 보정의석까지 부여한 2013년 총선에서는 최종의석이 631석으로 33석이나 증가했다. 이는 1990년대와 2000년대 총선에서는 초과의석이 5~16석에 그친 것에 비해 보정의석까지 부여하면서, 의원 수가 더욱 늘어나게 된 것이다. 특히 2017년 총선 이후 지역구와 정당 투표에서 각기 다른 정당을 지지하는 유권자들이 많아지면서 초과의석과 보정의석이 폭발적으로 늘어나 2017년 19대 총선에서 111석으로 급증했고, 이번 20대 총선에서도 137석(전체 735석)으로 가파른 상승세를 이어갔다.

이렇게 정당 지지율과 의석수 비율을 완벽하게 일치시키려는 독일의 선거제도는 뜻하지 않는 부작용을 나타내고 있다. 하원의원 수는 점점 늘어나 중국 전국인민대표대회(전인대. 약 3천 명)에 이어, 세계에서 두 번째로 규모가 큰 의회가 될 것이라는 관측도 나올 정도다.

---

65) 서울시립대신문, "선거법 허점이 만들어 낸 위성정당", 2020.03.31. : 연합뉴스, "독일 의원 수는 왜 계속 늘어날까", 2021.10.02.

이에 따라 세금 부담이 늘어나고 의사당 공간 확보 문제도 어려움을 겪고 있다. 2017년 총선에서 의원 수가 많이 늘어나 연방 하원 운영에 추가로 들어가는 비용이 연간 1천억 원 이상 될 것으로 추산된 바 있다. 또한 의사당 사무 공간이 부족해 의사당 부근에 사무실을 더 마련하는 방안이 추진됐다. 정당들은 의원 과다 문제가 심각하다는 점을 인정하고 다양한 개선 방안을 논의하고 있다. 독일 정치권에서는 지역구 의석수 자체를 줄이는 방안과 정당 득표율과 의석수 비율을 맞추기 위해 보정의석을 부과하는 대신 의석수를 차감하는 방안이 제기됐다. 지역구와 비례대표 비율을 현재 50:50에서 40:60으로 조정해 초과의석을 최소화하는 방안 등 다양한 아이디어들도 나오고 있다.[66]

5%저지조항은 평등선거에 대한 중대한 제한을 야기하는 탓에, 제2투표의 최소 5%를 획득하지 못한 정당은 의석 배분 과정에서 고려되지 않는다. 해당하는 정당에 대해 행해진 투표의 결과, 결과치는 0이 되는 것이다. 덩달아 최소규모의 정당과 아직 설립되지 못한 정당의 기회균등도 제한된다. 5%저지조항을 정당화시키는 중대한 사유로 통치 능력이 있는 다수 관계의 형성이라는 의회의 기능성 유지가 거론된다.[67] 행위능력과 결정능력이란 목표에 여전히 중요한 의미가 부여되는 것이다. 그러나 5%는 국민에 대한 모든 세력과 경향을 통합하게 하는 선거의 기능이라는 관점에서도, 최고의 한계치에 해당한다.[68] 연방헌법재판소도 같은 취지를 택하고 있다.[69]

현재의 제20대 연방의회는 의원정수 확대를 제어하기 위해 제도 개편 논의를 진행해 왔다. 2023.3.17. 가결되어 대통령의 공포 절차를 남겨둔 개정법률에 따르면, 의원정수는 630석으로 고정되고, 초과의

---

66) 연합뉴스, "독일 의원 수는 왜 계속 늘어날까". 2021.10.02.
67) BVerfGE 95, 408, 418 f. 재인용.
68) Christoph Degenhart·홍일선 역, 《독일헌법총론》, 피엔씨미디어, 2015, 61면.
69) BVerfGE 82, 322, 339 ff

석 및 보정의석은 폐지된다. 또한 주(州)명부 의석 할당에 참여하기 위한 기준이 강화된다.[70] 의회의 임기는 원칙적으로 4년이다. 연방의회는 연방의회 의장이 대표한다. 연방상원의원은 총 69석으로 미국의 연방상원이나 일본의 참의원과 달리, 직접선거가 아닌 간접선거에 의해 연방을 구성하는 16개 연방주(聯邦州)에서 파견한 각 주정부(州政府)의 대표로 이뤄진다. 각 주의 인구에 따라 최소 3석에서 최대 6석까지 부여된다. 연방상원의 의원은 16개 연방주의 주총리(州總理) 및 연방주에서 파견하는 각료인 공무원이다.

우리나라 같으면 광역자치단체장(시·도지사)이 국회의 입법에 관여하는 셈이다. 따라서 연방하원에서 통과된 법안이라도 일부 주정부의 입맛에 맞지 않으면 부결될 가능성이 생긴다. 높은 수준의 지방자치가 허용되는 연방공화국의 특성이 잘 드러나는 부분이다. 만약 법안이 통과되면 대통령이 거부권을 행사하지 않는 이상 법률이 성립된다. 연방의회(聯邦議會)는 연방정부(聯邦政府), 연방참의원(聯邦參議員)과 함께 법률안에 대한 발의권이 있다. 연방의회에서 법안을 발의하려면 5%의 의원이나 교섭단체의 지지가 필요하다. 법안은 연방의회 상임위원회의 검토를 거쳐야 하며, 연방의회 전체 회의의 검토를 거친 후 채택되거나 거부된다. 연방참의원이 발의하는 법률안은 먼저 연방정부에 넘겨 정부의 입장을 들은 후 하원에 넘긴다(연방공화국기본법 제77조).

연방의회와 연방참의원, 연방 대통령이 헌법이나 연방법을 의도적으로 위반한 경우는, 헌법재판소에 탄핵 심판을 요구할 수 있다. 양원 중 하나에서 2/3의 찬성을 통해 탄핵을 발의할 수 있다. 연방의회에서 대통령이 새롭게 선출되고, 임무를 더 이상 수행할 수 없게 되면 탄핵안은 종결된다. 다만 의회는 연방정부의 장관을 탄핵할 수 없다. 정부는 직간접적으로 의회와 관련이 있지만, 독립적이기에 불신임 투표를

---

70) 국회입법조사처, "2023년 독일 연방선거법 개정 내용과 시사점", 2023.05.30.

통해서만 해임된다. 연방정부의 장관은 면책특권이 없다. 장관이 의원직을 겸직한 경우, 형사처벌에 앞서 의회는 의원으로서의 면책특권을 제거해야 한다.

하원의원은 연방의회나 상임위원회에서 행한 투표나 발언으로, 임기 중이거나 임기 후에 형사법상 또는 공무원법상 책임이 면제된다. 단 명예훼손에 대해서는 면제가 불가하다. 하원의장은 견책이나 경고를 명할 수 있고, 의원의 회의 참석을 금지할 수 있다. 연방의회 의원은 하원의 승인 없이 체포되거나 증언을 강요받지도 않는다.[71] 현행범이거나 범행 이튿날 체포된 경우는 불체포특권은 적용되지 않는다. 소송을 하려면 기본법 18조에 따라 연방의회의 의결을 거쳐야 한다. 그리고 사전수사와 권리를 제약하는 절차는 연방의회의 명령에 따라 공개되어야 한다.

이는 의원 개인을 보호하기 위한 장치가 아닌 의회의 독립성을 보장하기 위한 장치로서, 역사적 조건에서 기인한다. 의회제 초기에 행정부는 자신들과 좋지 않은 관계에 있는 의원의 의원직 박탈의 구실로, 허위이거나 실제의 범죄에 옭아매는 방법으로 악용됐다. 하루 안에 없었던 일로 조작하는 것은, 매우 어려운 일이기 때문에 해당 불체포 규정이 생겨났으나, 현재 이 조항은 시대착오적인 것으로 여겨지고 있다.

하원의원은 증언거부권에 따라 의원으로서 수행한 면담에 대해 공개하지 않을 수 있다. 증언거부권에 따라 면담에 관한 정보가 포함된 문서에 대한 압수도 금지하고 있다. 정보원의 보호는 견제 기능을 수행할 수 있도록 하기 위한 것이다.

선거는 연동형 비례대표제로 1인2표제다. 299개 지역구에서 최다득표자 1인을 선출하며, 16개 주별 정당 득표율로 비례대표 의석을 배

---

71) 독일기본법(2022.12.19. 개정) 제46조 제1항; 의원은 연방의회 또는 위원회에서의 표결 또는 발언을 이유로 어떤 경우에도 재판상 또는 직무상 소추되거나 연방의회 밖에서 책임을 지지 아니한다. 중상적 모욕에 대하여는 이 규정이 적용되지 아니한다. 제2항; 의원은 현행범이거나 그다음 날에 체포되는 경우를 제외하면 연방의회의 동의가 있는 경우에 한하여 범죄행위를 이유로 책임을 지거나 체포될 수 있다.

분한다. 연방의회는 736석인 의석수를 2023.3.17. 630석으로 줄이는 선거법 개혁안을 통과시켰다. 집권 연립 3당이 주도한 선거법 개정은 나라 규모에 비해 국회의원 수가 너무 많다는 비판에 따른 것이다. 중국에 이어 의원 수가 세계에서 둘째로 많다. 의원들이 스스로 의원 수를 14.4%나 줄여 의회의 거품을 뺀 국회 자체 개혁이다.

연방의회 의원의 수당은 '독일 연방의회 의원의 법적 관계에 관한 법률'에서는 월 '1만 83.47유로'로 명시하고 있다. 연봉으로 1억 5,425만 원이다. 이 외에도 지역구 사무소 운영비, 직원 고용, 출장 경비 등으로 월 '4560.59유로'가 고정비로 지급된다.

(5) **일본** 국회(National Diet)는 일본 중앙정부의 입법부이다. 일본국 헌법에 의한 최고기관이며, 일본의 유일한 입법기관이다. 국회는 중의원과 참의원으로 구성된다. 중의원(衆議院)은 하원, 참의원(衆議院)은 상원에 해당하며, 양원 모두 주권자인 국민의 선거로 선출된 국회의원으로 구성된다.

중의원의 임기(4년)는 참의원의 임기(6년)보다 짧고, 중의원은 임기 중에 해산될 수도 있다. 따라서 참의원에 비해 보다 충실한 민의의 반영을 구현할 수 있으므로, 참의원에 대해 우월적인 지위에 서게 된다. 내각은 중의원을 해산할 수 있다. 그러나 중의원에서 내각 불신임을 결의하거나 내각 신임을 부결할 시는, 10일 이내에 중의원을 해산하지 않는 한 총사직해야 한다.

일본국 헌법 제58조와 국회법 제16조에서는 의장, 부의장, 임시의장, 상임위원장, 사무총장의 5개의 직위를 국회의 임원으로 규정하고 있지만, 중의원에서는 이 외에도 특별위원장, 헌법조사회장, 정치윤리심사회 장을 추가한 8개 직위를 '임원 등(任員等)'이라고 지칭하고 있다. 헌법에서는 예산안의 의결, 조약의 승인, 내각총리대신의 지명에서 참의원보다 우월하다고 규정한다. 또한 중의원만 내각 신임 결의권과 내각 불신임 결의권을 가지며, 예산을 우선 심의할 수 있는 권한을 갖는다. 다만 헌법개정에서의 우월권은 없다. 양원을 보좌하는 기관으로 각각 사무국과 법제국이 있고, 의회 직속이 아닌 보좌기관으로 국회도서관이 있다.

이 외에도 헌법에서 규정한 국회의 재판관 탄핵을 위해서는 재판관 소추위원회와 재판관 탄핵재판소가 설치되어 있다. 재판관은 헌법과 법률에만 구속된다(헌법 제76조 3항). 헌법에 위배되는 경우에는 재판소가 위헌입법심사권을 행사하여 해당 법률이 무효인지 판단할 수 있지만, 법률을 제정하는 국회의 의사는 재판을 통하여 일본 전체에 미치는 것이라고 할 수 있다.

양원의 의원은 법률이 정하는 경우를 제외하고 국회 회기 중 체포되지 아니하며, 회기 전에 체포된 의원은 소속 원(院)의 요구가 있으면 회기 중 석방하여야 한다(헌법 제50조). 각 의원의 의원은, 원외에서의 현행범죄의 경우를 제외하고는, 회기 중 그 원의 허락이 없으면 체포되지 않는다(국회법 제33조). 각 의원의 체포에 대해 그 원의 허락을 요구하려면, 내각은 관할법원 또는 재판관이 영장을 발하기 전에 내각에 제출한 요구서를 수리 후 빠른시간 내, 그 요구서의 사본을 가지고 이를 요구해야 한다(국회법 제34조).

내각은 회기 전에 체포된 의원에 대하여 회기 중에 구류 기간 연장의 재판이 있는 때에는, 그 의원이 속하는 의원의 의장에게 그 취지를 통지하여야 한다(국회법 제34조의 2). 의원이 회기 전에 체포된 의원의 석방 요구를 발의하려면 의원 20명 이상의 연명으로 그 이유를 부속한 요구서를 그 원의 의장에게 제출해야 한다(국회법 제34조의 3).

헌법 제51조에서 면책특권을 규정하고 있다. 즉 양원의 의원은 원내에서 연설과 토론 또는 표결에 대하여 원외에서 책임을 지지 아니한다. 수당에 대해서는 국회법 제35조에서 의원은 일반직의 국가공무원의 최고급여액(지역수당 등의 수당을 제외한다)보다 적지 않은 세비를 받는다. '의원의 세비, 여비 및 수당 등에 관한 법률'에 따르면, 매달 129만 4,000엔(1,248만 원)의 세비와 의정활동을 위한 100만엔(964만 원)의 조사연구비, 188만엔(1,810만 원)의 수당도 받는 터라, 여기에 상여금으로 연 635만 엔까지 합하면 총액은 2,187만 8,000엔(약 1억 9,600만 원)이다. 1인당 GNI에 비해 약 4배 높은 셈이다. 의원 1인당 보좌관 수는 3명이다. 일본 국회의원에게서 우리가 본받을 점은 코로나-19 때, 2년간 세비를 20%나 자진 삭감했다는 것이다. 우리나라는 2023년 대홍수 때 고작 각 20만 원씩 수재의연금을 냈다하나, 노블레스 오블리주는 어데 가고, 쩐(錢)에 절인 그들만의 덕목이 대단하다.

(6) **이탈리아** 의회(Parlamento Italiano)는 의원내각제인 양원제로, 630명인 하원의원(deputati, 데푸타티)의 하원과 315명 상원의원(senatori, 세나토리)의 공화국 상원으로 구성된다. 두 의회는 동일한 의무와 권한을 가지며, 독자적으로 결정권을 행사하고, 헌법은 이들 사이에 차별을 두지 않는다. 입법권·정부예산 심의 및 승인권·정부 감독권(정부 신임 및 불신임권, 대정부 질의권) 대통령 선출권을 갖는다. 의회는 2017.10. 차기 총선(2018.3)을 앞두고 상·하원 선거법을 일원화하는 새로운 선거법이 통과되었다.

이탈리아(Italy)는 B.C. 753년 로물루스에 의해 로마가 건국되었다는 신화가 있고, B·C. 3세기에는 남이탈리아에 있는 그리스의 식민도시도 정복과 이탈리아반도를 통일시켰고, 다시 B.C. 146년에는 카르타고와 마케도니아까지도 합병했다. 이러한 결과로 마리오와 술라 같은 집행관이 장기 집권하는 폐해도 있었다. 그 후 영토가 점차 확장되면서 공화정 말기에는 삼두정치 체제가 형성되어 로마제국으로 발전하는 계기가 마련되었다.

카이사르(Gaius Julius Caesar, BC 100~44), 폼페이우스(Magnus Gnaeus Pompeius, BC 106~48), 크라수스(Marcus Licinius Crassus, BC 115~53)

에 의한 제1차 삼두정치이다. 이탈리아에 자유 이념을 심어준 계기는 나폴레옹과 프랑스혁명이었다. 나폴레옹은 이탈리아에서 오스트리아와 에스파냐 세력을 몰아내고 봉건적 특권을 폐지했으며, 교회 재산까지도 몰수하는 등 프랑스 혁명정신(자유·평등·박애)을 전파하는 역할을 했다.

의회의 주된 특권은 입법권의 행사, 즉 법을 제정하는 권한이다. 문건이 법이 되기 위해서는 양원의 표결을 같은 형식으로 따로 받아야 한다. 법안은 한쪽 의회에서 심의, 수정, 승인 또는 기각된다. 승인될 시에는 그 법안을 수정, 승인 또는 기각할 수 있는 다른 쪽 의회로 넘어간다. 수정안 없이 승인될 시, 그 법안은 공화국 대통령이 공포하여 법이 된다. 수정안과 함께 승인될 시 그 법안은 본래의 의회로 다시 넘어가 수정된 채로 승인될 수 있으며, 그 법안은 공포되거나 기각된다. 정당명부식 비례대표제에 기반을 두며, 정당들이 연합을 이루도록 촉진하기 위한 일련의 한계선이 추가로 존재한다.

총 200석이며. 우리나라와 같은 1인2표제로, 74석은 소선거구제, 122석은 정당명부 비례대표제를 통해 선출되는 데 20개 주(州, region)마다 선거구가 나누어진 권역별 비례대표제이다. 나머지 4석은 해외 거주 이탈리아인들을 위한 의석으로 거주지별로 선거구를 나눠 불구속명부식(不拘束名簿式) 비례대표제로 선출된다.

봉쇄조항(封鎖條項, 저지조항)은 일반적인 정당의 경우 전국 단위에서 3%, 정당 연합의 경우 전국 단위에서 10%, 특정 언어권 지역(쥐트티롤 독일어권 지역 등)을 대변하는 정당의 경우 해당 지역에서 20%이다. 하원은 총 400석. 상원처럼 1인2표제로, 147석은 소선거구제를 통해 245석은 정당명부 비례대표제를 통해 선출되는데 상원과 달리 전국구 비례대표제이며 봉쇄조항은 전국 단위에서 3%, 나머지 8석은 해외 거주 이탈리아인들을 위한 의석으로 거주지별로 선거구를 나눠 불

구속명부식 비례대표제로 선출된다.[72]

레타 내각(2013.4~2014.2) 때, 세금 횡령에 대한 대법원 실형 확정을 받은 베를루스코니 전 총리의 상원의원 자격 박탈이 있었고, 렌치 내각(2014.2~2016.12)은 2014.2. 의회에서 의회 개혁(상원 기능 축소, 의원 수 감축 등), 도과제(度科制)를 발표하였다. 또한 유죄 확정된 의원은 의정활동을 금지한 반부패법에 따라 공직진출금지·의회 폐지, 중앙정부·지방정부의 권한 조정, 근로 및 세제개혁, 행정부 개혁 등을 추진하였다.

(7) **덴마크** 의회(폴케팅: Folketing)은 덴마크의 단원제 의회이다. 의원 정수는 179명으로, 덴마크 본토에서 175명, 그린란드(Greenland)와 페로(Faroe Islands) 제도[73]에서 각 2명을 선출한다. 선거는 4년마다 실시된다. 총리는 특별한 근거 없이도 언제든지 국왕에게 의회해산을 요청할 수 있다. 선거에서 유효표 2%를 얻어 봉쇄조항을 넘거나, 지역구에서 당선자를 배출하는 정당은 원내정당이 된다. 덴마크 총리는 의회에서 선출되는 것이 아니라 국왕이 임명한다. 하지만 국왕은 의회의 의사에 반해서 총리를 임명할 수 없다. 의회는 1953년 스웨덴의 영향을 받아 옴부즈맨(ombudsman) 제도를 도입하였음에 법률가 중에서 의회가 선출하며, 의원은 선출될 수 없다. 의회에서 언제든지 해임할 수 있다. 의원 선출은 비례대표제로 한다.

의원에게 공무원 월급 38단계에 해당하는 세비와 주거비용이 지급된다. 2008년 4월 현재 세비가 571,641크론, 즉 76,715유로 정도였던 게, 덴마크 의회의 '의원 및 주 감사관의 보수 및 주택 수당' 자료에 따르면 의원의 기본 급여는 2022년 10월 기준 연간 '71만 8,234 덴마

---

72) 1952년에 창설된 유럽연합(EU) 조약 제14 제2항 "유럽의회는 유럽 시민들의 대표로 구성된다. 그 대표의 수는 750명을 넘지 못한다. 시민들의 대표는 각 회원국별로 최소 6명으로 구성된 감각적 비례대표로 선출된다. 어떤 회원국의 의석도 96석을 넘을 수 없다." 에 따라 유럽의회의 의석은 총 705석으로, 이 중에서 76석이 이탈리아에 배분되어 있다.

73) 그린란드와 함께 덴마크 왕국의 자치령이자 구성국으로, 각 인구는 약 5~6만 명 선이다.

크 크로네'다. 달러로 10만 5,348달러(1억 4,021만 원)다. 여기에 연간 최대 6만 9,931크론을 추가 수당으로 받을 수 있다.[74] 주거비용은 연간 53,647크론(7,201유로)이 지급되고, 그린란드나 페로 제도 출신 의원의 경우 조금 더 지급된다. 의정활동을 위한 코펜하겐 지역의 추가 거주지가 있는 경우 그 비용을 보정(補正)해 준다. 비용보전액은 연금과 수도세, 가스료, 전기료 등의 비용보전액 63,271크론(8,491유로)을 포함해 최대 88,580크론(11,888유로)까지 지원이 된다.

정당의 원내 활동을 지원하기 위해 원내그룹별의 의정활동비가 지급된다. 정당에 지급하는 의정활동비는 기본할당과 의석비례 할당으로 구분되며, 4석 이상을 가진 정당에는 기본할당으로 월 263,461크론(35,360유로)가 지급된다. 4석 미만의 정당은 기본할당에다 1/4에 의석수를 곱한 만큼 기본할당을 받게 된다. 의석 비례 할당으로 의석 수당은 월 41,249크론(5,537유로)씩 지급된다. 10석을 가진 정당의 경우 5,537유로, 10석에 기본할당 35,360유로를 더해 월 90,750유로를 받게 된다. 의정활동비는 공무원 월급에 비례하여 조정하고 있다.

(8) **노르웨이** 의회(스토르틴게트, Stortinget)는 단원제다. 의원 정수는 169명으로 150명은 정당명부식 비례대표제에 따라 16개의 지역구에서 선출하고, 나머지 19명은 전국 단위의 정당 득표비례 보정용(補正用) 의석으로 선출한다. 정부는 의회가 의회 발언을 통해 논쟁적인 사안에 관한 일반적인 원칙에 관해, 토론할 기회를 보장한다.

입법과 관련해서 노르웨이의 특이한 제도 중 하나는, 의원이 아닌 사람이 의원 1인의 소개를 통해 법안을 발의할 수 있다는 것이다. 이때 법안을 소개하는 의원이 법안에 대해 꼭 찬성할 필요는 없다. 선거방식은 정당명부식 권역별 비례대표제로, 19개 주를 선거구로 하여

---

74) 더팩트. "'1억 5,500만 원' 한국 국회의원 연봉, 세계 최고 수준?". 2023.3.24.

총 150석 중 각 선거구마다 4석에서 19석까지를 배분받는다. 의회해산이 없고 완전비례대표제인 탓에, 재·보궐선거는 물론 의회해산에 따른 조기 선거도 존재하지 않는다. 만약 의원이 회기 도중 자의나 타의로 인해 더 이상 직을 수행할 수 없는 상황일 경우에도 보궐선거를 하는 것이 아니라, 그 자리를 소속 정당의 다른 인원이 승계한다. 의석은 생러그 방식으로 분배되며, 봉쇄조항은 전국 득표율 4%이다.

법안은 최종적으로 국왕에 의해 확정된다. 국왕은 의회에서 의결한 법안에 대해 거부권을 행사할 수 있다. 입법권과 예산권 외에 의회의 주요 기능은 행정부와 공공기관에 대한 의회의 견제와 감시다. 선출상임위원은 13개 상임위원회와 교섭단체, 지역별 비례를 고려해 선출하게 된다. 선출위원회에서 상임위의 통합 등을 의결한다. 상임위의 의결은 의사규정으로 정한다. 상임위원회는 연간 1,000여 건의 안건을 다룬다. 2022년 5월 1일부터 의원의 연간 고정 보수는 106만 4,318 노르웨이 크로네다. 달러로 약 10만 2,649달러(1억 3,662만 원)다. 의원 급여는 결정하는 위원회를 통해 매년 5월 1일 보수를 평가한다.

(9) **스웨덴**은 단원제이며, 자국민과 EU 국민에게까지 대학 학비가 무료인 동화《말괄량이 삐삐(Pippi Longstocking)》로 유명하다. 정당명부 비례대표제로 349명을 선출하며, 310명은 지역구에서 선출하고 나머지 39명은 보정의석으로 배정한다. 의석은 전국적으로 4% 이상 득표하거나, 지역구에서 12% 이상 득표한 정당에 배정된다. 투표가 끝나면, 선거 결과에 따라 수정 상트라귀 방식(adjusted Sainte-Laguë method)을 적용, 310석의 권역별 비례대표 의석을 배분한다. 그리고 전국을 하나의 권역일 경우, 각 정당이 얻어야 할 의석수와 각 정당의 실제 의석수를 비교하여 39석의 전국구 비례대표 의석(보정의석)을 배분한다. 이때 보정의석은 정당 의석과 권역별 비례대표 의석의 차이가 큰 권역의 정당명부에 배정하며, 이는 당해 권역의 정당명부 순위에

따른다.

의회는 총리와 장관에 대한 불신임안을 통과시킬 수 있다. 의원 35명 이상의 지지로 불신임안이 발안(發案)되며, 175명 이상이 지지하면 불신임안이 통과된다. 장관에 대한 불신임안이 통과되면 해당 장관은 사임해야 한다. 또한 총리에 대한 불신임안이 통과되면, 내각 전체가 사임해야 한다. 사임을 거부하면 자동으로 의회가 해산되고 임시총선거가 실시된다. 임시총선거에서 선출된 의회의 임기는 기존 의회의 잔여임기와 같다. 조사 후 해당 기관에 시정을 권고하는 의회 옴부즈맨은 정부기관에 의해 부당한 대우를 받았다고 느끼는 사람들의 호조(互助)를 받는다.

의원은 급료가 아닌 '회비'로 6만 9천 900SEK(한화 약 840만 원, 2021.1. 기준)[75]을 받는다. 회비에 대한 산정은 의회 산하 '보상위원회(Riksdagens arvodesnämnd)'에서 결정한다. 의회 의장은 14만 SEK을 받으며, 이는 수상의 월급과 동일하다. 의회에서 50km 이상 떨어져 거주하는 의원은 스톡홀름 체재비가 월 7천SEK까지 추가 지급된다.

육아휴직을 하거나, 병가를 내는 경우 공무원과 같은 방식으로 일정 정도 월급이 삭감된다. 보좌관도 없다. 의원의 신분이 비정규직이라는 것과 병이 들어 일하지 못하면 당연히 세비는 수당에서 삭감될 뿐더러 면책특권도 없다. 우리나라처럼 정당별로 앉는 것이 아니라, 출신지역별로 여야가 어우러져 회의한다. 그러한 나머지 의사당 내 의자를 교체하는 일도 거의 없기에, 서서 일하는 의원도 많다. 지역이 모여 하나의 국가를 이루는 근본원리를 실현하기 때문이다. 부패공화국인 우리나라와 달리, 부패인식지수·언론자유 인식지수·민주주의 인식지수가 세계에서 4~5위를 다투는 국가답다.

공무수행을 위한 여행비도 지급된다. 특이하게도 거주지에서 의회

---

75) 크로나(krona, SEK)는 1873년부터 현재까지 통용되고 있는 스웨덴의 통화로, 1크로나는 100 외레(öre)에 해당한다.

까지 이동도 공무상 여행으로 본다. 보좌관도 없이 '평범한 시민'을 자처하는 의원들은 상용차가 없기에, 대중교통은 무료로 이용한다. 공무상 해외여행 비용의 경우 임기 내에 5만 SEK까지 사용할 수 있다. 의사당 주차장에는 자동차보다 자전거가 많다. 의회 내 사무실이 배정되면서 컴퓨터, 노트북, 프린터, 스마트폰 등이 지급된다. 스마트폰과 인터넷 사용료도 지급되며, 개인용도의 통화료는 제외된다. 상해보험과 생명보험도 지원된다. 그 밖에 의원은 일반연금 외에 추가 연금을 받는다. 65세 이전에 사임하는 경우, 최소 3년간 일정 비율로 소득보전을 받는다. 재직기간과 나이에 따라 다르게 지급된다. 국가와 의회는 정당에 4억 2천5백만SEK(약 507억 원)를 지원하고 있다.

의석을 가진 정당은 의석수에 따라 지원이 되며, 의석이 없어도 최근 2회의 선거에서 2.5% 득표한 정당에는 지원이 이루어진다. 원내정당의 경우 최근 2회 선거 결과에 따라 배정하며, 현재 의석당 333,300SEK을 배정하고 있다. 당 운영을 위해 정당별로 기본 5백8십만SEK을 배정하고, 여당에는 의석당 16,350SEK을 추가로 배정하고, 야당에는 의석당 24,300SEK을 추가 배정한다. 그 외에 의원 1인당 보좌관 고용비로 매월 51,800SEK이 지급된다. 원내 교섭단체에 대한 지원으로는 여당의 경우 기본 170만SEK을 지원하고, 야당에는 340만SEK이 기본 지급된다. 의석당 57,000SEK이 추가 배전(倍前)된다.

살펴본 영국이나 북유럽 3국은 우리나라보다 국민소득이 2~3배나 돼도, 보좌관도 없이 자전거를 타며 누구나 이웃에서 만날 수 있는 평범한 아저씨처럼 행동하는 점에, 개과천선을 바람은 전 국민의 염원일 것이다.

제12장

권리장전이 무색한 특권

　　면책특권 뒤에 숨은 정치권에서는 '막말 망령'이 횡행하고 있다. 근간 벌어진 보도자료를 언급하면서 들어가고자 한다. 21대 국회 들어 의원의 품격이 떨어졌다는 지적은 꾸준했지만, 최근 전 더불어민주당 대표인 송영길을 필두로 막말 수위가 한층 높아졌다. 2023.11.9. 자신의 출판기념회에서 법무부 장관 한동훈을 향해 '어린놈', '건방진 놈', '미친놈'이라고 울분에 찬 표독스런 얼굴로 질러댔다. 한 장관이 "송 전 대표가 대한민국 정치를 수십 년간 후지게 만들어 왔다"는 입장문을 내자, 민주당 의원들은 이를 이어받아 "그닥 어린 넘(놈)도 아닌, 정치를 후지게 만드는 너"(유정주, 13일 페이스북), "어이없는 XX(이)네, 정치를 누가 후지게 만들어?"(민형배, 13일 페이스북), "금도를 지키지 못하면 금수(禽獸)다. 금수의 입으로 결국 윤석열 대통령을 물 것"(김용민, 14일 페이스북)과 같은 막말이 이어졌다. 이를 비판하는 과정에서 장예찬 국민의힘 청년최고위원이 15일 페이스북에 "김용민은 금수가 아니라, 정치 쓰레기"라고 때리자 또 다른 막말 논란을 빚기도 했다.[76]

　만약 일반 국민이 이들에게 이랬다면, 자기들은 고고한 인격이고 국민을 하대했을 것이다. 이래도 선진국처럼 제동을 걸어줄 제도적 장치조차 없다. 이보다는 강도가 약해도 영국의 경우는 의원끼리 서로 '당신(you)'이라고 호칭하는 것조차 징계 사유가 된다. 통상 같은 당 소속 의원은 '친애하는 동료의원(My honourable friend)', 반대당 소속 의원

---

76) 한겨레, (사설) "어린놈, 후지게, 금수, 쓰레기, 정치인·장관이 할 말인가", 2023.11.15.; 동 쥐지 2023.11.14. 매일경제, 동아일보. 참조.

은 '친애하는 야당 의원(My honourable opposite)'으로 부르며 상호 간 존중을 강조한다. 우리나라가 의사 발언 때, 마음에도 없는 '존경하는 XXX 의원(님)'[77]이라고 지칭하듯이 말이다. 물론 존경의 의미는 없다. 그러나 진짜 존경받는 인물로 착각하는 일부 머저리가 있을지는 모르겠다.

영국은 이러한 '발언 규범'을 지키지 않았을 때는 징계도 거침없이 가한다. 국회 입법조사처 보고서에 따르면, 2012년 영국의 폴 플린 노동당 의원은 본회의장에서 아프간 전쟁 영국군의 철군을 주장하면서 "국방부 장관이 의회에 거짓말하고 있다"고 말했다. 이에 하원 존 버커우 하원의장이 "지나치다"며 발언 철회를 지시했음에도 플린 의원이 계속 거부하자, 의장은 플린 의원에게 5일간의 '직무정지' 징계를 내렸다.

미국의 규범도 엄격한 편이다. 2009년 9월 당시, 조 윌슨 공화당 의원이 양원 합동회의 연설 중이던 버락 오바마 대통령을 향해 "거짓말이야(You lie!)"라고 소리쳤다가 징계를 받았다. 징계 수위도 ▶제명 ▶견책 ▶공개비판 ▶벌금 중 두 번째로 높은 공개비판으로 가볍지 않았다.

우리나라는 정반대다. 제13~20대 국회에 제출된 235건의 징계안 중 41.2%(101건)가 폭언과 모욕 등 '막말'이 이유였다. 하지만 실제 징계를 받은 경우는 한 건에 불과했다. 제18대 국회 당시 의원이었던 강용석이 대학생들과의 식사 자리에서 성희롱 발언을 한 것이 드러나자, 출석정지 30일 징계를 받은 게 유일한 사례. 그나마도 국회 회의 도

---

77) 나는 좀처럼 "존경하는"이란 인사 같지 않은 인사법에 인색하다. 더구나 '~님께' 따위의 이중 존칭은 아예 쓰지 않는다. 이유는 한국인으로서 국어에 충실함 때문이다. 그러나 대한민국 '여의도 고등사기꾼집단'에서는 일반화돼 있다. 그들끼리 일종의 묵시적 동의를 하고 있다. 그러나 그들에겐 내심 존경은 없다. 이게 바로 일종의 선민의식일 수 있는 표상에 지나지 않는다. 일명 '이재명 어록'이 요즘 어느 석상에서나 회자된다. 즉 "존경하는' 하니까 진짜 존경하는 줄 안다." 하여튼 정치꾼들은 권력을 쟁취하기 위해서는 수단과 방법을 가리지 않는 뛰어난, 무서울 정도의 '카멜레온식 화법'이다. 그러나 굳이 이래야 할까? 그리고 왜놈말(倭語)에 '일응'이 있다. 아직까지 식자군(識字群)에서도 쓰는 걸 본다. 이 말은 국어사전에도 없다. 우리말로는 '일단'이 되겠다. 이건 무지를 넘어 무식의 소치이자, 스스로 친일론자로 보이게 하면서 왜서(倭書)에서의 표절 또는 차용이다. 틀리게 쓰는 경우가 이쁜이 아니다. 이럴 때마다 나설 수도 없고, 내 지식을 공짜로 주고 싶지 않은 면도 있겠다. 어쨌든 한국놈이 한국에서 한국말 좀 똑바로 쓰면서 외래어 좀 찍찍거리지 않았으면 좋겠다. 인문학적 소양 좀 넓히자. 아파트값 올라서 춤춤도 좋지만, 자신의 전공을 떠나서 책 좀 읽사. 2021.12.10. 수양록에서.

중의 발언이 아닌, 외부 행사 후 식사 자리에서의 발언에 불과했다.[78] 사실상 징계가 무용지물이나 마찬가지인 상황에서, 명예훼손이나 모욕적 발언에 대해선 '면책특권'을 적용하지 못하게 제한해야 한다. 제12대 국회까지 존속했던 국회의장의 '발언취소명령' 권한을 재도입해야 한다는 주장이 제기되는 작금의 상황에서 마음 내키지 않지만, 이자들의 그릇된 특권에 대해 서술하고자 한다.

📝 권리장전

국회의원이 국회에서 직무상 행한 발언과 표결에 관하여 국회 밖에서 책임을 지지 아니하는 특권을 면책특권(免責特權, privilege of speech)이라고 한다. 면책특권(헌법 제45조)은 불체포특권과 함께 의회를 절대권력이나 집권자의 부당한 압력 또는 탄압으로부터 보호하는 중요한 제도적 장치다. 국회의원의 발언·표결의 자유라고도 하는 이 특권은, 14세기 후반 영국에서 기원(紀元)한다. 그리고 1689년 권리장전(權利章典, Bill of Rights 1689. 제9조)에서 보장된 의회의 특권의 하나로서, 그 후 각국에서 이어받은 제도이다. 영국에서 처음 성립하였을 때는 의회의 '언론자유의 특권'으로서 확인된 것이었고, 의원 개인의 특권으로 보장된 것은 아니었다. 처음으로 미합중국헌법(美合衆國憲法, Constitution of the United States. 제1조 제6항 제1호)에서 비로소 의원의 특권으로 명문화하였다. 우리나라도 헌법 제45조에서 보장하고 있다.

따라서 권리장전과 미합중국 헌법에서 연유하는 면책특권은 선거

---

78) 중앙일보, "'어린놈' '금수' 더 세진 막말 美·英선 'You Lie'도 징계받는다", 2023.11.18. 참조.; 이에 대한 궁민(窮民)들의 분노에 찬 댓글을 보자. "건방진 더듬당 응원한다", "저런 X이 당 대표를 했으니, 탄핵 돈 뿌리는 당이 돼 버렸지. XXX들", "586정치인들 퇴출시키자", "쓰레기 집단, 막가파, 무식한 조폭 수준", "운동권 주사파 기생충들의 민낯, 이런 기생충들이 과거 민주화운동? 이런 기생충들이 사라져야 나라가 산다", "꼼수 탈당, 저질스런 발언당" "시정잡배만도 못한 것들"…,

인단·집행권·정당 등의 의사에 법적·강제적 기속을 받지 않고, 양심에 따라 입법 활동을 할 수 있게 한다(국회법 제114조의 2). 면책특권은 국회의원에게만 인정되는 인적처벌조각사유(人的處罰阻却事由)[79]인 소송법상 특권이다.[80] 범죄성립요건을 충족해도 의원 재직 중과 임기종료 후에도 처벌할 수 없어 검찰은 기소할 수 없다(대법원 1982.9.22. 91도 3317).

이 특권은 첫째, 본회의와 위원회를 모두 포함한 국회에서 직무상 행한 발언과 표결이어야 하고, 의원이 국회 밖에서의 발언에는 적용하지 않는다. 단, 직무와 관계없는 것은 특권에서 제외된다. 둘째, 이 특권은 국회 밖에서 민·형사상의 책임을 추궁당하지 않는 권리로서, 의원의 발언에 대하여 국회 내에서 책임을 추궁당하는 것은 별개의 문제이다. 예컨대 국회에서 징계를 당하거나, 소속 정당에서 징계당하는 것은 이 특권과는 관계가 없다. 국회 안에서 한 발언을 국회 밖에서 재차 발언 시에는 이 특권을 적용하지 않는다. 이 특권은 의원의 발언·표결의 책임을 면제해 주는 책임면제 제도인 점에서, 단순히 의원의 체포를 일시 보류해 주는 앞서 논한 불체포특권과는 그 성질이 다르다는 점이다.

따라서 면책특권은 공표할 수 있는 회의록(국회법 제118조) 반포로 이루어지는 원내 발언에 대한 외부공표행위의 면책이다. 반면 타인의 명예훼손 발언 등을 외부에 언론 또는 인쇄물 등으로 공표하면, 그 내용에 따른 민·형사적 책임을 진다. 의원이 의회에서 직무상 행하는 발언·표결 및 그에 부수하여 일체불가분(一體不可分)으로 행하여지는 행

---

79) 일신적 형벌조각사유(一身的刑罰阻却事由)라고도 하며, 범죄는 성립되지만, 행위 당시에 존재하는 특별한 신분 관계(직계혈족 등 친족)로 형벌을 과할 수 없는 상태를 말한다. 형법상 권리행사방해(323조)와 절도(329조), 야간주거침입 절도(330조), 특수절도(331조), 자동차·선박·항공기·원동기장치 자전거의 불법사용(331조의 2), 사기와 공갈의 죄(347~354조), 횡령과 배임의 죄(355~361조), 장물에 관한 죄(362~365조) 등이다. 또한 국회에서 직무상 행한 발언과 표결에 관하여 국회 외에서 책임을 지지 않도록 규정한 면책특권(헌법 제45조)과 외교관의 외교특권도 인적처벌조각사유에 해당된다.

80) 강경근, 일반헌법학(신판), 2018, 697면.

위가 아니라, 순전히 사적으로 타인에 대한 모욕·명예훼손·사생활 침해를 목적으로 하는 발언에 대해서는, 형사소추나 민사상 손해배상 청구가 가능하다. 그런데 근간, 대통령과 법무부 장관을 겨냥해 '청담동 술자리'란 허위 의혹을 제기해 고발당했음에도 불송치 결정을 받은 민주당 비례대표 의원이 있어 그자를 두고 '역대급 면책특권 수혜자'라고 조롱을 받고 있다. 애초에 암만 '아니면 말고' 식의 일명 전단지(infodemic. 찌라시) 보도라도, 대통령과 장관이 현직임에 가능할 수 없는 예기였다.

그자는 현직 대통령과 법무부 장관이 강남의 고급 술집에서 음주가무(飲酒歌舞)를 즐겼다는 의혹을 법무부 국정감사에서 제기했지만, 경찰 수사 결과 완벽한 허위 주장으로 드러났다. 이에 우호세력조차 사과를 요구하자, 그자는 "심심한 유감을 표하나, 다시 그때로 돌아가도 같은 질문을 할 수밖에 없다"는 궤변이었다. 이러한 안하무인(眼下無人)·철면피(鐵面皮) 행각 뒤에는 면책특권이 있기 때문이다. 반성은커녕 무책임한 폭로를 계속하겠다고 되레 목청을 높인 격이다. 이를 수사해 온 경찰은 2023.10.24. "의원은 국회에서의 직무상 행한 발언에 대해선 민·형사 책임을 물을 수 없다"는 면책특권을 이유로 그자를 불송치했다.

여기서 한 번 더 짚고 갈 문제가 있다. 즉 불체포특권은 범법행위를 한 국회의원에 대한 소추권 자체를 제한하지 않기에, 범죄 수사와 공소 제기 등은 진행할 수가 있다. 달리 말해 불체포특권은 일시적으로 체포·구금의 유예를 받는 점에서, 면책특권은 책임 전가에 있어 영원히 면제되기 때문에 이러한 현상이 빚어짐도 간과할 수 없다는 점이다.

만약 독일이었다면 '중상적 모욕'은 면책되지 않을뿐더러, 근거 없이 이렇게 헐뜯어 명예를 손상케 하는 언행에 대해서도 민·형사상 책임을 지고도 남는다. 아무런 근거나 아프리카 후진국에서조차도 없을 대통령과 장관의 술자리 의혹을 제기하는 것마저, 국회의원의 '직무'에 해당한다는 현실이 안타깝다. 이러한 명백한 허위성 주장으로 악용되는, 면책특권을 제한하는 개선책을 여야를 불문하고 내놓아야 한다.

✒ 변질된 면책특권과 불체포특권

현재 정당국가(政黨國家)의 의회제도에 있어서는 의원의 정당 대표성이 더 두드러지게 되면서, 면책특권 본래의 취지가 다소 변질된 상황에 놓여있다. 따라서 양날의 칼과 같은 게 의원의 특권이다. 면책특권은 의원의 자유로운 의회 활동과 의회의 독립성을 위해서 반드시 필요하나, 공익을 위협하거나 타인의 권리를 침해할 도구로 악용될 가능성이 존재하기에 문제가 있다. 이에 외국의 면책특권 사례를 본다. 전 세계적으로 면책특권을 포함한 국회의원의 특권에 대한 제한을 가하고 있다.

미국 연방헌법은 제1조에서 "양원 의원은 반역죄, 중죄 및 치안 방해죄를 제외하고 언제나 회의에 출석 중이거나 그 왕복 도중에 체포되지 않는 특권이 있다."며 면책특권을 규정하고 있다. 그러나 미국 연방대법원은 1970년대 이후 입법적 행위에 대해서만 면책특권을 인정하는 등 실제 적용은 매우 엄격하다. 또 독일기본법(독일은 헌법이라고 칭하지 않고, 기본법이라고 칭한다. - 저자 주)에도 "국회 내의 행위라고 하더라도 명예훼손적인 경우에는 면책되지 않는다."며 면책특권 제한 규정을 두고 있다. 아울러 스웨덴의 경우는 면책특권이라는 제도가 아예 없을뿐더러, 세비 외에는 어떠한 수당도 지급받지 못한다.[81] 그리고 의원은 연방의회나 그 위원회에서 행한 투표·발언을 이유로 어떠한 경우에도 재판상·직무상 소추를 받지 아니하며, 연방의회의 외부에서도 책임을 지지 아니한다. 단, 중상모욕(中傷侮辱)인 경우에는 적용되

---

81) 국회의원 면책특권(시사상식사전, pmg 지식엔진연구소). 2023.08.23. 방문.

지 아니한다(독일기본법 제46조 제1항 단서). 또한 스위스 태생인 장 지글러(Jean Ziegler, 1934~)[82]는 제네바대학과 소르본대학에서 사회학 교수로 재직하다가, 1981년부터 1999년까지 스위스 연방의회에서 사회민주당 의원으로 활동할 때 <왜, 검은돈은 스위스로 몰리는가>를 발표한 뒤 의원으로서의 면책특권을 박탈당하고 조국의 배신자라고 비난받았으며, 연이은 고소·고발은 물론 목숨의 위협까지 받았지만, 진실을 알리겠다는 신념으로 모든 것을 견뎌낸 그는 지금도 생존해 있다.

일본에서는 일명 국회난투사건(1차 1955.7.30. 2차 1956.5.31.~6.1)에서, 난투극이 상해죄·공무집행방해죄로 기소된 적이 있다. 반면 동경고등법원 판결에서는 형사법상 법익침해가 경미하고, 사회통념상 굳이 별개 범죄행위로 인정하지 않는 정도라면 면책된다(동경고등법원판결 1969.12.17. 高刑22권6호. 동경지방법원판결 1966.1.21.下刑8권1호 44항)는 입장을 취하기도 한 바 있다.[83] "의원들의 면책·불체포특권이 너무 과하다. 이러한 특권 폐지를 우리는 100% 찬성한다"고 야당 대표가 2022년 5월, 한 언론 인터뷰에서 한 얘기다. 그러나 야당이 보여준 행태는 정반대다. 오히려 야당 대표 본인부터 검찰의 구속영장을 면할 목적으로 불체포특권을 십분 활용하는 아이러니를 낳았다.

이상에서 우리나라 국회의원의 불체포특권과 면책특권에 대하여 살펴보았다. 이러한 헌법상 특권은 국회가 국민의 대표자로서 성실하게 위임된 권력을 행사하는 데 필요한 건 사실이다. 이러한 전제하에서 이를 삭제하거나 한정하는 헌법의 개정은 자유위임의 국민주권에

---

82) 장 지글러·양영란 역, 《탐욕의 시대》, 갈라파고스, 2008.: 스위스의 사회학자이자 유엔인권이사회 자문위원으로 프랑스 소르본대학 강의는 물론, 스위스 제네바대학에서는 강의와 함께, 제3세계연구소장을 지냈다. 1981년부터 스위스 연방의회 사회민주당 의원직을 맡았고 2000년부터 2008년까지는 유엔 인권위원회 최초로 식량특별조사관으로 활동하면서 전 세계 기아의 실태를 파헤치는 데 총력을 기울였다. 실천적인 사회학자로 유명하며, 사회 구조 속에서 발생하는 빈곤과 불평등 문제에 깊은 관심을 가지고 적극적으로 글을 썼다. 신자유주의를 배척하는 그가 쓴 책으로 우리에게도 잘 알려진 《왜 세계의 절반은 굶주리는가?》 외, 《탐욕의 시대》, 《굶주리는 세계, 어떻게 구할 것인가?》, 《유엔을 말하다》, 《인간의 길을 가다》 등이 있다.

83) 강경근, 앞의 책, 698면. 재인용, 저자 부분 재해석.

도 부합하지 않을까 싶다. 그러나 뭐니 뭐니 해도, 헌법 고유의 취지를 망각한 채 온갖 이권을 가진 마구잡이식 준동은 배격하면서 이러한 부분만은 헌법개정(憲法改正, amendment of constitution)으로 나아가야 한다. 그러나 헌법개정은 난전에서의 상품을 끼우고 빼듯이 해서는 안 된다. 달리 말해 최고의 법인 헌법의 개정은, 성숙된 민주국가에서는 원래의 헌법에 충실해야 한다는 점이다. 근동의 고대 바빌로니아 제6대 왕인 함무라비(BC 1810~1750)는 자신이 만든 법(현존하는 세계 두 번째 법전인 함무라비법전 - 저자 주)을 후세에 개정하지 못하게 하였고, 지중해의 패권을 잡았던 고대 스파르타는 그들의 법을 약 800년간 개정하지 않고 존속시켰다는 점을 아는 이가 거의 전무한 실정이나, 이를 상기할 필요가 요청되는 시점이다. 그만큼 신중을 기해야 하는 법 중에서도 누더기가 되어서는 아니 될 '최고의 법'이다. 만약에 우리나라가 헌법을 개정한다면 헌법의 본질을 망각한 채, 온갖 이익단체가 마구잡이로 넣고 빼는 세력이 준동할 것으로 예측된다. 하위법률로도 규율할 수 있는 것도, 헌법의 본질을 무시하거나 모른 채 시쳇말로 온갖 똥파리(?)가 사익을 위해 개입하려 들 것임에, 심히 우려스럽기 때문이다.

또한 우리 헌법에서의 헌법개정권력은 국회와 국민으로, 헌법 개정안에 대한 국회의 의결 및 국민투표에 의한 헌법개정의 확정이라는 2단계로 구성돼 있다(헌법 제130조). 헌법의 개정 절차가 일반 법률의 개정 절차(헌법 제46조)보다 까다롭게 규정돼 있는 경성헌법이기 때문이다. 제헌의회 이후 지금까지 체포동의안은 총 72건(21대 '이재명'건 포함)이 제출됐으나, 그중 18건만 가결됐다.

그만큼 제 식구 감싸기로 인한 행태가 만연하기에 가결까지는 힘든 사안이다. 이러한 '이익 카르텔'에는 동지도 적도 없다. 따라서 여·야 국회의원들의 적대적공생관계(敵對的共生關係, hostile symbiosis)로 인하여 국민들이 죽어나고 있다. 쌍방 간 서로를 죽이려고 하지만, 실제로는 쌍방 간 적대적 이득을 취하는 경우가 많다는 사실이다. 이러한 '하스텔 신바니오우서스'가 지속되면 어느 국가이든 국민 대부분이 피해자가 된다는 사실이다. 냉전 시절의 이 정치적 용어가 최초로 적용된 미국·러시아(옛 소련)을 비롯하여 미국·중국, 이스라엘·중동 간, 그리고 우리나라 특유의 여·야 정치권이 한 예로, 지구촌에서의 적대적 상호의존은 심화되고 있다.

미국의 프랭클린 루스벨트(Franklin Roosevelt, 1882~1945)는 "소모사는 개새끼일 수도 있지, 하지만 그 개새끼는 우리 개새끼야(Somoza may be a son of a bitch, but he's our son of a bitch)" 그리고 독일의 프리드리히 니체(Friedrich Nietzsche, 1944~1900)는 "적과 싸우기 위해 사는 자는 그 적을 살려둘 이해관계가 있다(Wer davon lebt, einen Feind zu bekämpfen, hat ein Interesse daran, daßeram Leben bleib)"라고 했거늘.

성문헌법에 규정된 개정 절차에 의하여 헌법의 일부 조항을 변경하는, 즉 수정하거나 삭제하거나 증보(增補)하는 헌법개정은 일반 법률보다 엄격을 요하기에, 섣불리 쉽게 하는 것은 아니다. 따라서 국회의원 불체포특권은 군부독재나 권위주의 체제에서는 유효할 수 있었을지언정, 민주화가 공고화된 현 상황에서는 의원 개인 비리의 방패막이가 되는 소위 '방탄국회'로 연결되고 있음이 문제를 더한다. 따라서 헌법상의 불체포특권을, 헌법 조문상(條文上) 한계를 고려하면서, 국회법에 따른 절차를 통해 제한할 필요가 있다. 또한 '여·야 만장일치의 결의'로도 가능할 것이다.

물 건너간 사안이지만, 국회의원이 스스로 불체포특권을 포기할 수 있는 제도를 담은 '국회법 일부개정법률안'을 대표 발의한 내용을 보자. 구속영장의 대상이 된 의원이 영장의 집행을 위하여 심문의 결과가 나오기 전까지 임시회 집회가 이루어지지 않도록 국회의장과 나머지 국회의원들에게 요청할 수 있는 내용이다. 불체포특권은 과거 군사독재 정권 당시 독재로 인한 탄압에 맞서는 의정활동 보장을 위한 제도로,

국회의원 개인을 위한 특권이 아닌 헌법상 제도임이 분명하다. 그 취지와 달리 국회의원 개인의 비리 방탄용으로 계속 악용되기 때문에 문제다. 온 국민이 법치주의와 법 앞의 평등이 확립된 상황에서, 이들에게만 예외적으로 불체포특권을 인정하는 것은 시대착오적이다.

불체포특권의 폐지를 위해서는 헌법을 개정해야 하기에 현실적으로 개헌이 되지 않고는 어려운 게 사실이다. 그러나 현행헌법하에서 국회의원 스스로가 불체포특권을 포기할 수 있는 제도를 마련(2023.7.14.자 조혜진 등 10명)한 적이 있으나 불발됐다. 헌법 제44조에 따른 국회의원의 불체포특권은 집행권의 남용으로 인한 부당한 체포나 구금으로부터 국회의원을 보호하기 위한 제도이나, 법치주의와 사법권의 독립이 확립한 상황에서 이러한 특권을 국회의원에게 예외적으로 인정하기 어렵다.

그런데 현행헌법에 따르면 국회의원이 회기가 아닌 기간에 영장실질심사에 응하려고 하여도, 국회 재적의원 1/4 이상이 임시회 집회를 요구하면 회기가 시작하기 때문에 회기가 개시되는 것을 법적으로 차단할 수 있는 제도를 마련하는 것마저 힘든 상황이다. 즉 국회의원이 회기가 아닌 기간에 영장실질심사에 응할 수 없는 구조적 문제가 있다. 이러한 문제를 해결하기 위해 임시회 집회가 이루어지지 않기를 다른 국회의원들에게 요청할 수 있는 절차를 국회법에 둠으로써, 국회의원이 회기 중 의정활동을 보장하는 동시에 현행헌법하에서 가능한 범위로 국회의원 스스로 불체포특권을 포기할 수 있는 제도를 신설하여 국회에 대한 국민의 신뢰를 제고하려는 것이었다(안 제26조의2 신설).[84]

---

84) 변호사 김종민은 불체포특권에 있어 "명백한 개인 비리와 권력형 부패는 체포동의안 대상에서 제외해야 한다"며 "수십 년째 내려오고 있는 무기명투표 방식을 기명투표로 바꾸는 방안을 적극 검토해야 한다"면서 "미국의 의회 윤리위원회, 영국의 의회 윤리감사관, 프랑스의 의회사무국처럼 국회의원 체포의 적절성을 심사하는 기구를 설치하는 것도 대안이 될 수 있다"고 했다. 또한 고려대 법학전문대학원 교수 장영수는 "총선을 앞두고 있는데 당 수뇌부가 공천권을 가지고 있다면 기명으로 표결한다고 해서 쉽게 해결되는 문제는 아니다"는 회의적인 입장에 이어 "불체포특권 자체보다는 국회가 오남용하는 것이 문제"라며 "국회 윤리특별위원회 등을 활용하는 등 국회 내부의 자정 노력이 필요하다"고 덧붙였다. 서울일보, 2023.05.29·07.17. 참조.

제3부
특권을 방관하는 국민도 문제

제13장

의원 숫자 줄이기는 요원한가?

이탈리아는 의원 숫자를 3분의 1 이상 줄이는 의회 개혁에 성공했다. 비대한 의회의 비효율을 줄여야 한다며 상·하원 의원들이 자발적으로 뜻을 모았고, 국민투표에서 약 70%의 동의를 얻어 이를 확정됐다. 의원 감축안에 대한 국민투표 결과 찬성 69.4%, 반대 30.4%로 집계됐다. 이에 따라 상·하원 의원 숫자가 각 36%씩 줄어들게 됐다. 상원은 315명에서 200명으로, 하원은 630명에서 400명으로 줄어든다. 2023년 치러질 다음 총선부터 적용된다. 따라서 5년간의 의회 임기 동안 세비(歲費)를 중심으로 모두 5억 유로(약 6,850억 원)의 세금을 아낄 수 있게 된다. 의회 스스로 의원 숫자를 줄이는 개혁을 이뤄낸 건 전례가 드물다.

의원 숫자를 줄이는 것은 '헌법개정사안'이라는 이탈리아 헌법재판소의 유권해석에 따른 국민투표로, 코로나-19사태에도 불구하고 투표율이 54%에 달했다. 의회 개혁에 대한 이탈리아인의 열망이 그만큼 컸다는 뜻이다. '역사적인 성취'라고 자찬한 의원내각제인 이탈리아가 의회 개혁에 나선 이유는 의회가 비대해서 생기는 병폐가 '이탈리아병(病)'의 시발점이라는 지적이 오래전부터 쏟아졌기 때문이다. 이탈리아는 1948년 개헌으로 현재의 의회 체제를 마련했다. 2차 대전 전범(戰犯)인 베니토 무솔리니 같은 독재자가 다시는 나오지 못하도록 입법부 견제 기능을 강화하자는 차원에서 '큰 의회'를 지향했다.

경제협력개발기구(OECD) 회원국의 국민 10만 명당 국회의원 숫자(상·하원 합계)를 보면 이탈리아가 1.56명으로 독일(0.8명), 스페인(1.32

명), 프랑스(1.42명)보다 많다. 또 이탈리아에서는 의회 기능을 강화한다는 차원에서 상원과 하원이 동일한 입법 권한을 갖는다는 특징이 있다. 대부분의 의원내각제 국가가 하원 중심으로 운영하고 상원은 보조적인 기능을 하는 것과 달리 이탈리아에는 실질적으로 하원이 2개 있는 셈이다. 이를 '완전 양원제'라 한다.[1]

이를 혹자는 관료주의(官僚主義, bureaucracy), 후견주의(後見主義, Guardianship of guardianship), 뇌물국가(賂物國家, Tangentopoli)로 대변되던 마피아와의 결탁 등 온갖 비리가 다 모인 당시, 이탈리아 정치는 그야말로 정치병동(政治病棟)이었다고 한다. 물론 이탈리아 정치가 이 지경까지 이른 데에는 시민권 행사를 게을리한 유권자들의 책임도 컸다. 맞는 말이다.

국민(國民)이어야 하지, 궁민(窮民)이어서는 안 된다. 새경(노동의 대가인 사경(私耕)이 새경으로 변한 품삯을 말함- 저자 주)은 누가 주나? 국민인 민중이 국회의원에게 준다. 그런데도 국민이 '고등사기꾼집단'인 이들에게서 받는 꼴과 같다. 우리나라가 산업화 이전 농업을 중시하던 시대에는, 한 해 농사가 끝나고 새경 계산이 끝나면 이듬해의 '새경 인상안'을 놓고 머슴과 고용주인 지주가 서로 협상을 벌이기도 하였다. 그러다가 만약 협상이 결렬되면, 머슴은 다른 고용주의 '스카우트' 제의에 응하여 짐보따리를 싸는 일도 더러 있었다. 이와 대비되는 현실은 고용주인 국민을 벙어리로 만들었다.

✍ 의석수 줄이기와 늘리기

현재 국회 의석수는 지역구 253석·비례대표 47석으로 총 300석이

---

1) 조선일보, "'伊 의석 '3분의 1' 없앤다-이탈리아 국회의원 감축안, 70% 찬성으로 국민투표 통과' 2020.09.23.

다. 제헌국회 때 200석으로 출발하여 증감을 반복하다가, 1988년 13대 국회의원 선거 때 299명(지역구 224석·비례대표 75석)까지 늘었다. 1명만 선출하는 소선거구제로 바뀐 것도 이 시점이다. 정치쇄신 차원에서 의석수 축소가 이뤄진 것은 2000년 제16대에서다. 1997년 외환위기후 사회 전반에 구조조정의 필요성이 제기되면서 국회의원 정원도 감축해야 한다는 여론이 거셌던 탓이다. 16대를 빼고는 13대부터 19대까지 299명이었다. 즉 15대 때의 299석은 16대에 273명(지역구 227명, 비례대표 46명)으로 줄었다. 지역구로만 26석이 감소한 수치다. 다시 경제위기 극복 후인 17대 선거 때 299석으로 회복됐다.

역시 중요한 것은 2001년 헌법재판소는 "기존의 전국구 제도(1인 1표제)가 국민의 선택권을 무시한 것으로, 민주주의 원리에 부합하지 않는다. 직접선거와 평등선거의 원칙에도 위배된다"고 위헌결정을 하였다(헌법재판소 2001.7.19. 선고, 2000헌마91, 112, 134(병합) 결정)는 점이다. 이로써 통과된 1인2표제의 도입 효과는 유권자가 정당과 후보자에게 각각 투표함으로써 유권자에겐 선택의 폭이 넓어졌으며, 평등선거와 직접선거의 원칙에 더 충실해졌고, 군소정당 및 진보정당의 의회 진출 가능성이 높아졌다.

이때부터 유권자는 의원과 정당에 각각 1표씩 행사할 수 있게 되었고, 이 판결로 소수당에는 기회가 돼, 의석수 하나 없던 민주노동당이 단번에 10석을 거머쥔 때가 바로, 2004년 17대 국회 때였다. 국회 정치개혁특위 위원장은 "비례대표 의원 수를 현재보다 더 늘려야한다는 것은 분명하다면서, 특위가 내놓은 3개 안 중 2개도 의석을 350석으로 50석 늘리자고 했다. 정치개혁을 하겠다더니 자기 밥그릇부터 늘리려 한다. 정치 싸움과 입법 폭주, 비리 의원 방탄과 의원 특권 지키기에 몰두하면서 이런 말이 나오나. "당시 인구비례로 남한의 인구가 3분의 2를 차지했기 때문에 200석은 선거를 하고, 나머지 100석은 북한을 위해 남겨뒀다. 인젠가 북한이 민주적인 선거를 통해 동참하면 통일 국회가 되지 않겠느냐는 생각에서였다"고 증언하고 있다.

정부 수립 문제가 표류하자 미국은 1947년 유엔 총회에 한국의 독립 문제를 정식 의제로 상정했다. 이에 유엔은 "국제연합 임시위원단의 감시하에 남북한 총선거를 실시한다"는 안을 통과시켰다. 하지만 한국을 방문한 임시위원단은 소련의 거부로 북한에 입국하지 못했고, 결국 남한 지역에서만 총선을 실시하는 내용의 결의안을 채택했다. 위원단은 애초 남북한을 인구비례로 나눠 300석의 국회의원을 선출하려고 했으나, 북한지역 선거가 불가능해지면서 남한의 200석에 대한 선거만 추진했다. 남북통일은 이뤄지지 않았으나, 대한민국 국회는 300석 고지를 밟았다. 2012년 19대 총선부터다.

헌법은 "국회의원의 수는 법률로 정하되, 200인 이상으로 한다(제41조)."고 규정하고 있다. 이에 대해 헌법학자인 성낙인은 칼럼에서 "헌법상 200인 이상의 의미는 300명 이상 무한대로 증원할 수 있다는 의미라기보다 200명대를 의미한다. 그 의미를 넘기 어려우니까 최대치인 299명으로 눈속임을 해 왔다. 제18대 국회가 의원 숫자의 마지노선을 무너뜨렸다"고 지적했다.

국회는 "중앙선거관리위원회가 300석을 먼저 권고했다"고 주장한다. 하지만 선관위는 "20대 국회에서는 299석으로 환원한다는 단서조항을 반드시 넣어야 한다"는 게 전제였다고 반박한다. 하지만 여야는 이마저 뺀 채 선거법을 통과시켰다. 지역구 1석을 억지로 늘리면서 선거구의 모습도 기형적으로 변했다. "지역구 간 인구비는 3대 1을 넘어선 안 된다"는 헌법재판소 결정에 맞추면서 현역 의원의 지역구는 유지하려다 보니, 과거에 없던 이상한 지역구들이 생겨났다. 예컨대 경기도 용인시 기흥구 동백동에 사는 주민은 기흥구에 살면서도 처인구에 출마한 국회의원에게 투표해야 하는 일이 생겼다. 인구비를 맞추려고 동네 하나를 옆 구(區)에 떼어 붙인 것이다. 사상 최악의 게리맨더링

(gerrymandering, 특정 정당이나 후보에게 유리하게 선거구를 자의적으로 나누는 방식)이라는 평가까지 나왔다.[2]

이러한 행태에 국민은 다음과 같이 조롱과 반박을 한다. 특권은 내려놓지 않고 '정치 카르텔'의 손쉬운 단합으로 인한 의원 증원을 반대한다. 비례성 강화라면 지역구 50명 줄이고, 비례대표 50명 늘리면 충분하다. 민의보다는 이익집단으로 특권만 누리는 모리배(謀利輩)나 장사치에 불과한 짓거리라고 쏘아붙인다.

인구 3억 3,700만 명인 미국 상·하원 525명으로 원만한 협치로 운영하고 있다. 우리나라 인구 5천100만 명에 의원 300명으로 맨날 갈등과 분열을 일삼는데, 200명으로 줄이거나 대폭 확대하는 방법도 있다. 국토 면적 24만㎢에 6,800만 명의 영국, 50만 제곱미터에 6,500만 명의 프랑스, 35만㎢에 8,300만 명의 독일 등 선진국들이 보통 국회의원 5백 명 내외인 것을 볼 때, 우리는 국토가 이들 국가보다 절반 이하이고 인구가 70% 수준으로, 10만 제곱미터에 5,100만 명에 의원 수 300명이 많지도 않고 적지도 않고 적절해 보인다는 반응도 없는 게 아니다. 그러면 봉사자 외는 진입을 못하게 하는 방안은 없는지 보자.

✒ 의원 수를 확대해 희소가치를 낮추는 방법도

아예 정원을 확 늘려서, 귀족 행세가 불가능하게 일반직장인화(一般職長人化)하는 방법이다. 꿀물이 잘잘 흐르기 때문에, 잘난 자는 현재의 좋은 직업마저 버리고 국회의원이 되려고 기를 쓴다. 우리 사회를 병들게 하는 '갈등'은 모두 자리를 하나 차지하면, 거기에 따른 특권과 권력 때문에 생긴다. 이러한 자들은 소는 누가 키우던, 국민이 굶주려

---

2) [뉴스 클립] Special Knowledge <443> 국회 의석수 변천사|작성자 bindol

도 안중에도 없다. 따라서 인원을 대폭 늘려서 대단한 자리가 아니라는 인식을, 의원은 물론 유권자에게도 심어줄 수 있다. 흔하다 보면 별로 귀한 줄 모르기 마련이다. 유권자 한 명의 무게가 한국보다 두 배라는 영국 하원 의원은 650명으로 인구 11만 명당, 우리는 17만 명당 1명(단원제 채택 OECD 국가 평균 5.7만 명으로 우리의 1/3 수준)꼴이다. 이 수치는 미국(70만 명당), 콜롬비아, 일본(27만 명당)에 이어 OECD 국가 중 4위를 차지한다. 다음으로 대만, 독일, 호주가 있다.

OECD 평균이면 우리나라는 475명꼴이나, 차제에 현재보다 3~4배가 많은 900~1,200명 선으로 하여 특권과 특혜를 누그러뜨려야 한다. 한 예로 출세의 상징이었던 변호사도 많아지다 보니, 이제는 지위가 과거와 같지 않다. 국회의원이나 의사 등 특권층 직업을 일반 직업처럼 숫자를 늘리면 된다.

2020년 국회입법조사처가 펴낸 '국회의원 선거제도 개편 논의와 대안의 모색' 보고서에서 "의원 수는 총인구가 2천만 명 수준이던 제4대 국회 때 233명이었다. (하략)"며, "OECD(경제협력개발기구) 38개국 기준 한국은 일본과 함께 의원 수가 가장 적은 국가"라고 밝혔다.

회원국 평균 의원 1인당 인구수는 10만 명 안팎으로, 이 기준이라면 의원 수가 약 500명대까진 늘어나게 된다. 500명대가 아니라 1,000명대, 그 이상으로 증원하여 의원 1명이 가지는 감시·견제·입법 권한을 분산하면서, 소수의 의원이 행사해 온 특권을 깨뜨릴 수도 있다. 여기서 예산 문제는 증액할 필요도 없이, 현재 300명이 취하는 예산만을 가지고 증원된 수에다 균분(均分)하면 간단하다. 예컨대 1,200명으로 증원한다고 보자. 이러할 경우도 의원 1인당 국민의 평균임금을 넘는 수치다. 여기에다 국민이 가지는 정서와 상식에 반하는 그들만의 특권을 과감하게 줄이면서, 국가와 민족을 위한 봉사 정신으로 똘똘 뭉친 자만 국회에 입성하게 하는 것이다. 자연스럽게 불필요한 특권이 내려지게 됨으로써, 한몫 챙기려는 정치 건달을 없애고 국민경제에도 도움이 되면서 정치혐오증마저 없어질 수 있다.

선민의식에 찬, 이 자들을 너무 대단하게 보는 국민의 시선도 문제이기에, 숫자를 늘려서 국회의원을 변호사처럼 일반 직업화하고, 각종 금전적 혜택을 줄이고, 200여 개라는 특권과 특혜를 없애면 된다. 국회의원들이 받는 금전적 혜택, 보좌진 숫자 등을 비롯해 모든 혜택을 현재의 반으로 줄이더라도 혈세가 늘지 않는 방법도 찾아야 한다. 불체포특권을 비롯해 각종 특권과 특혜를 모두 박탈하면, 그 자리가 대단한 권력자라는 착각을 자신과 국민은 하지 않게 된다.

영국 하원 의원처럼 열악한 환경에서도 특권과 별다른 혜택도 없이 열심히 일하는 환경으로 만들어야 한다. 정말 국가와 국민을 위해 봉사하겠다는 사람만 정치인이 되게 하자. 탐욕에 찬 이 자들이 향후 대한민국을 망칠 군상(群像)이다. 개인의 입신양명이나 출세를 위해서가 아니라, 사명감이 충만한 사람들만 국회의원이 되는 사회 말이다. 그러면 정치 후진국에서 벗어날 수 있을 것이다.

지난 21대 총선거에서 민주당 등 야권은 독일을 본뜬 '준연동형 비례대표제'를 일방적으로 밀어붙였다. 의원 수를 100명 가까이 늘리자고도 했다. 여야가 앞다퉈 비례 위성정당을 만들면서 선거제도는 누더기 야바위판이 됐다. 그걸 바로잡자고 선거법을 개정하는데 또 의원 수를 늘리고 연동형 비례대표도 검토하자고 한다. 염치가 없다. 윤석열 대통령이 중대선거구제 도입을 제안한 이후 국회에선 '초당적 정치개혁의원 모임'이 발족해 논의에 나섰다. 그러나 말만 무성했을 뿐, 뒤에선 의원 수나 증원할 궁리만 하고 있었다. 국민의힘 지도부는 "의원 증원은 없다"고 했지만, 야권이 숫자로 밀어붙일 가능성이 있으나, 앞서 본 바와 같이 '증원에 대한 예산 증액은 없는 범위 내'에서다.

북유럽국가 의원들은 2명이 비서 1명과 일한다. 한국 국회는 북유럽 의회보다 얼마나 더 많은 일을 하나. 여야는 마치 원수처럼 싸우다가도 세비나 예신을 편성할 때는 의기투합한다. 이런 의원들이 스스로 보좌진을 줄이고 특권을 포기하는 결정을 내리는 모습은 절대로 볼 수 없을 것이라고 국민들은 진단한다. 이제 이웃 아저씨처럼 행동하는 정신이 똑바로 박힌 나라들을 보자.

✒ 의석수를 줄인 국가

최근 국회의원 수를 줄인 사례는 이탈리아, 독일, 엘살바도르 등에서 찾아볼 수 있다. 국가의 정치적 상황이나 체제에 따라 원인도 다양하다. 남미의 엘살바도르는 의회 의석수를 84석에서 60석, 28.5%를 줄이는 법안 개정안을 발표했다. 개정안은 내년 2월 대선과 함께 치러지는 총선부터 적용될 예정이다. 14개 주로 구성된 인구 680만 명의 엘살바도르는 주별 인구비례로 지역구 의원을 선출한다. 개정안 추진엔 '갱단과의 전쟁'으로 지지율이 90%에 달하는 나이브 부켈레 대통령의 강력한 의지 속에 의원정수를 30% 가까이 줄였다.

개정안은 2024년 2월 4일, 대선과 함께 치러지는 총선부터 적용된다. 또 개정된 법안에 따라 현재 262명인 지방자치단체장도 44명으로 대폭 제한된다. 의원당 1명의 부의원을 두고 있다는 특징이 있다. 부의원 역할은 의원의 유고, 사직, 선거 무효, 임시 허가, 참석 불가 등 유사 시 '직무 대행'이다.[3] 표면적인 이유는 인구 대비 많은 의원 수를 조정하고 국가지출을 줄인다는 것이다. 인구 10만 명당 의원 수는 1.3명으로 비교적 많은 편이긴 하나, 장기 집권을 꿈꾸는 대통령이 의석수를 줄이면서 여당에 유리하게 선거구를 개편해 권력 기반을 강화하기 위함이라는 분석도 있다.

독일도 선거법 개정안이 통과돼 차기 선거부터 적용된다. 독일 인구

---

3) 문화일보, "'의원 수 84명도 너무 많다', 의석수 60석으로 '확' 줄인 이 나라", 2023.06.09.

는 2021년 기준 8,320만 명으로, 나라 규모에 비해 의원 수가 너무 많다는 이유다. 2025년 선거부터는 초과·조정 의석은 폐지되고, 비례대표 의석수는 정당 득표율로만 배분된다.

이탈리아는 2020년 헌법개정으로 치러진 2022년 선거에서는 '줄어든 의원들'이 뽑혔다. 1983년 이래 총 7차례 의원 수 감축 시도가 있었지만, 번번이 좌절됐던 역사가 있다. 2016년엔 상원의원을 100명으로 줄이는 개헌안이 국민투표에 부쳐 59%의 반대로 부결됐다. 4년 후 정반대 결과가 나타난 계기 중 하나는 코로나19 대유행으로 꼽는다. 이탈리아인들이 국가적 위기 속 나타난 정치지도자들의 무능하고 부패한 행태를 정치구조적 문제로 인식하게 됐고, 변화를 요구한 여론이 반영됐다는 것이다.[4]

미국 헌법의 제정은 위대한 목적의 수행이자, 자유주의·공화주의·민주주의의 결정체였다. 여기에는 미국 '도서관의 아버지(Father of Library)'이자 '헌법의 아버지(Father of the Constitution)'인 제임스 매디슨(James Madison, 1751~1836)[5]이 있었다. 버지니아 비준회의에서 패트릭 헨리(Patrick Henry, 1736~1799)[6]가 이끄는 반연방주의자에 맞선 그는 "입법·행정·사법의 권한을 똑같은 자들이 갖게 되는 것은 폭정으로 향할 수밖에 없다. 한 명이든 몇 명이든 아니면 여러 명이든, 그리고 그들이 그것을 세습으로 혹은 스스로 임명함으로써 혹은 선거에 의해 선출되어 가졌더라도 그것은 결국 폭정일 뿐이다(1788, 연방주의자 논집 47편 중)"고 했다. 공화국이 필요로 하는 헌법적 특성에서 반연방주의자는

---

4) THE FACT, "'무능-부패'해 36% 잘랐다…국회의원 정수 줄인 나라들", 2023.06.21. 2023.08.25. 등.

5) 버지니아 출신의 제4대 대통령이다. 대영제국에 선뜻 전쟁을 불사했으며, 단신이자 목소리도 작고 수줍음을 타는 성격이었지만 85세까지 장수했다. 미영전쟁에서 승리한 그는 헌법을 위반하지 않은 대통령으로 추방받는 '건국의 아버지'이기도 하다. 거대한 농장의 주인이면서도 노예제에는 반대한 진보적이었다.

6) 영국과의 독립전쟁 전 "나에게 자유를 달라, 아니면 죽음을 달라!(Give me liberty, or give me death!)"는 말로 유명한, 그는 독립전쟁 당시 버지니아군의 사령관이자 초대 버지니아 주지사로서 건국의 아버지 중 한 명에 속한다. 헌법 제정에 있어 연방주의지가 승리하고 반연방주의자가 패배했으나, 후자도 미국 건국의 아버지라고 칭해도 무리가 없을 듯하다. 양자 다 끝내는 정부의 목적에서 개인의 권리 보호로, 이를 위한 최선책이 공화주의를 지향했기 때문이다.

동질성, 연방주의자는 다양성이라는 논거였다.

패트릭 헨리의 기나긴 반대에도 불구하고, 제임스 매디슨의 활약에 큰 힘을 받은 끝에 연방주의자의 승리로 독립군 총사령관이었던 조지 워싱턴(George Washington, 1732~1799)[7]을 수반으로 하는 연방정부가 1789년, 혈연에 따른 세습이 아닌 임기가 정해져 있는 세계 최초의 국가 원수가 탄생하게 되었다. 그의 취임사의 말미는 백미일 수밖에 없다. 즉 "조국의 부름을 처음 받았을 때, 이 나라의 자유를 위한 투쟁의 불빛 앞에서 나는 나의 의무를 생각했습니다. 그 불빛은 나에게 어떤 금전적인 보상도 바라지 말 것을 요구하였습니다. 이에 나의 개인적 보수는 사절하겠습니다. 업무상 따르는 비용도 공익을 위해 꼭 필요한 실질 경비로 한정해 주시기 바랍니다" 또한 재선에 나서지 않은 그는 임기 6개월을 남겨둔 시점에서 "조국에 대한 고마움과 수 세대에 걸친 선조들과 이 땅에 뜨거운 애정을 느끼면서, 나는 은퇴 후에 누리고자 스스로 다짐했던 생활을 즐거운 마음으로 기대해 봅니다"란 고별사에서 부정의와 탐욕에 찬 우리나라 기득권 세력들은 되새겨 볼 필요성이 있다.

✒ 3권분립에 반하는 여의도 출장소와 미국의 대안

그러면 또 국내 상황으로 돌아와 보자. 서울특별시 교육감을 지낸 곽노현은 '세상을 바꾸는 시민언론 민들레'[8]에서 "의원 세비부터 절반으로 줄이자"는 슬로건에 찬동하며 다음과 같이 주장한다. 2023년 현재 4인 가구 중위소득은 월 540만 원(연 6,480만 원)이고, 그 2배는 1억

---

7) 독립전쟁의 승리 이면에는 그 당시 에스파냐와 프랑스의 지원도 있었다.
8) 세상을 바꾸는 시민언론 민들레. "[곽노현의 정치 새판] 추첨시민의회에서 의원 세비 정하게 하자". 2023.04.24. 참조. 그의 주된 주장에 따르나, 필자가 선호하는 문맥 순화와 함께 의견을 첨언(添言)한 경우도 있음을 밝힌다.

2,960만 원이다. 2023년 현재 국회의원 세비는 1억 5,426만 원이다. 이것을 중위소득의 2배로 줄인다면 지금 받는 세비의 84%가 된다. 이러면 16%를 줄이는 셈이다. 하나를 더 보탠다면 국회의원 세비 중 비과세 대상을 최대한 줄이는 것이 필요하다. 시민의회는 그 밖에도 향후 조정 작업을 맡길 독립전문위원회 설립을 권고할 가능성이 높고, 4인 가구 중위소득의 2배가 적정하다고 본다. 국회의원의 세비는 세계 최고 수준으로, 이는 정치지망생이 많은 이유이자 국회의원만 보면 짜증이 난다고 토로하는 국민이 많은 이유다.[9] 국민의 원성과 요구가 하늘에 닿지만, 지금까지도 국회의원의 어떤 특권과 특혜를 어떤 수준까지 내려놓겠다고 구체적으로 약속하거나 실천한 정치지도자는 없었다. 국회의원 특권 해소는 거대양당 지도자나 국회의원들의 양식과 자율에 맡겨서는 안 된다는 결론이다.

국회가 국민의 대표기관이라고 우쭐거리지만, '가장 신뢰받지 못하는 못된 공공기관'이나 '여의도 출장소'로 전락한 지 오래다. 실은 의원 세비와 정치후원금, 선거구와 투표 방식 등 국회의원의 개인적 이해관계가 걸린 입법 사안들을 국회의원들이 직접 결정하는 '셀프입법권'이 국회 불신과 정치 혐오를 불러오는 가장 잘못된 특권이자, 가장 먼저 없애야 할 특권이라는 인식이 절실히 요구된다.

우리와는 달리, 이미 구미(歐美) 선진국 중에는 본인 급여에 대한 셀프입법의 문제점을 깊이 인식하고 대안을 마련한 나라가 드물지 않다. 예컨대, 독일은 2014년부터 연방의원 세비를 독일의 공사 부문을 망라한 월평균 임금에 연동시켰다. 결과적으로 연방의원들은 2021년에 처음으로 0.7% 감봉을 경험했다. 코로나 영향으로 2020년에 평균임금이 0.7% 줄었기 때문이다. 영국은 2009년 우리나라의 특활비 소동과 유

---

9) 국민들은 다음과 같이 조롱하고 있다. 즉 쓰레기보다 못한 국회의원들의 행태가 못마땅한 거지요. 아무 생각 없이 쓰레기들을 여의도로 보내고 세상을 한탄하는 악습을 버리지 않고는, 국회의원 정원을 열 명으로 줄여도 아무 소용 없다. 이 자들은 지방의원을 공천하는 특권까지 누린다고 말이다.

사한 의회 경비 스캔들을 겪고 나서 바로 의회표준법을 제정하고, 독립의회표준공사를 출범시켜 의원의 보좌진 인건비와 사무실 유지비 등 직무 수행 비용과 급료와 연금 혜택을 규율한다. 보수를 2015년부터 '공공부문'의 평균임금에 연동시켰다. 영국과 독일은 객관적인 지수에 연동하는 방안으로, 의원 세비 증감을 객관화함으로써 셀프입법 재량에 제동을 걸었다.

선출직 보수책정 문제에 고유한 이해충돌 요소를 인지하고 대응하는 일에서 제일 빠른 나라는 미국연방과 50개 주(state)다. 연방의회는 이미 1789년에 이 문제를 인지하고 수정헌법안을 발의했으나, 여타사정으로 203년이 지나서야 비준된 수정헌법 제27조를 통해 의원 급여 셀프입법권을 제한했다. 상원의원이나 하원의원의 보수를 변경하는 어떠한 법도, 차기 하원 선거까지는 효력이 없다고 수정헌법으로 못 박은 것이다. 입법당사자인 현역 의원에게 보수변경입법을 적용해선 안 된다는 뜻이자, 지나친 보수의 증액을 주도한 의원들을 차기 선거에서 낙선시키라는 뜻이다.

이 수정안은 1992년에야 비준 요건을 갖춰서 발효했으나, 역사적으로는 1789년에 수정헌법인 제1조~제10조와 동시에 발의됐던 최초 수정헌법안의 하나였다. 수정헌법 제27조의 역사는 필라델피아 헌법제정회의에 참석했던 미국 헌법의 아버지들이 의원들의 급여셀프입법의 문제점을 깊이 깨닫고 곧바로 수정헌법안을 제출해서 바로잡으려 했다는 사실을 말해준다. 미국 헌법은 처음부터 의회는 대통령 보수의 책정 권한에 대해서 동일한 제약을 붙였다. 대통령 보수는 예산권을 가진 의회가 정하는 게 당연하지만, "대통령의 보수는 임기 중에 증액하거나 감액할 수 없다"는 규정이 그것이다. 의회는 임기 중 감액으로 현직 대통령의 임무 수행 역량을 떨어뜨려도 안 되지만, 임기 중 증액으로 현직 대통령의 환심을 사도 안 된다는 뜻이다.

미국 건국의 주역이자 헌법을 옹호하는 논설집인 《연방주의자》의 주요 필자인 알렉산더 해밀턴(Alexander Hamilton, 1755~1804)[10]은 '연방주의자 논고'(Federalist Papers) 제73호 논설에서, 그 이유를 '사람에 대한 지원 권한은 사람의 의지에 대한 권한'이기 때문이라고 한마디 문장에 응축했다.

연방의원 세비는 2009년부터 지금까지 변함없이 그대로다. 의회가 2010년 이래로 매년 생계비 인상률에 따른 세비 자동인상안을 부결시켜왔기 때문이다. 그런가 하면 2022년 말, 뉴욕주 의회는 상·하원 의원 세비를 연 11만 달러에서 연 14만 2,000달러로 무려 29%나 단번에 인상하는 셀프 법안을 통과시켜서 공분을 샀다. 뉴욕주지사에게 거부권 행사를 요구하는 사람들이 많았으나, 민주당 의원들이 주도한 예산법안이라 민주당 주지사가 그대로 공포하고 말았다. 다음 선거가 2년 후인 24년 11월에 있는 탓에 유권자의 망각을 기대하고 그렇게 올렸겠지만, 과연 그럴지 지켜볼 일이다. 뉴욕주 헌법도 급여셀프입법에 고유한 이해충돌 요소를 의식하고 통제장치를 마련했지만, 수정헌법 제27조와 달리 '당해 회기'에만 효력이 없다고 규정했기 때문에 억지력이 없다.

펜실베이니아 주의원 보수도 2023년에 7.8%나 인상되었으나, 소비자물가지수에 연동된 결과라서 뉴욕주와는 다르다. 2020년부터 코로나-19로 워낙 많은 돈이 풀려 2022년엔, 인플레가 심했기 때문에 이례적으로 세비 인상 폭이 컸다. 이미 뉴욕주와 펜실베이니아주의 사례를 통해 드러난 것처럼, 미국의 50개 주는 매우 다양한 방법으로 상·하원 의원의 본인급여 셀프입법을 규제한다. 가장 강력한 사례는 이미 1990년에 국민개헌발의권을 행사해서 독립시민보수위원회를 설립하고, 주지사와 주의원 등 모든 주 선출직의 보수와 복지 혜택을

---

10) 알렉산더 해밀턴은 서인도 출신의 법률가이자 정치인, 재정가, 정치사상가였다. 미국 건국의 아버지 중 한 명으로 꼽히며, 1787년 미국 헌법의 제정에 공헌하였다. 초대 대통령 조지 워싱턴 정부에서 재무장관(1789~1795)을 지냈다. 헌법 비준을 위해 제임스 매디슨, 존 제이와 함께 헌법을 옹호하는 논설을 집필했다.

결정해 온 캘리포니아주 사례와 독립위원회의 권고를 국민투표에 붙여 결정하는 애리조나주 사례다. 캘리포니아주 의회와 애리조나주 의회는 의원 세비 결정 권한이 전혀 없다.

위원회의 권한은 주마다 조금씩 다르나, 21개 주는 의원 보수를 이 위원회에서 결정 또는 권고하는 방식으로 의원의 셀프입법을 제약한다. 10개 주(州)는 의원 세비를 특정 직군 공무원 급여(예컨대, 판사나 교사 평균 급여), 가구당 중위소득, 소비자물가지수, 가구당 생계비 등에 연동시켜 결정한다. 예컨대, 매사추세츠주나 알라버마주는 의원 보수를 '가구중위소득'에 연동시키고 2년마다 조정하도록 헌법에 못 박았다. 펜실베이니아주에서는 의원 보수를 소비자물가지수(인플레율)에 따라 조정한다. 플로리다주에서는 의원 보수를 주(州)공무원의 평균 급여 인상률에 따라 조정한다. 주 의원들이 본인의 보수에 대한 셀프입법 권한을 갖지만, 연방수정헌법 제27조처럼 보수 인상 혜택을 차기 의원부터 적용함으로써 현역 의원의 본인 보수 인상 유혹을 억제하는 몇 개 주도 있다.

가장 강력한 캘리포니아주의 독립위원회 사례를 좀 더 알아보자. 1990년 6월에 국민발안 제112호가 국민투표를 통과하면서 설립됐다. 일반시민들이 국민발안권으로 헌법개정에 성공해서 의회의 의원 급여 셀프입법 권한을 박탈했다는 점에서 직접민주주의에 의한 대의민주주의 통제 사례라고 할 수 있다.

캘리포니아시민보수위원회(California Citizens Compensation Commission, CCCC)는 6년 임기에 주지사가 임명하는 7인으로 구성된다. 캘리포니아 헌법에 따라 3인은 특정된 분야의 전문성을 가진 공공부문에서, 2인은 기업 부문에서, 2인은 노동 부문(노동조합)에서 나와야 한다. 다만 전·현직 주의 선출직 기관이나 의원, 직원은 위원이 될 수 없다. 위원회는 캘리포니아주의 주지사부터 주의원에 이르기까지 모든 주 선출직의 보수와 혜택을 결정할 권한을 갖는다. 캘리포니아주에서도 1990년 이전까지는 주 의회가 그 일을 했다. 따라서 국회 셀프입법 권한을 제어할 다양한 장치를 마련해야 한다.[11]

이상에서 국회의원들의 본인 급여에 대한 셀프입법에 내장된 이해충돌 요소를 다른 국가들, 특히 미국의 50개 주(state)들이 어떻게 제도적으로 대응하고 있는지 살펴본바, 이는 비단 의원 세비에만 해당하지 않음을 알 수가 있다. 이미 선거구획정에 대해서는 대부분의 국가가 독립위원회를 구성하고 있다는 점이다. 캘리포니아주는 14인 재획정위원회를 구성하는데, 그중 8명은 일반유권자 중에서 몇 가지 요건을 갖춘 이들을 대상으로 시민배심원을 뽑는 절차에 준해 추첨으로 선발하게 되어 있다.

우리나라에서도 국회의장 직속으로 선거구획정위원회가 구성되어 운영되고 있으나, 국회가 최종승인 권한을 갖기 때문에 위원회의 권고를 그대로 수용한 적은 없었다. 국회의원의 셀프입법 권한을 제어하는 다양하고 혁신적인 제도장치를 마련하는 것이 '의회민주주의의 발전'과 '국회의 신뢰 회복'을 위해 몹시 중요한 이유다. 따라서 '추첨시민의회'가 중요한 수단일 수 있다고 주장한다. 무죄추정의 원칙을 차치하고라도, 구속 등 사유로 직무 수행이 불가한 의원마저 꼬박꼬박 수당을 지급받는 형태는 도를 넘었다. 구속되면 실질적인 의정활동을 못 하기 때문이다.

청년정치인모임을 대표해 줄곧 '정치 개혁'을 외치는 젊은 의원은 2023년 3월, "가구당 평균소득에 맞춰 국민을 닮은 국회의원이 되어야 한다"면서 "세비는 절반으로 줄이자"고 파격 제안했다. 더 나아가 "여야 청년 정치인들이 26일 국회의원의 세비와 정수를 국민이 참여하는 제3기구를 통해 정해야 한다"고 했다.

초당적 모임인 '정치개혁2050'은 이날 기자회견문에서 "국회의원이

---

11) 세상을 바꾸는 시민언론 민들레, "[곽노현의 정치 새판] 추첨시민의회에서 의원 세비 정하게 하자", 2023.04.24. 참조.

받는 세비는 연 1억 5,000만 원이 넘고, 1인당 국내총생산(GDP) 수준을 기준으로 보면 세계 최고 수준"이며 "우리 국회가 의원들이 받는 세비의 절반만큼이라도, 누리는 기득권과 특혜의 반의반만큼이라도 생산성이 있었다면 정치에 대한 국민의 신뢰가 이렇게까지 바닥을 치지는 않았을 것"이라면서 "얼마 전 국회 정치개혁특별위원회(정개특위) 선거제 개편안 논의 과정에서 의원 정수 확대를 둘러싼 논쟁이 있었지만, 국민은 국회의원이 더 늘어나는 것을 원하지 않는다"고도 했다. 이어 "국민으로서는 지금도 국회에 들어가는 예산이 아깝다는 뜻일 것"이라며 "평소 국회의원이 국민을 위한 일을 잘해서 생산성 있는 국회를 만들었다면, 국민이 국회를 이렇게까지 불신하겠느냐"고 지적했다.

또한 이들은 "선거제도 개편이든, 국회의원 정수와 세비에 관한 문제이든 국민이 국회를 얼마나 불신하고 있는지를 늘 염두에 두고, 국민 눈높이에 맞춰서 논의해야 한다. 국민이 참여하는 '국회의원 보수산정위원회'를 만들어 국회의원 연봉 '셀프 인상' 구조를 근본적으로 바꿔야 한다"고 강조했다. 또 "우리도 국회의원의 특권을 최대한 내려놓고 국회의원들의 이해관계에 대한 사안에 대한 결정권은 국민에게 돌려드려야, 정치에 대한 국민의 불신을 조금이나마 해소할 수 있다"고 덧붙였다.[12]

젊은 여야정치인들의 주장이 옳다. 이게 답이다. 늦었다. 더는 안 된다. 늦어도 너무 늦었다. 국회의원 이 자들의 세비, 마음대로는 더 이상 용인되게 그대로 국민이 놔둬서는 안 될 일이다. 우리나라 1인당 국민총소득보다 약 3.4배나 높다. 이 외에도 각종 지원 예산이 넘쳐난다. 보좌진 급여까지 합하면 의원 1명에게 지원되는 총예산은 연간 약 7

---

12) 중앙일보, "정치개혁2050 의원 세비 1억 5천만 원…국민 참여해 논의해야", 2023.3.26. '정치개혁 2050'은 2050년 대한민국의 미래를 청년이 준비해야 한다는 취지로 붙은 이름이다. 모임에는 더불어민주당 의원 이탄희·전용기와 전 청년최고위원 이동학, 국민의힘 전 청년최고위원 김용태, 전남 순천갑 당협위원장 천하람, 정의당 의원 장혜영 등이 있다.

억 원으로 추산된다. 대도(大盜)인 양상군자(梁上君子)도 이런 양상군자는 없다. 또한 더러는 시험 한번 잘 친 덕에 의지한 라이센스(License-es)로 입성하고는 국회 전용 도서관에 책이 넘쳐도 잘 안 읽는다. 잿밥에만 눈이 멀어서다. 더구나 남아수독오거서(男兒須讀五車書)까지는 기대할 수 없으나 '텅 빈 머리(貧頭)'가 득실거린다.[13]

거저 일하란 것도 아니다. 과한 특권이 문제인 것이다. 그게 국민이 분노하는 게 아니겠는가? 특권 중의 특권, 이들만의 특권은 끝없는 진행형이다. 국민의 소득과 국력 등에 비해, 급여 수준과 각종 의정활동에 대한 지원이 세계 최고임에도 국회에 대한 불신이 너무 크다. 여야가 민생보다는 정쟁에만, 그리고 보신이나 국가와 국민 전체의 이익보다 지역구 예산 챙기기와 더러는 사익에 앞선 나머지 입법부로서의 제기능을 못 하고 있다는 게 대체적인 국민 정서다. 별의별 특권과 특혜를 누리면서도 여의도 샛강의 국회는 당연하게 생각하거나, 국민에게서 탈취한 꽃방석에 앉아 탱자탱자하니, 어떤 특권을 가진 것조차 모르고 있다는 사실에 놓여있다. 이러한 작태가 심화되고 있어 국민은 슬프다.

대한민국에서 최고로 추악하고 파렴치한 범죄집단으로 전락한 지가 언제인가? 아마도 세계에서 이 자들만큼, 욕을 얻어 처먹는 집단도 없을 것이다. 때를 막론한 신뢰도 조사에서도 항상 꼴찌를 면하지 못하는 이들에게 화려한 수사(修辭)가 나올 수 없는 현실이 안타깝다. 이제 이 자들의 악수(惡手)를 '그저 그런 놈들의 짓'이라며 '방관의 지속'은 거두어야 한다. 주인인 국민은 일어서야 한다. 이들의 꼴을 보기 싫다면서도, 방관해서는 안 된다. 욕설만으로 해결될 게 아니다. 국민의 봉기가 필요하다. 이 자들 때문에 우리나라가 추락할 위기에 있다. 국

---

13) 양상군자는 후한서(後漢書)에서 '대들보 위에 있는 군자(君子)'라는 뜻인, 집안에 들어온 도둑을 미화(美化)하여 점잖게 부르는 말이다. '남아수독오거서'는 두보가 안녹산의 난으로 조정에서 물러나 산림에 은거한 백학사(柏學士)의 집을 지나가다가 인품이 높고 독서가 깊은 그를 흠모하여 지은 시로 마지막 연에 나오는 시어에서 따왔다.

민은 더 이상 이 집단의 노예로 살 것은 아니다.

마침 특권폐지국민운동본부(특본)가 출범하자 국민의 환호가 넘쳤다. 온갖 이익을 극소수만이 다 차지하는 특권과 특혜를 없애자는 일종의 시민불복종운동이다. '정치에 대한 혐오증(嫌惡症)'을 발산한 모리배들에게 당하거나 당한 만큼 저항해야만, 정신건강에도 좋을 것이다. 따라서 "당한 것만큼 저항하라!" 이 자들의 노예로만 살 것인가? 당한 것 이상의 저항이 있어야 흉측한 이 자들의 이권 카르텔이 깨지고, 선진 대한민국이 되지 않을까 싶다. 우리 민족은 외세의 침입때나, 탐관오리들에 대한 '저항의 역사'를 갖고 있지 아니한가. 이 자들의 자구(自求) 노력은 없다. 가끔 변죽만 울리는 딴전만 난무할 뿐이다. 더는 안된다는 사명을 갖고 철저한 저항으로서 그들만의 철옹성을 무너뜨려야만, 이 지구상에서 대한민국의 존속과 역사는 이어질 것이다.

이스라엘·팔레스타인 간 전쟁 중, 세계 각지에 흩어진 이스라엘 청년들이 참전을 위한 귀국행렬이 즐비하다. 뉴욕타임스(NYT)에 따르면, 극우 베냐민 네타냐후 총리의 이스라엘 정권에 극렬하게 맞선 반정부인사인 '이얄 나베흐'가 이끄는 '전 이스라엘 예비군 전우회'는 "정부의 '사법쿠데타' 행태가 지속되는 한 모든 종류의 예비군 동원령에 일절 응하지 않겠다"고 선언하기도 했었다. 하지만 2023.11.7. 팔레스타인 무장정파 하마스의 기습 공격으로 이스라엘인 2,000여 명이 사망하는 사태가 벌어지자, 태도를 바꾼 그는 곧바로 "전우회 소속 모든 예비군은 군의 동원에 응하고 동원 의무가 해제된 회원들도 자발적으로 나서라!"는 성명을 내고 참전하고 있다. 우리나라도 6·25전쟁 때는 젊은이들이 그랬었다.[14] 그러나 특정 정부에 대한 반대만 늘어놓는 우리

---

14) facebook.com/jeongjongam. 2013.11.08. 그 당시를 반추하며 내 가족사, 아니 '이 땅에서의 민중의 한 삶'을 소개한다. '내보다 한 세대 앞선 남아의 일생과 전우애'란 제하에 이렇게 썼다. 아침 7시 버스 안에서 아버지에게서 부음을 받는다. "둘째 이모부가 세상을 하직하셨다"고. 아버지와는 1950년대 청년기를 보낸 해병대 전우이자 동서(同壻) 간이다. 벼슬은 없었어도 조국의 전화(戰禍)에서 용하게도 생존하

도 국가의 이러한 위기 상황 앞에서는 어떻게 할까에 대해서는 궁금한 대목이다.

여 귀향했다. 전선에서 다친 응어리로 한 쪽 귀가 어두운 이모부(향년 85세)와 아버지는 지난봄, 내 주선으로 1박 2일을 함께 보냈다. 그게 마지막이 되었음에 안타깝다. 이때 청년기를 보낸 이들은 조국의 부름에 전선으로 향하지 않을 수 없었다. 반면에 소위 빽(?)을 쓰거나, 학문 등을 핑계로 기피한 이가 많았단 사실이다. 생명을 담보한 채, 전장에서 젊음을 불태웠던 이들은 '이름없는 영웅'이다. 전시가 아닌 작금에도 미꾸라지처럼 자신은 물론 자식에게 병역기피를 부추기는 '그릇된 한국판 고관대작'보다 국가와 민족을 위한 영웅이 아니고 무엇인가? 이러고도 역사에 한 페이지를 남기지 못한다. 반면에 전자의 이들은 한 페이지를 남긴다는 게 '공정사회에 반한다는 사실에도 그릇된 애국'이 판친다. 두 분은 60여 년 만에 다시 뭉친 전우인 양, 한 순배 넘치자 주먹을 불끈 쥔 채 '해병가', '북진가', '곤조가'를 불렀다. 자신들이 '대한민국 해병'이었음에 프라이드가 강하셨다. 한 세대 전, 백-그라운드가 없는 집안의 청년으로서, 격동기에 조국을 사수한 이들에게 후세는 얼마나 예우하고 있는가?

제14장

법조 카르텔에 없는 놈은 죽어나는 세상

법조 카르텔에 없는 놈은 죽어나는 세상에 사노니. 우리는 대법원 현관에 서면 '자유·평등·정의'이란 세 단어에 시선이 간다. 얼마나 가슴 뭉클하고 인간의 원초적인 사상을 드러내는 말인가. 복잡다기한 사회인 오늘날의 법 이전에 자연법(自然法)에서 나올 만한 법사상(法思想)인지도 모르겠다. 인간의 마음속에 창조자의 관념을 새겨주고, 인간을 신에게로 인도하는 영국의 존 로크(John Locke, 1632~1704)의 영향을 받은, 프랑스 계몽시대의 정치학자이자 법조인이었던 몽테스키외(Montesquieu, 1689~1755)가 말하는 그 자연법 말이다. 그는 절대군주제를 격렬하게 비판하면서 '자연적'인 기초 위에서 사회개혁의 계획을 세우고, 입헌군주제를 신봉하며 3권분립과 양원제를 주장했었다.

자유(自由, freedom)는 외부의 구속을 배제하면서, 자신의 의지에 따라 선택할 수 있는 권리를 말한다. 아마도 freedom이 아닌, 정치나 법의 영역에서 말하는 'liberty로서의 자유'일 것이다. 평등(平等, equality)은 신분·성별·재산·종족 등에 관계없이 인간의 기본적인 가치는 모두 동등하다는 뜻일 것이고, 정의(正義, justice)는 이성적 존재인 인간이 언제 어디서나 추구하고자 하는 '바르고 곧은 것'을 말할 것이다. 오늘날 정의를 뜻하는 Justice는 Justitia에서 생겨났다. 그러나 글쎄다. '막장 드라마(crazy drama)' 연출에 여념이 없는 부패한 대한민국에서 이렇게도 좋은 말이 통용되고 있는지는 뒤에서 보기로 하고, 쇼킹할 사건 아닌 사건 하나를 보자.

법원(대법원)이나 변호사회관에 가면 여신상 하나를 볼 수 있다. 영국

웨일스 중앙형사법원에 설치된 정의의 여신상(Statue of Justice)과는 조금 다른 모습이나, 그게 바로 정의의 여신상이다. 1886년 미합중국 독립 100주년을 기념으로 프랑스가 선물한, 뉴욕항의 리버티섬에 세 워진 거대한 동상인 자유의 여신상(Statue of Liberty)과는 다르다. 제 우스와 테미스의 딸로 '계절의 여신'들 중 한 명이자, '운명의 여신'들과 는 자매간이기도 한 '정의의 여신(女神)' 디케(Dike)는 정의가 훼손된 곳 에서 재앙을 내린다. 어머니인 계율·이치·절대적 법의 여신인 테미스 는 신들 사이에서 옳고 그름을 관장하는 여신이다. 아버지 제우스 또 한 의로운 자에게는 복을 내리고, 사악한 자에게는 벌을 내린다. 부모 까지 이 정도였으니 얼마나 정의로운 신이겠는가.

법은 단순한 사상이 아니라 생동하는 힘이다. 그러하므로 정의의 여 신상은 대개 한 손에 저울판과 또 다른 손에는 검(劍, 칼)을 쥐고 있다. 여기서 저울은 개인 간의 권리관계에 대한 다툼을 해결하는 것을, 검 은 사회질서를 파괴하는 자에 대하여 제재를 가하는 것을 의미한다. 즉 절제를 모르는 검은 하나의 폭력이며, 반대로 검을 갖지 못한 절제 는 법의 무력(無力)을 뜻한다. 그러함으로써 이 두 가지는 한 쌍을 이루 는 것이다. 따라서 완전한 법의 실현이란 검을 찬 정의의 여신이 검을 사용하는 힘의 저울판을 잘 조정하는 숙련에 의해서만 가능하다. 또 한 선악을 판별하여 벌을 주기에 대개 두 눈을 안대로 가리고 있다. 이 는 정의를 실현하기 위해서는 어느 쪽에도 기울지 않는 공평무사한 자 세를 견지한다는 의미다.[15]

그리스의 법(Dike)과 정의(Dikaion), 로마의 법(Ius)과 정의(Iustitia)의 관계에서 보듯이, 서구에서는 법과 정의의 밀접성을 이해하고 정의 를 인격화시킨 '정의의 여신상'이야말로, 바로 법을 대표하는 상징물 로 여기고 있다. 이 상징물에 대하여 먹칠을 해대지만, 우리나라도 이

---

15) 루돌프 V. 예링·심윤종 역, 권리를 위한 투쟁, 범우사, 1977, 21~22면. 참조.

러함은 마찬가지다. 다음과 같은 미국 헌법(Constitution of the United States) 전문을 본받아서인지도 모르겠다. "우리 미국인들은 보다 완벽한 연방을 형성하고, 정의를 수립하고, 국내의 평온을 지키고 국방을 제공하여 일반 복지를 증진하고, 우리와 자손들에게 자유가 가져오는 혜택을 확보하고자 하는 목적을 가지고, 미국을 위해, 이 헌법을 제정한다(We the People of the United States, in Order to form a more perfect Union, establish Justice, insure domestic Tranquility, provide for the common defense, promote the general Welfare, and secure the Blessings of Liberty to ourselves and our Posterity, do ordain and establish this Constitution for the United States of America.)."

전문에는 미국 헌법이 13개 연방의 주권을 제한하고, 미국이 13개 연방의 연합체가 아니라 그들을 합방한 통일국가임을 선언했다. 또한 국민의 안전과 국방 등 해당 헌법을 제정하는 목적이 열거되어 있다. 법조(法曹) 카르텔과 법조전관범죄(法曹前官犯罪, 전관범죄는 전방위적으로 발생하기에 '법조전관범죄'라고 맞게 칭한다. - 저자 주)를 다루기 위해서는, 이렇게 전술(前述)해야만 이해를 쉽게 할 수 있기 때문이다.

대한민국 곳곳에는 많은 종류의 파렴치한 특권이 존재한다. 법조의 특권과 비리가 국회의원 못지않게 상존한다. 근간 사회적 물의를 일으킨 대형 비리 사건과 관련해 이름이 수차례나 오르내리다가, 결국에는 전 특별검사였던 박영수가 구속됐다. 전관예우가 상존한다는 방증이다. 그는 2016년 12월 박근혜 정부 때, 국정농단사건 특별검사를 맡아 이름을 떨쳐 국민에게 강한 이미지를 각인시켰다. 이 시대의 '정의의 사도'와도 같았다. 당시 의혹의 정점이었던 박근혜 대통령을 조사하지 못했지만, 이듬해 2월까지 70일간 활동하며 역대 특검 중 최고의 성과를 냈다는 평을 받기까지 했다.

그러했던 그는 인기를 얻음과 달리 이미지는 퇴색된 채, 2021년부터 구설에 올랐다. 특검 신분을 유지하며 공소 유지를 진두지휘하던 그는, 그해 7월 가짜 수산업자에게서 포르쉐 렌터카 등을 받은 사실을 시인하고 사의를 밝혀 불명예 퇴진했다. 2022년 11월, 청탁금지법 위반 혐의로 기소돼 2024.1.19. 보석으로 풀려 난 상태에서 재판 중이다. 재판에서 "특검은 청탁금지법상 공직자가 아니다"고 혐의를 부인하였으나, 그는 2021년 9월, '대장동 개발 사업 비리' 의혹과 관련한 '50억 클럽'으로도 도마 위에 올랐다. 김만배가 대주주인 '화천대유 자산관리' 고문을 맡았던 사실이 알려지면서다. 이는 검찰 고위직 출신에 특검까지 한 점을, 최대한 이용해 법률 자문을 하는 등 사업가적인 사익을 추구하다가 문제를 일으켰다는 게 세간의 촌평이다.

변호사법 제1조는 "①변호사는 기본적 인권을 옹호하고 사회정의를 실현함을 사명으로 한다. ②변호사는 그 사명에 따라 성실히 직무를 수행하고 사회질서 유지와 법률제도 개선에 노력하여야 한다."는 '변호사의 사명'을, 또한 제2조에서는 '변호사의 지위'에 대하여 "변호사는 공공성을 지닌 법률전문직으로서 독립하여 자유롭게 그 직무를 수행한다."고 규정하고 있다. 참, 거룩한 법조만의 표현이다. 하지만, 법조전관예우(法曹前官禮遇)는 이제나저제나 변함이 없으니 이 일을 어쩔까나. 대도(大盜)들의 천국이라서 그럴까? 이들의 행각이 불평등을 심화시킨다. 타임머신을 타고 더 거슬러 올라가 보자.

📌 법조의 비리 행태

사반세기(四半世紀) 전의 일이다. 대전의 법원·검찰 직원들이 변호사에게 사건 수임을 알선하고 소개비를 받아왔다는 사실이 언론에 보도되면서 1999년 1월, 법조계 비리가 드러난 대전법조비리사건(大田法曹非理事件) 재판부는 李변호사가 뿌린 돈은 대가성이 없는 것이라며 '뇌물공여죄'가 성립될 수 없다고 뭉개버렸다. 즉 '태산명동 서일필(泰山鳴

動 鼠一匹'이었다. 태산이 세상을 떠들썩하게 요동치더니, 끝내 나온 것은 겨우 쥐 한 마리뿐이라는 말로 빗댔다. 엄청난 일이 벌어질 듯이 거창하게 시작해 크게 기대했으나, 마무리는 미미하기 짝이 없는 용두사미(龍頭蛇尾)로 끝난 정의의 실종이었다. 따라서 국민의 공분을 샀으나, 실망을 안겼다.

언론은 이 사건을 건국 이래 최대의 법조비리로 보도했고, 사건의 와중에 검찰에서는 심재륜 고검장의 항명 파동, 소장 검사들의 연판장 소동, 김태정 검찰총장의 대국민 사과문 발표 등으로 이어진 이른바 검란(檢亂)이 일어났다. 이 사건으로 검사 6명과 판사 2명이 사표를 냈다. 사표를 낸 판·검사들 대부분은 촉망받는 엘리트들이었다. 이들이 검찰과 법원을 떠나며 한 말들과 모습도 언론은 주요 관심사로 다뤘다. 대전 법조비리사건은 현직 판사·검사를 비롯한 검찰과 법원 직원, 경찰관 등 300여 명이 대전지방검찰청 부장검사 출신인 이종X 변호사(사법연수원 6기)에게 사건 수임을 알선하고 소개비를 받아온 것이 소속된 전 사무장의 폭로로 드러난 사건이다.

대전 법조비리의 중심에 있던 李변호사는 대한민국에서 가장 유명한 변호사가 되는 동시에 가장 추한 변호사가 됐다. 언론은 사법개혁의 필요성을 '李변호사 같은 법조인의 존재'에서 찾으려고 했다. 당시 언론에 보도된 李변호사의 모습은 사건 수임을 위해 판·검사들에게 소개비와 향응을 제공하고 브로커를 고용해 사건을 수임하는, 부도덕하고 법조를 타락시키는 존재였다. 검찰은 李변호사를 변호사법 위반 및 뇌물공여죄로 구속·기소했으나 무죄를 선고했다.

비록 1심이기는 하지만, '건국 이후 최대의 법조비리'로 회자된 이 사건에 대해 법원이 "그게 아니다"고 판결했다. 대전MBC가 李변호사 사무실의 전 사무장으로부터 사건수임장부를 입수해 특종 보도하면서 촉발됐다. 입수한 이 장부 632매를 공개하면서 판·검사, 검찰·법원 직원, 경찰관, 교도관 등 200여 명이 李변호사에게 사건 수임을 알선하고, 소개비로 한 건당 20만 원~300만 원씩 받았다고 보도했다. 언론과 여론은 이러한 내용을 골자로 한 검찰 발표에 대해 비판적이었다. 파장에 비해 처벌 수위가 너무 낮아 '국민의 법 감정을 무시한 처사'라는 것이었다.

그러나 이러한 데에는 사실 애초부터 변호사법 위반과 관련해서 李변호사를 처벌할 근거는 없는 거나 마찬가지였다. 즉 변호사법이 1993년 3월 10일 개정되기 이전까지는 단순한 소개비 수수(收受)에 관해서는 처벌 법규가 없었다. 변호사법이 개정되면서 신설(구법 제27조 제1항, 현행법 제34조)[16]됐는데, 이 조항은 변호사에게 사건 수임을 알선한 후 소개비 명목으로 금품 등을 수수하는 행위를 처벌하기 위해 신설된 것이다.

당시 법을 개정하고 이 조항을 신설하면서 소개비 관행은 변호사가 적극적으로 지급하는 것이 아니라, 소개인의 요구로 인해 부득이 지급하게 된다는 법조계의 현실을 감안해 변호사에 대한 처벌 규정은 입법하지 않았다는 것이다. 이 때문에 李변호사가 재판 과정에서 사건 수임 후 소개비 일부를 직간접적으로 지급했음을 시인했는데도, 무죄 판결을 받을 수 있었던 것이다. 따라서 MBC와 李변호사 간에 민·형사상 소송전까지 벌어졌다.

소개비(알선료)는 법조계의 고질적 병폐지만 관행으로 굳어진 지 오

---

16) 제33조(독직행위의 금지) 변호사는 수임하고 있는 사건에 관하여 상대방으로부터 이익을 받거나 이를 요구 또는 약속하여서는 아니 된다. 제34조(변호사가 아닌 자와의 동업 금지 등) ①누구든지 법률사건이나 법률사무의 수임에 관하여 다음 각호의 행위를 하여서는 아니 된다. 1. 사전에 금품·향응 또는 그 밖의 이익을 받거나 받기로 약속하고 당사자 또는 그 밖의 관계인을 특정한 변호사나 그 사무직원에게 소개·알선 또는 유인하는 행위 2. 당사자 또는 그 밖의 관계인을 특정한 변호사나 그 사무직원에게 소개·알선 또는 유인한 후 그 대가로 금품·향응 또는 그 밖의 이익을 받거나 요구하는 행위 ②변호사나 그 사무직원은 법률사건이나 법률사무의 수임에 관하여 소개·알선 또는 유인의 대가로 금품·향응 또는 그 밖의 이익을 제공하거나 제공하기로 약속하여서는 아니 된다. ③변호사나 그 사무직원은 제109조 제1호, 제111조 또는 제112조 제1호에 규정된 자로부터 법률사건이나 법률사무의 수임을 알선받거나 이러한 자에게 자기의 명의를 이용하게 하여서는 아니 된다. ④변호사가 아닌 자는 변호사를 고용하여 법률사무소를 개설·운영하여서는 아니 된다. ⑤변호사가 아닌 자는 변호사가 아니면 할 수 없는 업무를 통하여 보수나 그 밖의 이익을 분배받아서는 아니 된다. [전문개정 2008. 3. 28.]

래된 터이고, 소개비라는 '원죄적 관행의 굴레'에 지나지 않았다.[17] 당시 심재륜 대구고검장은 김태정 검찰총장을 비롯한 검찰 수뇌부를 겨냥해 동반 퇴진할 것을 선언했다. 이후 심재륜은 2002년 사법연수원생 360여 명을 대상으로 '가장 존경하는 국내 법조인'을 설문 조사한 바, 25표를 얻어 1위로 선정되기도 한 웃지 못할 일이 벌어졌다.

그 무렵 또 다른 의정부지역 법조 사건을, 그 당시 한 언론사의 기사를 통해 보자. 판·검사 비리 의혹 사건은 검사들까지 변호사들의 돈이나 향응을 받았다는 보도가 마침내 사실로 확인됐다. 당초 의정부지역 변호사들의 '브로커 고용 비리'가 발단이 된 이번 사건의 파문이 현직 판·검사로까지 비화되면서, 한국의 '법조삼륜(法曹三輪)'이 총체적인 비리에 오염돼 있음을 확인시켜 주었다. 서울지검 의정부지청의 한 검사가 수임 비리로 구속된 이순호 변호사로부터 5백만 원을 빌렸고 또 다른 검사는 술집에서 향응 제공을 받았을 뿐, 다른 비리는 적발되지 않았다고 밝혔다. 의정부지청이 법조브로커를 단속하기 위해 정보를 수집하던 중, 李변호사의 사무장이 경찰서 유치장에 상주하며 구속사건의 70%를 싹쓸이해 간다는 정보를 입수하면서 시작됐다[18]

일명 '이순호 게이트'라고 불리는 이 사건은 1994~1997년 사이 의정부지방법원 주변에서 형사사건을 주로 담당하던 이 변호사가 브로커를 이용해 사건을 대거 수임한 것이 밝혀지면서 시작되어, 결국 검찰과 법원의 조사 결과 판사 15명이 변호사에게서 명절 떡값, 휴가비 등 명목으로 수백만 원씩 받은 것이 드러났던 사건이다. 대법원은 1998년 4월 판사들을 대거 정직 또는 경고 조치하였고, 당시 지방법원장은 관리상의 책임을 지고 사표를 냈다. 이러함은 사반세기가 지난 '선진국 아닌 선진국인 대한민국'에서 지금도 진행형이다. 예전이나 지

---

17) 월간조선, "대전법조비리사건의 李宗基변호사는 왜 1심에서 무죄 선고를 받았나". 2010.6.14. 참조.
18) 문화일보, "<법조 거듭나야 한다(上)> 의정부 사건 진상". 1998.03.07. 참조.

금이나 변함이 없다.[19] 따라서 근간에 벌어진 법조 비리를 보도한 2건에 대한 매체 전문을 보자. 전문을 인용함은 빠른 이해도를 돕기 위해서다.

첫 번째 사건이다. "'호텔 르네상스 제국'을 이뤘던 삼부토건이 무너진 건, 전환사채(轉換社債)를 불법 발행하는 방식의 부실 경영을 하더라도 '서초동 전관'들이 자신들을 구원해 주리라 믿었던 옛 경영진 때문이다." 삼부토건에서 오래 근무했던 한 법무 담당자의 말이다. 삼부토건에서 일했던 관계자들의 말을 종합하면, 삼부토건은 2000년대 초반부터 여상규 자유한국당 의원 등 법조계 출신 인사를 법률고문으로 위촉하기 시작했다. 처음에는 '경기고-서울대 법대'를 나온 창업주 2세 조남욱 전 삼부토건 회장의 인맥 중심으로 위촉이 되었다고 한다. 하지만 2세에서 3세로 경영권이 세습될 무렵인 2000년대 중반부터, 조 전 회장의 동생과 아들 사이에 경영권 분쟁으로 인한 검찰 수사를 받게 되면서, 법조계에서 요직을 지낸 이들로 법률고문(法律顧問) 위촉(委囑)이 확대됐다. 삼부토건 임원을 지낸 한 인사는 "경영권 승계 과정에서 분쟁에 대비하려고 사주 일가가 회삿돈으로, 검찰이나 법원 요직을 지낸 전관 출신들에게 보험을 들기 시작했다"며 "회장과 사주 일가 말 한마디로, '하는 일도 없는 법조계 인사들에게 매달 수백만 원씩의 고문료'가 지급됐다"고 했다.

인사과의 '법률고문 위촉 현황표' 등 삼부토건 내부 문건을 보면, 법률고문 또는 고문 상담역(相談役)을 맡았던 인사 중에는 삼부토건으로부터 사번(社番)까지 부여받고 급여 형태로 고문료를 받은 사실이 삼부토건 '급여 명세'에서 확인됐다. 상당수의 전관법조인(前官法曹人)들이 고

---

19) 저자의 10여 년 전 SNS는 이렇게 전한다. 오후 5시경 서초동 중앙지방법원에 언론사주와의 원고료 소송제기로 인한 보정서를 제출하고 나오니, 너무나 아름다운 만추의 단풍에 취하게 했다. 우리네 삶도 이렇게 아름다우면 얼마나 좋을까만은, 정문을 나오자마자 연세가 엄청 많으신 어르신들이 '관피아 척결', '전관예우 철폐'를 외치며, "산자(生者)여, 따르라!" 구성진 노랫가락 속 시위대와 마주쳤다. 이제나저제나 부정의가 없는 사회는 언제 없어질까? facebook.com/jeongjongam. 2014.11.21. 참조.

문료(顧問料)와 자문료(咨文料)를 받고 민간기업의 법률고문을 맡았다.

삼부토건은 2011년 4월 법정관리를 신청했다가 두 달 뒤 철회했고, 2015년 8월 다시 법정관리를 신청해 2년 뒤인 2017년 10월 법정관리를 졸업했다. 삼부토건 노동자는 거리로 내몰리고, 하청업체는 망해 갔다. 삼부토건은 임금과 하청 대금을 지급할 수 없는 상황에서도 법률고문료를 지급했다. 자금 여력이 있던 자회사 삼부건설공업이나 르네상스호텔(남우관광)에서 법률고문료를 지급하는 편법을 썼다. 경영권 분쟁 과정에서 불거진 고소·고발에 대처하기 위해 별도로 고위 검찰 출신 변호사들을 선임하기도 했다. 정상명 전 검찰총장과 홍만표 전 대검 기조부장, 이인규 전 대검 중수부장 등에게 억대의 수임료를 지급했다. 삼부토건에서 오래 법무 업무를 담당했던 한 관계자는 "여상규 고문은 현직 국회의원이었다. 법무 담당자가 그런 법률고문과 상담해 업무를 처리할 수 있었겠느냐"고 되물으며 "옛 사주 일가가 회삿돈으로 법조계 인사들과 인맥을 쌓은 것뿐이고, 그들이 회사 일을 하는 구조는 아니었다"고 했다.[20]

두 번째 사건을 보자. 자연녹지를 용도변경하고 무려 50미터 옹벽 옆에 건설한 경기도 성남시 백현동 아파트 비리와 관련해, 고검장 출신 변호사와 경찰 서장 출신 변호사를 검찰이 압수수색했다. 검찰은 이들이 수사 무마를 명목으로 금품을 받았다고 보는데, 실제 청탁과 무마가 있었는지도 확인하기로 했다. 백현동개발사업 과정에서 성남시로부터 특혜를 받고, 사업 시행사 등에서 약 480억 원을 횡령·배임한 혐의로 재판 중인 아시아디벨로퍼 대표 정바울 씨. 검찰이 정 씨 수사 과정에서 변호를 맡았던 임정X 변호사와 곽정X 변호사의 주거지를 전격 압수수색했다.

정 씨는 검·경 고위직 출신인 두 사람에게 각각 1억 원과 7억 원대

---

20) 한겨레신문, "[단독] 삼부토건, 직원 임금 못줄 때도, 법조 전관들엔 월급 듯 고문료", 2019.12.13.

선임료를 건넸는데, 이 가운데 일부는 수사기관에 대한 로비 등 비정상적인 명목으로 지급된 것으로 검찰은 의심하고 있다. 임 변호사는 서울고검장과 대검찰청 차장, 법무연수원장 등을 역임했고, 2020년 공수처장 후보 추천위원으로 활동하기도 했다. 곽 변호사는 서울 광진경찰서장, 서울청 지능범죄수사대장을 지냈고 재직 당시 클럽 버닝썬 사건을 수사하기도 했다. 검찰은 앞서 구속된 부동산중개업자 이모 씨가 두 사람을 정 대표에게 소개한 것으로 보고 있다. 이 씨는 지난해 5월부터 백현동 관련 수사를 받던 정 대표에게 접근해, 수사와 구속을 막아준다며 13억여 원을 받아 챙긴 혐의로 지난 20일 재판에 넘겨졌다. 검찰은 압수물을 분석해 실제 수사기관 청탁이 있었는지를 확인할 방침이다. 또 정 씨의 자금이 두 변호사를 통해 로비 명목으로 쓰였는지도 들여다볼 계획이다.[21]

21) kbs. "검·경 고위직 출신 동시 압수수색…'백현동 수사 무마' 금품수수 의혹". 2023. 11. 27.

제15장

전관예우 방지를 위한 제도의 문제점

전관예우 방지를 위한 제도의 문제점과 근절할 방안을 보자. 첫째, 형식적인 법조 윤리교육에 문제가 있다. 과거 사법연수원 시절에도 '법조 윤리(法曹倫理)' 과목이 형식적인 교육에 그친다는 논란이 있었으나, 현재 로스쿨(law school) 제도하에서는 법조 윤리의 교육 자체가 더욱 부실해지고 있다. 법조 윤리 과목은 로스쿨에서 필수과목이지만, 당장 중요한 변호사시험을 대비해야 하는 학생들로서는 솔직히 신경을 쓰지 않고 있는 것이 현실이다. 실례로 법조윤리시험은 관련 법규의 해설과 판례를 중심으로 객관식으로 출제되고, 높게는 90% 이상 합격률을 나타내고 있어 학생들도 거의 공부에 비중을 두지 않고 1~2학년 때에 미리 응시해서 합격해 두는 게 현실이다.

더구나 현행 법조 윤리교육은 법조인의 윤리·도덕성이나 인성교육과는 거의 관계가 없고, 법조인의 법률적인 의무와 책임 같은 것에 치중할 뿐만 아니라, 우리 사회의 시급한 해결 과제인 '전관예우' 문제에 관하여는 언급조차 없다. 그러다 보니 이 과목을 공부하면서 '정의'라는 말만 들어도 두드러기가 난다는 학생들의 말도 무리가 아니다. 현행 법조 윤리교육은 '변호사법' 해설을 통한 변호사 윤리를 중점으로 편성되어 있고, 법관과 검사에 대한 윤리는 형식적인 곁다리에 지나지 않는다. 이 과목이 로스쿨 학생들이 법조의 기능과 현상에 관한 치열한 윤리적 문제의식을 전제하지 않고 대충 문제집을 푸는 방식으로 준비하면 합격할 수 있는 과목으로 인식되어, 로스쿨에서의 법조 윤리교육의 부실로 이어진다는 게 더욱 심각한 문제가 있다.

앞으로 로스쿨 재학생이나 로스쿨 응시생 등 예비 법조인의 '인성교육' 내지 '윤리교육'에 대한 자성론이 더욱 강하게 제기될 필요가 있다. 나아가서 변호사시험에서 다루지 않는 일반 법학 과목 다수가 폐강 위기에 처해 있는 현실에서, 각 대학의 로스쿨들이 종전의 사법시험을 대체하여 변호사시험을 통과하기 위한 수험학원의 기능에 만족할 것인지 근본적인 의문이 든다.

둘째, 변호사 윤리장전의 문제점이 있다. 2014.2.24. 대한변협이 14년 만에 개정한 '변호사 윤리장전(辯護士倫理章典)'의 내용을 보면, 형식적으로는 윤리장전 내의 윤리 규칙을 '윤리 규약'으로 명칭을 바꾸면서 윤리규약의 체제를 대폭적인 변경을 하였다. 내용적으로는 법원과 수사기관 등에 대한 윤리를 보완하여, 변호사가 개인적 친분 또는 전관 관계를 이용한 법원이나 수사기관 등의 공정한 업무에 영향을 미치지 않도록 규정했다. 또한 변호사법 규정을 반영하여 사건 유치 목적으로 법원·수사기관·교정기관 등에 출입하지 않도록 하고, 법원·수사기관 등의 공무원에게서 해당 기관의 사건을 소개받지 못하도록 하였다.

그러나 윤리장전이 변호사 자체의 내부 규약이긴 하지만, 공청회 등을 통하여 법조 윤리 실태를 분석하고 위반 실태를 감시하는 법조윤리협의회의 의견이나 법률서비스의 수요자인 일반 국민의 의견을 듣는 절차도 없이 변호사의 이해관계에만 치중했다는 비판이다. 무엇보다 구(舊) 윤리장전 중 윤리 규칙이 정하고 있는 '일반적 윤리'로서, 아래와 같은 변호사 직업의 공익성·윤리성을 강조한 종전의 윤리규정 제2조가 삭제되고 완전히 다른 내용으로 변경된 점은, 변호사의 '윤리의식 고취'라는 당초의 취지에 반하여 일반 국민의 호응을 받기는 어렵다. ①변호사는 권세에 아첨하지 아니하고 재물을 탐하지 아니하며 항상 공명정대하여야 한다. ②변호사는 명예를 존중하고 신의를 지키며 인격을 도야하고 지식의 연마에 힘써야 한다. ③변호사는 직무의 내외를 불문하고 품위를 해하거나 공공복리에 반하는 행위를 하여서는 아니된다. ④변호사는 사생활에 있어서도 호화와 사치를 피하고 검소한 생활로 타의 모범이 되어야 한다.

셋째, 소위 '전관예우방지법'의 문제점이다. 2011년 국회 사법제도 개혁특위에서 소위 '전관예우방지법'으로 낸 법안은, 판·검사와 장기 복무 군법무관과 변호사 자격이 있는 공무원 등이 퇴직 후 변호사로 개업할 경우, 퇴직 전 1년간 근무했던 기관에서 처리하는 사건을 1년 간 수임하지 못하도록 변호사법을 개정한 것이다. 이는 전관 출신 변호사의 사건 수임을 일정 부분 금지한 것으로, 그가 직전 1년간 전관으로 근무한 기관이 처리하는 사건의 수임을 제한하는 것이 골자다 (변호사법 제31조 제3항).

또한 판사나 검사로 근무하다 퇴직해서 변호사로 개업하면 퇴직 후 2년간 수임 사건에 관한 자료와 처리 결과를 일정한 기간마다 소속 지방변호사회에 제출해야 하고, 그 지방변호사회는 제출받은 자료를 법조윤리협의회에 제출해서 전관 출신 변호사의 수임 과정과 처리 결과의 적정성 등을 심사하도록 했다. 그 과정에서 선임계의 미제출 등 징계 사유나 위법성이 발견되면, 윤리협의회 위원장은 대한변협회장이나 지방검찰청 검사장에게 해당 변호사에 대한 징계 개시를 신청하거나 수사를 의뢰할 수 있도록 했다(변호사법 제89조의4).

그러나 위와 같은 기존의 전관예우 방지 대책은 전관예우를 형사사건뿐만 아니라 민사·가사사건 등 모든 관련 사건으로 범위를 확대한 것으로, 현재와 같은 법조윤리협의회의 기능과 인력만으로는 처음부터 전관예우가 직접 문제가 되는 사안을 식별하여 규제하기는 거의 불가능하다. 또한 고액 수임료와 직결되는 전관예우는 주로 선임계를 제출하지 않고 사건을 수임한 전관 변호사의 소위 '전화 변론'이나 조세 포탈 등을 위해 선임계를 제출하지 않고 하는 '몰래 변론'이 문제가 되지만, 이러한 경우는 상대적으로 약자의 지위에 있는 사건 의뢰인(주로 형사사건의 피의자나 피고인)의 내부고발이나 국회 청문회 또는 국정조사 등 특별한 경우가 아니면 밝혀내는 데 그 한계가 있다. 나아가서 설사 고액 수임료와 관련된 전관예우가 적발된다고 하더라도 탈세 등 특별한 경우가 아니면 전관 변호사에 대한 형사처벌이 어려울 뿐만 아니라, 대부분 전관 변호사에 대한 징계도 과태료 처분 등으로 전관예우를 뿌리 뽑기는 거의 불가능하다. 위 사례에서 전 서울중앙지검장 출신 최 변호사의 경우 전관예우 등에 관해서 아무것도 밝히지 못한 채, 결국 대한변협으로부터 선임계 미제출을 이유로 과태료 2,000만 원의 징계를 받았을 뿐이다.[22]

📝 전관예우의 근절 방안

전관예우를 근절하는 방안이 있을까. 있다. 먼저 불공정한 행위를 안 하겠다는 의지가 급선무다. 한 번은 다음과 같은 시도가 있었다. '법조계 전관특혜 근절 전담팀(T/F)'을 구성하여 전관특혜 근절 방안을 논의해 온 법무부가 2020.3.17. '법조계 전관특혜 근절 방안'을 발표했다. 전관변호사 등의 퇴직 후 수임 제한 기간을 연장하고, 몰래 변론 처벌강화, 검찰 수사단계에서의 전화 변론 규제 등이다.

이에 따르면, 전화 변론은 주임검사의 요청이나 긴급한 사정 등이 있는 예외적인 경우에만 허용하고, 전결권자의 상급자에 대한 전화·방문·구두변론은 절차 위반 등 부당한 검찰권 행사를 시정하는 취지의 지휘권 발동을 촉구하는 변론 외에는 금지된다. 그 외의 변론은 주임검사에게 서면 제출을 안내하되, 그 내용을 직접 주임검사 등에게 전달하는 것은 금지된다.

---

22) 정종암 외 20인, 《대한민국 특권폐지》, "변호사 박인환 편", 글통, 2023. 43~47면.

법무부는 전관 특혜 근절 방안을 ▲전관 변호사의 발생 자체를 억제하는 방안 ▲전관 특혜를 사전적·예방적으로 차단하는 방안 ▲사법절차, 특히 형사절차 개선을 통해 전관 변호사의 영향력을 최소화하는 방안 ▲사후적 감시와 제재를 강화하는 방안 등으로 분류하고, 전관 변호사의 발생 억제 방안은 인사제도, 조직문화의 개선 등이 전제되어야 하므로, 나머지 방안에 집중하였다고 설명했다. 또한 대한변협의 변호사 징계기준을 정비하고 강화하여 전관 특혜 방지를 위한 법령위반 등에 대하여 일관되고 엄정한 징계권 행사를 도모하기로 했다.

법무부는 검찰 수사절차에서의 전관 특혜 근절 방안은 대검찰청과 협의 후 신속히 제도를 도입하고, 변호사법 개정 사항은 법원·대한변협 등 유관기관과 협의를 거쳐 법 개정을 추진하기로 했다.[23] 이렇게 하면 그나마 좋으련만, 그러나 2024년 1월 현재 오리무중이다. 즉 검찰청법 및 변호사법을 살펴본바, 위 적시한 내용에 대한 반영은 전혀 안 되었다는 사실이다.

✒ 형사사건 변호사수임료 상한제 도입

우리 법조계의 고질적인 병폐로 널리 인식되고 있는 전관예우는 판·검사로 재직했던 사람이 변호사로 개업하면서 맡은 사건에 대해서 법원과 검찰에서 유리하게 처리해 주는 법조계의 '관행적 특혜'를 이룬다. 인터넷 위키백과에 의하면, 보다 직설적으로 '대한민국 법조계의 잘못된 관행으로 판·검사를 하다가 물러나 변호사를 갓 개업한 사람에게 법원이나 검찰에서 유리한 판결이나 처분을 내려주는 관행'을 의미한다. 이제 전관예우는 우리 사회에서 '법조비리'를 대표하는 용어

---

23) 리걸타임즈, "전화변론 금지, 몰래변론하면 처벌", 2020.03.17.

가 된 현실이 안타깝고 부끄럽다. 더구나 형사사건에 미치는 전관예우의 폐해는 급등하는 수임료로 인하여 '정당한 노동의 대가라는 관념' 조차 흐리게 하고 있다.

다산 정약용이 설파한 것처럼, 전관예우로 법조계가 "돈에 흐려져서 살려야 할 사람은 죽이고, 죽어야 할 사람은 살리고서 태연하고 편안할 수 있다" 함은 국민 정서상 결코 용납될 수 없는 일이다. "돈 있는 사람은 전관예우를 받는 비싼 변호사를 선임하여 검찰 수사나 재판에서 빠져나오고, 돈 없는 사람은 그런 변호사를 못 구해서 감옥에 간다"는 이른바 '유전무죄 무전유죄'로 인한 일반 국민의 피해의식과 상대적 박탈감은 국민적 좌절과 함께 기득권층 및 사회지도층에 대한 분노를 자아내고 있다.

앞으로는 형사사건 변호사수임료 제한에 대한 어떠한 반대 논리보다 ①당장 고위 법조인 출신의 '아킬레스건'으로 인사청문회 등에서 법조인 출신 공직 후보자의 발목을 잡는 전관예우의 잘못된 관행을 바로 잡고, ②일부 현직 고위 법조인들과 전관 출신 변호사들에게 만연하고 있는 "개업 후 단기간에 평생 먹고살 돈을 벌어야 한다"는 강박적 탐욕을 억제하고, ③현직 고위 법조인들의 잘못된 '보상 심리'와 타인을 심판하는 '선민의식'에서 기인하는 귀족주의, 순혈주의, 엘리트주의를 벗어 던지고, ④이제 법조인 2만 명을 넘어선 시대, 브로커를 통한 전관 출신 변호사의 사건 싹쓸이를 방지하여 젊은 변호사들도 제대로 일할 수 있는 여건을 마련해 주고, ⑤궁극적으로는 법조에 대한 국민의 신뢰를 회복하여 법조인들로 하여금, 정의 관념과 양심을 되찾기 위하여 형사사건에 한해서라도 '변호사수임료 상한제 도입'을 진지하게 검토해야 할 것이다.

자본주의 시장경제체제하에서도 계약자유의 원칙은 지고지선(至高之善)하여 무제한의 자유가 보장되는 것이 아니라, 사회질서 유지·공공복리와 선관예우의 타파를 위하여 제한될 수 있음은 당연한 일이다. 실제로 공공복리 등을 목적으로 의사의 진료행위, 공인중개사의 중개행위 기타 전문직업인의 영업행위 및 전기·통신 등 공공서비스 요금에 대해서도 적정한 수가 내지 보수, 가격의 제한 제도가 폭넓게 실시되고 있다.

결론적으로, 사법기관의 신뢰 회복과 관련하여 우리 사회에서 가장 현안인 전관예우 문제와 이에 파생하는 문제들에 대한 거의 직접적이고 최종적인 해결책으로는, 일단 형사사건에 한해서라도 '수임료 상한제'가 도입되어야 할 것이다.

따라서 형사사건에 있어 전관예우 문제는, 변호사를 포함한 법조인의 윤리 의식에 맡길 단계는 이미 지났다고 판단되므로 수임료 상한제 도입을 위한 입법적 결단이 요구된다. 굳이 '노블레스 오블리주'를 들지 않더라도 '기본적 인권의 옹호와 사회정의의 실현'을 사명으로 하고, 명실공히 소수의 기득권층이며 사회지도층에 해당하는 대한변협 등 변호사단체에서 종전의 태도를 바꾸어 자기희생적 관점에서보다 자발적으로 나서서 우선 형사사건에 한해서라도, 수임료 상한제의 도입을 촉구하는 것을 진지하게 검토해야 한다고 본다.

이와 함께 위에서 소개한 획기적인 대법원판결(2015.7.23. 선고 2015다200111 전원합의체)도, 모처럼 '사법적극주의(judicial activism)'[24] 관점에서 종래의 판례를 변경하면서까지 '형사사건 성공보수 약정의 무효' 등 우리 법조계에 만연한 형사사법의 잘못된 관행에 대한 정책적 결단을 단호하게 표시한 것으로 볼 수 있겠지만, 성공보수 약정을 민법 제103조의 해석과 판례에만 맡길 것이 아니라, 차제에 이를 법률적으로 금지하는 입법적인 조치가 형사사건 수임료의 제한과 함께 있어야 할 것

---

24) 권영성, 앞의 책, 994면. 참조. 법해석과 판결에 있어서 법문언(法文言)에만 그치지 않고, 정치적 목표나 사회정의 실현 등을 염두에 둔 적극적 '법형성' 내지 '법창조'를 강조하는 태도를 말한다. 달리 말해 사법부도 역사 발전과 진보적인 사회정책 형성에 기여해야 하고, 그러기 위해서는 선례에 지나치게 기속될 것이 아니라, 헌법 규범을 시대적 변화에 적응할 수 있도록 탄력적으로 재해석함으로써 입법부나 집행부의 행위를 적극적으로 판단하는 것이 바람직하다고 인식하는 사법철학 내지 헌법재판적 철학을 말한다.

이다.[25] 민법 제103조는 '선량한 풍속 기타 사회질서에 위반한 사항을 내용으로 하는 법률행위는 무효'로 하고 있다. 이에 대한 예로 변호사 A는 자신이 변론을 맡은 형사사건에서 무죄 판결이 있자, 의뢰인들에게 약속한 '성공보수'를 지급하라고 소송을 제기했지만 1·2심 모두 패소했다. 항소심 법원이 위헌법률심판 제청도 기각하자 2020년 11월, 직접 헌법재판소에 '민법 제103조가 지나치게 추상적이어서 헌법에 어긋난다는 이유'로 헌법소원을 냈다. 하지만 2023년 10월 1일, 재판관 전원일치로 합헌 결정한 바 있다.

참고로, 21대 국회는 전체 의원 300명 중 전관예우와 관련 있는 법조인 출신 국회의원이 46명(18대 22명, 19대 13명, 20대 49명)으로 다수를 차지하고 있다. 그들이 과거처럼 단순히 기존 법조의 이해관계를 대변하는 태도에서 벗어나, 형사사건의 수임료 상한선 제한 등 법의 지배를 실질적으로 구현하고 추락한 법조의 신뢰를 회복하는 데 앞장서야 할 것이다.

우리 국민은 걸핏하면, 시위 현장이나 단체에서 '헌법'을 들먹인다. 그러나 국가통치 체제와 기본권 보장의 기초에 관한 근본 법규인 헌법(憲法, constitution)이 그렇게 만만치는 않다. 중요하면서도 어려운 항목일 수도 있어 이해를 돕고자, 앞서 언급된 헌법해석에 있어 '사법적 극주의'와 '헌법의 변천'에 대하여만은 짚고 넘어가고자 한다.

---

25) 정종암 외 20인, 앞의 책. 53~57면. 참조.

제16장

우리 헌법의 해석과 변천에 대하여

✎ 재판관의 가치가 개입되는 문제

헌법의 해석 또는 헌법 재판에 있어서 '사법소극주의(司法消極主義; 司法自制論, judicial restraint)'와 '사법적극주의(司法積極主義, judicial activism)'[26]가 문제된다. 확실하게 정의된 개념은 아니지만, 맥락에 따라 여러 가지 의미로 사용된다. 따라서 두 주의의 옳고 그름을 논하기 위해서는 먼저 그 말들이 어떤 맥락에서 사용되었는지를 분명히 해야한다. 경우별로 나누어서 검토하면 해석주의는 사법소극주의와 잘 어울리는 편이고, 비해석주의는 사법적극주의로 가는 경향이 있는 것이 어느 정도 사실이지만, 개념상으로는 별개이다.

법해석(法解釋)에서 재판관의 가치개입 문제에서 보면 전자는 법 해석에서 재판관의 개인적 소신을 배제하는 입장이고, 후자는 법 해석에 재판관의 개인적 소신을 적극적으로 개입시키는 태도이다.[27] 법해석에서 해석자의 가치개입 문제는 첫째, 순수한 논리 추론 단계에서 재판관의 가치관이 개입하는 것은 금물이다. 이 단계에서 사법적극주의는 잘못된 재판 태도이다. 둘째, 부득이 재판관의 가치판단이 필요한 단계에서 재판관은 자신의 소신에 따라 판단해야 한다. 재판관이 자기의 소신을 포기하고 일반적 다수의 가치관에 따라 판단하는 것은

---

26) 권영성, 앞의 책, 993~995면; 한수웅, 헌법학 입문, 2017. 449면; 사법소극주의는 입법부와 집행부의 의사결정은 그것이 국민의 법의식이나 정서에 근본적으로 배치되거나 기존 판례에 명백하게 위반되는 것이 아니라면, 그것은 존중되어야 한다는 의미에서 사법부가 그에 관한 가치판단을 자제하는 것이 바람직하다고 인식하는 사법철학 내지 헌법재판소 철학을 말한다.
27) 한수웅, 앞의 책, 449면; 권영성, 앞의 책, 993~994면.

'양심에 따른 재판'이 아니다. 사법소극주의가 만일 재판관이 가치추론을 할 때, 자신의 소신을 포기하고 일반적 다수의 가치관에 따라 판단해야 한다는 의미라면 사법소극주의는 잘못이다. 이 문제는 양심에 따른 재판(헌법 제103조)에서 '양심'이 무엇을 의미하는가 하는 것과 관계된다.

그 밖의 의미로서 사법소극주의는 그 밖에 다음과 같은 의미로도 사용된다. 첫째, 헌법재판소가 가급적 위헌결정을 자제하는 재판 태도를 의미하는 경우가 있다. 법률의 합헌적 해석 원칙은 이미 헌법해석에 관해 확립된 원칙이므로, 그런 의미의 사법소극주의라면 특별히 문제 될 것이 없다. 문제는 합헌적 해석의 한계를 넘는 경우에도, 합헌적 해석이라는 이름으로 합헌결정을 하는 경우이다. 이런 의미의 사법소극주의는 정당한 재판 태도라고 할 수 없다. 다만 실제로는 합헌적 해석의 한계를 넘은 것인지가 불분명한 경우가 많은데, 그런 경우는 재판관의 개인적 소신에 따라 판단할 수밖에 없으며, 어느 한쪽이 옳다고 단정할 수 없다. 한편, '법률의 합헌적 해석' 원칙 자체를 부인하는 사법적극주의는 정당한 재판 태도가 아니라고 본다.

둘째, 사법소극주의가 통치행위 또는 정치적 문제에 대해 사법적 판단을 자제하는 입장을 뜻하는 경우가 있다. 통치행위 또는 정치적 문제에 대해 사법적 판단을 어느 정도 자제하는 것은 어느 나라에서나 볼 수 있는 보편적인 현상이므로, 그것 자체는 문제 될 게 없다고 본다. 문제는 통치행위의 인정 범위와 그 한계라고 할 것인데, 그에 관한 판단에는 재판관의 개인적 소신이 어느 정도 개입하는 것이 불가피하다. 그러나 통치행위의 범위를 지나치게 넓게 인정하거나, 정치적으로 민감한 사건에서 (특히 중대한 인권침해를 수반하는 경우) '통치행위'라는 이름으로 사법심사를 회피하는 것은 정당한 재판 태도가 아니다. 1972년 헌법(제4공화국)과 1980년 헌법(제5공화국)하에서 대법원은 이런 입장이었다. 한편 모든 정치적 문제에 대해 사법적 판단을 하려고 하는 사법적극주의도 똑같이 문제라고 본다.

셋째, 사법소극주의는 당해 사건을 해결하는 데 꼭 필요한 쟁점에 대해서만 판단하고, 그 밖의 쟁점에 대하여는 가급적 판단을 자제하는 재판 태도를 말한다. 사법기관의 판단은 한마디 한마디가 매우 중요한 의미를 갖기에, 사법기관이 사건을 해결하기 위해 꼭 필요한 쟁점에 대해서만 판단하는 것은 적절한 재판 태도라고 본다. 우리 대법원이 이런 취지를 보인다. 반면 헌법재판소는 사건 해결에 꼭 필요하지 않은 쟁점들에 대해 적극적으로 판단한다. 이것은 적절한 재판 태도가 아니라고 본다.

그러한 문제들은 법률가들과 학자들의 자유로운 판단과 토론에 맡겨야 한다. 그 문제들에 대한 판단은 이른바 '부수적 방론(obiter dictum)'[28]이며, 재판 이유(ratio decidendi)가 아니다. 따라서 그것은 판례가 아니다. 다만 재판의 이유를 강화하기 위해 꼭 필요한 범위 안에서 최소한의 방론적(傍論的) 판단을 하는 것은, 경우에 따라 적절한 것일 수도 있다.

✎ 헌법해석은 어떻게 할까?

(1)'헌법의 변천'(Verfassungswandlung, 憲法變遷)이란 헌법이 개정 절차를 거치지 않고, 즉 헌법 조문이 변경되지 않은 채 사실상 그 내용이 변경되는 경우를 말한다. '헌법의 변질'이라고도 한다. 달리 말해 헌법의 특정 조항이 헌법에 규정된 개정 절차에 따라 의식적으로 변경되는 것이 아니고, 당해 조문은 원상대로 존속하면서 그 의미 내용만이 실질적

---

28) 라틴어인 obiter dictum(or obliter dicta)은 우리말로는 "'덧붙이는 말', '부언(附言)' 또는 '방론(傍論)'이다. 영미법상 법률용어로서, "판결문에서 판결 이유를 쓸 때 그 사건의 판결과 직접적인 관계가 없는 '부수적 의견'을 일컫는 표현"이다.

으로 변질하는 경우로 '헌법의 개정'과는 구별된다.[29] 이것은 헌법현실에 헌법 규범의 효력을 인정하는 것이다. 헌법의 변천은 그것이 헌법해석의 범위를 완전히 넘어서는 경우가 문제이다. 헌법해석의 범위 안에서 일어나는 경우는 특별히 문제 될 것이 없다. 헌법해석의 문제일 뿐이며, 따로 '헌법의 변천'이라는 개념을 도입할 필요도 없다.

헌법변천의 예로서 일반적으로, 1)미국 연방헌법이 연방최고법원에 사법심사권(司法審査權)을 부여하는 규정을 두지 않았음에도 연방최고법원이 이를 행사하는 것 2)미국 연방헌법은 대통령선거를 간접선거로 규정하고 있지만, 직접선거처럼 운용되고 있는 것 3)일본국 헌법 제9조는 "육·해·공군 기타의 전력을 보유하지 아니한다"고 규정하는데 자위대라는 명칭으로 육·해·공군을 보유하고 있는 것, 4)우리 헌법은 제1차 개정(1952)에서 양원제(민의원·참의원)를 채택하였음에도 4·19로 이승만 정권이 붕괴 될 때까지 참의원을 구성하지 않은 것, 5)1962년 헌법(제3공화국)에서 지방자치를 규정하였지만 실제로 지방자치를 시행하지 않은 것 등이다.

그러나 1)과 2)는 헌법변천의 예로 적절하지 않다고 본다. ■미연방최고법원이 사법심사권을 행사하는 것은, 헌법의 최고규범성과 연방최고법원이 미국의 '유일한 최고 법원'이라고 규정한 미연방 헌법 제3조 제1항의 해석에 근거한 것이다. 그 해석의 논리는 1803년, Marbury v. Madison 사건을 담당한 Marshall 대법원장의 판결이 계기가 돼 대법원이 위헌법률심사권을 행사하고 있다. ■미국 대통령 선거는 여전히 간접선거이며 직접선거가 아니다. 실질적으로 직접선거와 같은 효과를 거둘 수 있도록 간접선거를 잘 운용하는 것이 헌법의 변천이라고 할 수 없다.

(2)헌법변천의 허용 여부에 대해서는 첫째, 헌법의 변천을 인정할 것

---

29) 권영성, 앞의 책, 53면.

인지가 문제 된다. ■긍정설(제한적 긍정설)은 헌법 규범에 반하는 국가의 행위가 반복·계속됨으로써 이것이 관행이 되고, 이 관행에 대하여 국민이 명시적 또는 묵시적으로 인정한 경우에는 그것에 헌법 규범으로써의 효력을 인정해야 한다. 다만 헌법변천을 무제한적으로 인정하지는 않으며, 헌법을 존중하고 헌법 규정의 흠결을 보완하는 범위 안에서만 헌법의 변천을 인정한다는 입장이다. ■부정설은 헌법을 개정하지 않는 한, 헌법에 반하는 관행이 계속되더라도 헌법 규정의 의미가 변할 수 없다는 입장이다. 이 견해는 헌법의 최고규범성을 강조하고, 헌법변천의 법적 효력을 인정하면 헌법 위반을 쉽게 합법화할 위험이 있음을 경고한다.

둘째, 부정설의 논리는 헌법의 합법적 변경은 그 개정 절차에 의해서만 가능하다고 한다. 하지만 일정한 요건하에서, 예외적으로 헌법의 변천을 허용할 필요가 있다고 본다. 헌법의 변천을 인정할 수 있는 요건은 ■'권력의 제한'과 '인권의 보장'에 적극적으로 부합하는 내용일 것으로, 헌법의 개념과 기능으로부터 요구되는 조건이다. 권력 제한과 인권 보장에 적극적으로 부합하는 내용의 헌법변천은 주권자의 의사에 반하지 않는다고 일단(一旦)[30] 추정할 수 있다. 이승만 정권하에서 참의원을 구성하지 않은 것과, 1962년 헌법(제3공화국)하에서 지방자치를 실시하지 않은 것은 이 요건을 갖추지 못하므로 (이 두 사례는 모두 집행권의 강화를 위한 것이다) 헌법의 변천으로 인정할 수 없다.

■법률에 의해 뒷받침될 것으로, 이 요건은 대의기관을 통해 국민의 의사를 확인하기 위한 것이다. 또한 그 법률에 대해 오랫동안 위헌결정이 선고되지 않았다는 것은, 법원이 그 법률에 대해 위헌 제청을 하지

---

30) 아직까지도 일부 법조인이나 법학자들이 '일응(一應) 그 출발점은...,'과 같은 표현으로 사용하고 있는 점이 안타깝다. '일응의 원칙'이라고 하면 '먼저 적용되어야 할 원칙', '일응 갑으로 추정한다'라고 하면 '일단 갑으로 추정한다' 등으로 쓰기도 하였으나, 언제적 이야기인가? 부탁컨대, 우리말로 순화하여 일본식 한자어인 '일응'을 '일단', '우선'이라는 의미로 써 우리의 자존심을 갖자. 변호사 출신인 국개원(국회의원)이 이를 여러 없이 쓰다가 저자의 지적을 받고 고쳐쓰기도 한 바 있다.

않았음은 물론 소송당사자도 그에 대해 이의제기를 하지 않았음을 의미한다(헌법재판소법 제41조 제1항, 제68조 제2항 참조). 이런 경우는 입법부·집행부·사법부 및 국민이 모두 헌법의 변천을 수용한 것으로 볼 수 있다. 이것을 헌법변천의 요건으로 요구하면, 헌법의 변천을 인정하는 게 헌법적 관습의 법원성(法源性)을 부인하는 것과 모순되지 않는다.

한 사례로, 헌법 제29조는 제1항에서 국가배상청구권을 규정하면서 제2항에서 군인·경찰 등은 법률이 정하는 보상 외에 따로 국가배상을 청구할 수 없다고 규정한다. 또한 현행 국가배상법 제2조 제1항은 국가배상청구권의 요건을 구체화하는 내용을 규정하고, 단서에서 헌법 제29조 제2항[31]을 더 구체적으로 규정하고 있다. 만약 국회가 국가배상법 제2조 제1항을 개정해 위 단서를 삭제한다면 또는 단서를 개정해 군인·경찰 등에게 국가배상청구권을 인정한다면, 이 조항은 헌법 제29조 제2항에 위반되는 규정이 된다.

그런데 개정된 조항에 대해, 위헌법률심사가 이루어지지 않은 채 오랜 기간 집행된 경우를 가정해 보자. 그 후 법원이 이 조항에 대해 위헌법률심판의 제청을 한다면, 헌법재판소는 이 조항이 헌법 제29조 제2항에 위반된다는 이유로 위헌결정을 할 수 있다고 할 것인가? 그렇지 않다고 본다. 즉 이 경우는 헌법의 변천에 의해, 헌법 제29조 제2항의 내용이 변질된 것으로 보아 헌법재판소는 위헌결정을 할 수 없다고 본다. 이러한 사례는 위 두 요건을 모두 충족한다.[32]

---

31) 헌법 제29조 제2항 "군인·군무원·경찰공무원 기타 법률이 정하는 자가 전투·훈련 등 직무집행과 관련하여 받은 손해에 대하여는 법률이 정하는 보상 외에 국가 또는 공공단체에 공무원의 직무상 불법행위로 인한 배상은 청구할 수 없다."
32) 오승철. 법무법인 리얼굿 참조. "헌법의 해석(III. 사법소극주의와 사법적극주의/ IV. 헌법의 변천)". 2012.01.22. 방문 2023.11.29.; 권영성, 앞의 책, 53·61~64·993~995면. 참조.

📝 법의 목적과 정의

법이란 도대체 무엇인가? 법의 고유의 목적은 평화를 안기는 것이다. 이러한 걸 위한 수단은 투쟁이다. 법의 생명력이 바로 투쟁, 즉 민족과 국가권력, 계급과 개인의 투쟁에 있기 때문이다. 앞서 본 바와 같이 법은 생동하는 힘으로, '정의의 여신'이 권리의 무게를 재는 저울(scale)과 권리를 주장할 수 있는 검(Sword)을 쥐고 있듯이, 법은 국가권력에 의해서만이 아니라 국민 전체에 의해서 지향되는 영원의 과업이다. 법의 일생은 경제적이고 정신적인 생산 영역에서, 종사하는 전 국민의 고독한 투쟁과 노동의 동일한 광경을 우리 눈앞에 재현시키고 있다. 자신의 권리를 주장하지 않을 수 없는 상황에 이르게 되면, 이와 같은 국민적 과업에 참여하게 돼, 결국에는 그의 기여는 지상에서 권리이념의 실현을 촉진시키는 것이다.

독일의 법철학자 루돌프 폰 예링(Rudolf von Jhering, 1818~1892)은 《권리를 위한 투쟁》에서 "법은 투쟁이다"고 한다. 즉 법이 투쟁인 이상 개인이 그의 권리를 지키려고 할 때만, 보장된다는 그는 모든 사람에게 법을 위한 투쟁을 권유한다. 평화를 누리며 살다가 평화 속에서 죽어가는 사람을 위해서 다른 사람은 일하고 싸워야만 하는 것이다. 투쟁이 없는 평화나 노동 없는 향락은 에덴동산의 시대나, 적어도 모세의 시대에나 속하는 것이다. 역사는 이 양자를 끊임없는 노력의 결과로써만 알고 있다.

법은 자신의 존재를 투쟁 과정에서 획득하거나 주장해야 한다. 다시 말해 법의 목적은 평화이며, 그것을 위한 수단은 투쟁이다. 또한 권리를 추구하는 자의 권리 주장은 그 자신의 인격 주장이고, 이를 위한 투쟁은 자기 자신에 대한 권리자의 의무다. 권리를 위한 투쟁 이익은 사법·사적 생활뿐만 아니라, 국법·국민 생활에까지 미친 것으로 '법의 중심은 시민들의 삶'이다.

미국의 철학자이자 문학가인 헨리 데이비드 소로우(Henry David Thoreau, 1817~1862)는 《시민불복종》에서 "만약 우리가 우리의 장래를 입법자들이 의회에서 연출하는 화술에만 전적으로 맡기고, 일반 국민의 풍부한 경륜과 효과적인 불만의 표시(항의)로써 잘못을 시정해 나가지 않는다면, 미국은 멀지 않아 여러 국가 사이에서 그 지위를 잃고 말 것이다. 분노가 넘치는 현 사회에서 개인의 행복과 만족을 위한 지혜는 투쟁일 수밖에 없다. 지금 우리는, 아니 나는 이러한 모순을 바라볼 수만은 없어, 이 사회의 착취자들에게 저항하는지 모른다. 숨통이 조이는 고통을 안고서다. 개개인에게 주어진 의무를 저버리는 비겁은 되레 불행을 안긴다"고 했다.

'시민불복종(市民不服從)의 의무'는 소로우가 개인이 부당한 법에 불복종할 도덕적 의무가 있으며, 시민불복종이 사회 및 정치적 변화에 영향을 미치는 강력한 도구라고 주장한 에세이다. 미국 시민권운동과 인도 독립운동, 1960년대 반전 시위를 포함하여 전 세계 정치·사회 운동에 지대한 영향을 끼쳤다. 그리고 행정부 내 권력기관 출신의 고위공직자들이 퇴직 후 대형 로펌(Law Firm)행으로 아주 짧은 기간에 수십억 원씩 챙기거나, 대기업 고문 등으로 진출하여 일반인의 상식을 초월하는 수익을 보장받아, 서민들에게 상대적 박탈감을 한없이 안겨주고 있다. 또한 사법부 고위직 출신의 전관예우는 인간적 차원의 예우가 아니라, 범죄 차원의 불법행위로 이른바 전관범죄(前官犯罪)를 저지르고 있다.

'전관예우(前官禮遇)'란 어떤 소송당사자가 법원 출신의 대법관이나 검찰의 고검장 이상 총장 출신 변호사를 선임하면서, 수사나 재판을 뒤집는 것을 말한다. 전직 판·검사가 변호사로 개업하여 소송의뢰인에 대해 유리한 판결 등 특혜를 주는 것이다. 또한 대통령·장관 등 고관을 지낸 사람에게 퇴임 후에도 재임 때와 같은 예우를 하는 것으로써, 공정성을 훼손하는 크나큰 범법행위이다. '전관예우'라는 이름의 '전관

범죄'는 사법 질서의 근간을 파괴하는 것은 법치국가에서 있어서는 안 된다. 그런데도 범법행위가 관행처럼 굳어져 없어지지 않고 계속되고 있으니, 법치주의의 길은 요원하기 그지없다. 따라서 우리나라 입법·사법·행정부 고위직을 역임한 자들의 현관특권(現官特權)과 전관범죄의 사례를 들춰내는 것은, 그 사례가 너무나도 많아 무의미할 정도이다. 따라서 특권 폐지는 결국 기득권을 포기하는 것이다.

　동서고금을 통해서 기득권을 포기한 사례는 없지는 않으나, 많은 편은 아니다. 소련(舊 蘇聯)의 고르바초프(Mikhail Gorvachov, 1931~2022)가 소련 사회를 개혁과 개방으로 이끌면서 소비에트 체재를 해체한 것 정도일 것이다. 소련이 해체되면서 역사의 물꼬를 텄으니, 대단한 일이기는 하다. 독일의 슈레더(Shredder) 내각이 총선이 코앞인데도 불구하고 세금 인상과 노조의 개혁으로 총선은 실패하였으나, 독일의 경제는 확실하게 살렸던 정도일 것이다. 그 좋은 독일 총리 자리를 스스로 던져 버리기도 한, 한국인 부인을 둔 전 슈레더 총리였다. 이들은 독일은 물론 세계의 역사가 평가할 일이다.

　슈레더와 마찬가지거나 그 이상의 일화가 있다. 아메리카 식민지가 최강국이었던 영국의 지배에서 벗어나, 인류 최초의 진정한 자유주의 국가를 창설하기까지는 '조지 워싱턴의 지대한 공'이었다. 그는 독립전쟁(미국혁명) 독립군 총사령관이자 미합중국 초대 대통령[33]이다. 전쟁에서 승리한 후 "왕이 되어달라"는 성원이 빗발쳤을 때도, 과감하게 욕심을 버리기도 한 '노블레스 오블리주'를 몸소 실천한 신생 독립국의 존경받는 리더였다. 뛰어난 자제력에 뒷마무리까지 아름다운 리더로, 더 이상 대통령직에 출마하지 않겠다는 고별연설이었다. "조국

---

33) 1789년 4월 30일, 임시정부 청사 페더럴 홀(1699년에 뉴욕시 청사로 건축되었으나, 1789년에 연방정부 청사로 바뀜)에서 "당신은 대통령직을 성실하게 수행하고, 미국의 헌법과 국민의 권리를 수호할 것을 맹세합니까?" "예, 엄숙히 맹세합니다"는 선서로, 임기(두번 째 임기는 1789.04~1797.03)를 시작했다. 가방끈(?)이 짧았던 탓도 있을 수 있었지만, 엄청난 독서로 내공을 쌓은 그는 1797년, 하버드대학교 법대 출신 존 애덤스(1797.03~1801.03)에게 바통을 넘겼다. 3대는 토머스 제퍼슨(Thomas Jefferson, 1801.03~1809.03)이었다.

에 대한 고마움과 수 세대에 걸친 선조들과 이 땅에 뜨거운 애정을 느끼면서, 나는 은퇴 후에 누리고자 스스로 다짐했던 생활을 즐거운 마음으로 기대해 봅니다"고 신문에 발표하고는, 존 애덤스(John Adams, 1735~1826)에게 평화롭게 정권을 넘기고 야인으로 돌아갔다.

✒ 추악한 선민의식

우리는 '법치주의'하에서 살고 있다. 결국은 법의 제정(制定)을 통해 이를 관철하는 수밖에 없다. 과연 입법을 주도하는 국회의원들이 스스로 자기들의 기득권(특권)을 폐지할 수 있을까? 세계 어느 의원들은 가능할지라도, 우리나라 국회의원들은 한마디로 불가능하다. 선민의식 등의 추악하고 더러운 DNA가 형성돼 있기 때문이다. 총선 때마다 이들이 제일 먼저 내세우는 것이 특권 폐지였다. 그리고 당선된 뒤에는 "언제 그랬냐"식이었다. 그렇다면, 이번에는 어떻게 이를 관철시킬 수 있을까?

지금은 선박 제작 기술과 항해술이 워낙 뛰어나서 항해 중 침몰하는 선박이 드물지만, 예전에는 침몰하는 선박에서 최후에 구조를 거부하고 선박과 운명을 같이하면서 가라앉는 배에서 구조선을 향해 손을 흔들면서, 물속으로 침몰하는 선장의 장렬한 모습을 그린 소설이나 영화가 큰 감동을 안겨주곤 했었다. 이 시점에서 해결이 어려운 숙제를 한번 풀어보자. 승선정원이 100명인 배 위에 105명의 승객이 망망대해를 항해하고 있다고 보자.

갑자기 선창에 물이 들어오기 시작하고 진단 결과 정원 외 5명이 더 승선한 것이 문제가 되어 5명이 배에서 내리게 되면, 배는 정상 항해가 가능하고 목적지 항구까지 무사히 도착할 것으로 판단되었다. 절체절명의 순간이 닥쳤다. 배에서 어떤 사람 5명이 내려야 하나? 내리는 순간 바로 상어 밥이 될 터인데 말이다. 105명이 갑판 위에 집합한 채, 해결책에 있어 바다에 뛰어내릴 5명을 선정하기가 그리 쉬운 일 같으면 고민도 하지 않을 것이다. 피자를 2명이 공평하게 나눠 먹는 방법이나, 아무리 자로 재어서 칼이나 가위로 정확하게 나눈다고 해도 정확하게 반으로 나누기가 힘들 것이다. 이처럼 공평한 분배가 어려울 것 같지만, 나눈 작업을 한 사람이 뒤에 선택하면 된다. 이건 차라리 쉽다. 그러나 난파선의 105명 중 5명을 선정해 바다로 내보내는 것은, 뾰족한 수(手)가 있을 수 없다.

결국 선장이 나서서 내부터 바다로 뛰어내릴 테니까 전체를 위해서, 나를 따라 추가로 4명이 뒤따르길 바란다고 하면서 먼저 뛰어내려야 한다. 그래야 문제가 해결되지 않을까? 그러면 부선장, 행정부선장, 기술부선장이 뒤따를 것이다. 기관장은 배를 운전해야 하기에 남아야 할 것이고, 결국 선장의 솔선수범과 살신성인이 100명의 생명을 살릴 수 있는 신화를 창조할 수 있는 것이다.

지금 대한민국 국회와 고위공직자, 대법관 중에서 먼저 배에서 뛰어내릴 선장의 출현을 기대할 수 있을까? 이번 총선에서 우리는 이들을 무작위(Random)로라도 등을 떠밀어, 선장을 골라내어야 한다. 이른바 특권 폐지에 동참하는 후보를 당선시키고, 이들로 하여 제22대 국회 제1차 법안으로 '국회의원 및 고위공직자의 특권 폐지에 관한 입법'을 공약하고, 이를 실천하는 후보가 당선돼야 할 것이다. 예컨대 불체포특권과 면책특권은 헌법개정을 않고는 불가능하기에, 이를 사문화(死文化)시키는 포기 서약을 하여야 한다.

마침 여권인 국민의힘 비상대책위원장 한동훈이 2023.12.26. 2024년 4·10총선 공천에서 "공천한 의원들이, '불체포특권' 포기 서약을 어기면 즉시 출당 조치하겠다"고 취임사에서 일갈했다. 귀추가 주목된다. 이보다 먼저인 2023.3.23. 여당 의원 52명, 2023.7.14. 야당 의원 31명이 불체포특권을 포기하겠다는 서약 흉내를 냈으나, 믿을 국민은 많지 않다는 사실이다. 워낙 거짓말을 잘하는 모리배집단이라 신선도가 없다는 점이다. 그나마 이렇게 된 경위도 '특권폐지운동이라는 국민적 저항'이 불화살을 당긴 힘이 크다. 이들의 행태를 설사 믿는다고 봤을 경우라도, 왜 면책특권은 빼는지 모르겠다. 이른바 '청담동 술자리'란 명백한 가짜뉴스에도 당사자는 면책특권을 내세우며 악용해도 달리 제재 방법이 없으니, 국민은 '벙어리 냉가슴'만 앓는데도 말이다.

멀쩡한 국민을 바보로 만들면서 다시 좌·우로 편을 나누는 이 자들은 국가와 국민을 철저하게 무시하고 있다. 국가 예산을 축내거나 지역구로 빼돌리는 정치인, 공직자, 공기업 도둑들이 없는 사회는 요원하기 그지없다. 이제 '공기업 도둑집단'으로 가 보자.

제17장

비리 집단 한국토지주택공사(LH)의 행태

원래 1962년 대한주택공사법에 의해 설립된, 대한주택공사와 1975년 설립된 한국토지공사[34]를 합쳐 2009.10. 한국토지주택공사(韓國土地住宅公社, Korea Land & Housing Corporation)가 출범했다. 설립 목적은 국민 주거생활 향상과 효율적인 국토·도시 구현, 미래 변화에 대응한 기반 구축, 지속 가능한 경영기반 확립이다.

토지개발·도시개발·주택공급 등의 업무를 수행하는 한국의 공기업으로서, 부동산 관련 최대 규모의 공공기관이자 높은 연봉과 부동산 관련 전문지식을 터득한 활용도가 높은 탓에 젊은이들에게 신의 직장으로 통한다. 하기야 이러한 연유는 '토지(Land)'와 '주택(Housing)' 분야의 대표 기업이라는 의미에서도 볼 수 있겠다. 주택관리공단을 포함한 8개의 자회사까지 갖고 있다. 9,839명(2022년 2분기 기준)이 꽃방석에 앉아 있다. 자회사까지 포함하면 임직원은 1만 명이 훨씬 넘는다.

하여튼 한국토지주택공사법 제1조는 이 법은 한국토지주택공사를 설립하여 토지의 취득·개발·비축·공급, 도시의 개발·정비, 주택의 건설·공급·관리 업무를 수행하게 함으로써 국민 주거생활의 향상과 국토의 효율적인 이용을 도모하여 국민경제의 발전에 이바지함을 목적

---

34) 대한주택공사(大韓住宅公社)는 공공분양주택·공공임대주택·영구임대주택·국민임대주택을 공급하고, 지역별 주택건설계획과 택지개발사업, 도시정비 사업 등의 수행이었다. 1962년 국내 최초 아파트단지인 마포아파트 건설을 시작으로 1971년 임대아파트, 1998년 국민임대주택을 건설, 2004년 다가구 매입임대 공급을 시작하여 2008년 12월 기준으로 건설한 주택은 200만 가구였다. 한국토지주택공사(韓國土地住宅公社)는 신도시건설과 혁신도시 건설, 경제자유구역 조성, 개성공단 조성 등 남북경제협력사업, 해외 신도시건설, 산업단지 및 물류단지 조성, 지역 종합개발사업, 국토정보화사업, 토지비축 및 국유지 관리업무 등을 수행하였다. 두 기관의 합병 전인 2010년 3월 기준, 자산총액은 130조 3,000억 원으로 삼성에 이어 재계 2위를 기록한 적도 있다.

으로 한다.

역대 정부 중 부동산 대책에서 최고로 실패한 문재인 정부 때 제3기 신도시 발표가 있자, 한국토지주택공사 임직원들의 빼낸 정보에 따라 엄청난 불로소득을 안기는 부동산 투기[35]가 있었다. 그 사건에 대한 법원의 판단을 보자. LH에서 도시개발 관련 업무를 담당했던 A씨는 지난 2017년 3월 내부정보를 이용해 B씨, C씨와 함께 경기도 광명시 노은사동 일대 토지를 취득한 혐의로 재판에 넘겨졌다. 해당 지역은 지난 2021년 2월 정부가 주택공급대책 일환으로 발표한 3기 신도시 조성 예정지(광명 시흥·부산 대저·광주 산정 등 3곳)에 포함된 곳이다. 정부의 3기 신도시 발표 전 내부정보를 이용해 사업대상지 일대 토지를 매입한 혐의로, 재판에 넘겨진 한국토지주택공사(LH) 전 직원에게 대법원이 실형을 확정했다.

내부정보를 이용해 개발 예정 토지 매입한 사건에 대한 솜방망이 처벌이 내려졌다. 매입 당시는 25억 원이었으나, 기소 때는 차익이 4배나 되는 100억 원이었다. 1심에서는 "내부정보 이용 증명이 안 된다"고 무죄였다. 검찰은 항소를 제기하면서 공소장 변경을 통해 '마을 정비구역뿐만 아니라, 일부 유보지를 포함한 특별관리지역 전체에 대한 통합개발 추진 계획'에 관한 내용을 내부정보로 보고 '예비적 공소사실(豫備的 公訴事實)'[36]로 추가했다. 즉 검찰은 항소심 단계에서 내부정보에 대한 내용을 일부 추가했고, 2심은 예비적 공소사실을 받아들여

---

35) 2021년 3월 2일, 한국토지주택공사(LH) 직원들이 3기 신도시 등 자사의 사업계획과 연관 있는 지역에 집단으로 부동산 투기를 한 의혹이 참여연대와 민주사회를 위한 변호사모임에 의해 폭로된 사건으로, 국가수사본부의 설립 이래 첫 대형수사다. 1주 후인 3월 9일, 경찰은 LH 본사를 압수수색까지 했다. 4명이 지분 쪼개기, LTV 최대한도까지 대출을 댕겨 쓴 이른바 '영끌'로의 투기로 국민에게 박탈감을 안겼다.

36) 검찰이 주위적 공소 사실이 받아들여지지 않을 경우를 대비하여 추가하는 공소사실로, 형사소송법 제254조(공소제기의 방식과 공소장) 제⑤항에서 규율하고 있다. 즉 수 개의 범죄사실과 적용법조를 예비적 또는 택일적으로 기재할 수 있다. 공소장에는 수 개의 범죄사실과 적용법조를 예비적 또는 택일적으로 기재할 수 있다. 여기서 예비적 기재란 심판의 순서를 정하여 주위적 공소사실에 대한 판단을 먼저 구하고, 주위적 공소사실의 죄가 인정되지 않는 경우 예비적 공소사실에 대한 판단을 예비적으로 구하는 것이다. 택일적 기재란 판단의 순서를 정하지 않고 어느 하나로는 심판해 달라는 취지의 기재 방식이다.166) 뉴시스, "LH 前직원, '3기 신도시 내부정보 투기' 징역 2년 확정". 2023.08.31. 참조.

유죄로 인정했다.

대법원은 2023.8.31. 부패방지법 위반 혐의로 기소된 A씨의 상고심에서 징역 2년을 선고한 원심을 확정했다. A씨와 함께 재판에 넘겨진 지인 B씨와 C씨도 각각 1년 6개월과 징역 1년의 실형이 확정됐다. 재판부는 "A씨가 취득한 정보는 미리 알려질 경우, 지가 상승을 유발해 사업계획 실행을 어렵게 하는 등 취락정비사업 등을 추진하는 LH 입장에서는 외부에 알려지지 않는 것이 이익 정보로, 법률에서 정하는 '업무상 비밀'에 해당한다"면서 "킥오프(Kick-Off) 회의(프로젝트의 시작을 알리는 회의 - 저자 주)에서 전에 통합개발 필요성에 대해 LH 직원들 사이에 공감대가 형성돼 있다고 하더라도, 공식적 절차에서 통합개발 대상 지역을 검토하고 사업계획 방향을 결정했다는 것은 새로운 정보가 형성된 것이라 볼 수 있다"고 판시했다.

그러면서 "피고인들은 시세차익을 얻기 위한 목적으로 업무상 알게 된 비밀을 이용해 이 사건 각 부동산을 취득한바, 공기업 및 공직자에 대한 국민 신뢰를 훼손해 엄하게 처벌할 필요성이 크고, 범행을 은폐하기 위해 증거를 인멸하고 이 법원에 이르기까지 범행을 부인하며 반성하지 않고 있다"고 양형 사유를 밝혔다. 대법원은 "예비적 공소사실을 유죄로 판단한 원심판결의 논리와 경험칙을 위반해 부패방지법에서 '업무처리 중 알게 된 비밀의 이용', '재물 취득'과의 인과관계 등에 관한 법리를 오해한 잘못이 없다"고 판단했다.[37] 이 판결에서 보듯이, 피고인들은 끝까지 반성의 기미가 없음에 재판부가 질타했다. 부패한 범죄이자 공공성을 훼손한, 이 자들의 도덕불감증은 도를 넘었다. 이 정도의 양심으로는 빨리 퇴사하여 개인사업을 해야 한다. 이러함이 혈세를 바친 국민에게 용서를 구하는 것이다.

따라서 이를 근절한답시고, 다음의 법 조항을 부랴부랴 신설하기에

---

37) 뉴시스, "LH 前직원, '3기 신도시 내부정보 투기' 징역 2년 확정". 2023.08.31. 참조.

이른다. 그러면 다음에서 2021.4.1.자로 급박하게 신설된 조항이 한심하지만, 세심하게 살펴볼 필요성이 있다. 이러한 법 조항을 본문에다 나열하는 것이 탐탁하지 않으나, 이해도를 높이기 위한 고육지책인바 어쩔 수 없이 나열하면서 보고자 한다.

제22조(비밀누설금지 등) 공사의 임원 또는 직원이나 그 직에 있었던 자는 그 직무상 알게 된 비밀을 누설하거나 도용하여서는 아니 된다. 제26조(미공개정보 이용행위의 금지) ②공사의 임직원으로부터 미공개정보를 취득한 자는 그 취득한 정보를 주택이나 토지 등의 매매, 그 밖의 거래에 이용하여서는 아니 된다. 제26조의2(임직원 부동산 거래에 대한 정기조사)가 있게 하였으며, 제26조의4(부패방지교육)에서 공사는 소속 임직원의 제26조 제1항에 따른 미공개정보 이용행위와 제26조의 3 제1항에 따른 위법·부당한 거래 행위 및 투기행위 등이 발생하지 아니하도록 임직원을 대상으로 한 부패방지교육을 매년 1회 이상 정기적으로 로 실시하여야 한다.

제26조의3(준법감시관) ①공사는 소속 임직원이 공공개발사업 추진 과정에서 개발 정보를 이용하여 위법·부당한 거래 행위 및 투기행위를 하였는지 여부를 감시하기 위하여 준법감시관을 둔다. ②제1항에 따른 준법감시관은 감사 관련 업무에 5년 이상의 경험이 있는 사람 중에서 사장이 임명한다. 다만, 다음 각호의 어느 하나에 해당하는 사람은 준법감시관으로 임명할 수 없다. 1. 대한민국 국민이 아닌 사람 2.「국가공무원법」 제33조 각호의 어느 하나에 해당하는 사람 3. 금고 이상의 형을 선고받은 사람 4. 탄핵 결정에 의하여 파면된 후 5년이 경과되지 아니한 사람 ③제1항에 따른 준법감시관은 공사의 임직원이 공공개발사업 추진 과정에서 위법·부당한 거래 행위 및 투기행위를 하였는지 여부를 매년 조사하고, 그 조사 결과를 공개하여야 한다. ④ 제1항에 따른 준법감시관의 임명, 자격, 업무 범위, 자료요구 등에 관하여 필요한 사항은 대통령령으로 정한다.

제30조(몰수·추징) 제28조 제2항의 죄를 범한 자가 해당 죄로 인하여 취득한 재물 또는 재산상의 이익은 몰수한다. 다만, 이를 몰수할 수 없을 때에는 그 가액을 추징한다. 또한, 이러한 법률에 따른 같은 법 시행령 제40조의2(준법감시관의 자격요건 등) ①법 제26조의3 제1항에 따른 준법감시관(이하 이 조에서 '준법감시관'이라 한다)은 다음 각호의 요건에 적합한 사람을 대상으로 공개 모집 절차를 거쳐 선발해야 한다. 1. 중앙행정기관 또는 지방자치단체에서 감사·수사 등의 업무(이하 이 조에서 '감사관련업무'라 한다)를 5년 이상 담당한 사람으로서 5급 이상 또는 이에 상당하는 공무원으로 근무한 경력이 있는 사람 2. 공사를 제외한 「공공기관의 운영에 관한 법률」 제4조에 따른 공공기관, 「지방공기업법」 제49조 또는 제76조에 따른 지방공사 또는 지방공단에서 감사관련업무 담당 부서의 책임자 또는 그 상급자로서 근무한 경력을 포함해 5년 이상 감사관련업무를 담당한 경력이 있는 사람 3. 판사·검사 또는 변호사로서 5년 이상 근무한 경력이 있는 사람 4. 법률학 석사학위 이상의 학위를 취득한 사람으로서 「자본시장과 금융투자업에 관한 법률」 제9조 제15항 제3호에 따른 주권상장법인에서 감사관련업무 담당 부서의 책임자 또는 그 상급자로서 근무한 경력을 포함해 5년 이상 감사관련업무를 담당한 경력(학위를 취득하기 전의 경력을 포함한다)이 있는 사람이다.

✒ 웃지 못할 LH의 부패방지교육

준법감시관은 경남 진주에 소재한 LH 본사에서 근무하며, 임기는 2년이다. 단, 근무 성과가 우수한 경우에는 1년에서 5년 단위로 연장 가능하다. 이러한 법률은 신설하지 않아도 기존 법에서 규율할 수 있는 문제다. 이 조항을 축약하면 임원이나 직원이 업무상 취득한 비밀누설

금지, 제3자가 임직원에게서 취득한 미공개정보 이용행위의 금지, 임직원의 부동산 거래에 대한 정기적인 조사, 임직원의 부패 방지에 관한 교육이다. 본사가 진주라서인가? 이따위 교육, 옛 진주의 섭천(涉川) 소가 웃겠다.

대한민국 법전이나 더럽히는 이러한 법률의 규정은, 인간으로서의 너무나 당연한 '상식'이다. 따라서 도덕성이 문제다. 기존 법(법률)에서도 처벌이 가능하기에, 신설할 필요조차 없다. 땜질식 처방치고는 가관이며, 국민을 우롱하는 처사에 불과하다. 한마디로 어떠한 자리에 가면, 맡은 직무 외에 어떻게 하면 드러나지 않게 '도둑질'로서 부를 착취할까에 대해 함몰돼 있기 때문이다. 신설된 법 조항에서 서구 선진국 국민이 보면 웃을 법한 '부패방지교육(腐敗防止教育)'까지 들먹이는데, 인성교육 등으로도 안 되면 일벌백계주의(一罰百戒主義)로 강력한 처벌이 가해져야 한다.

누가 주인인가? 국민이 주인인 쌈짓돈을 축내면 강한 처벌이 필요하며, 대한민국에서 법이 왜 존재하는지 묻지 않을 수 없는 사안이다. 상식을 일탈한 법과 도덕이 상충(相衝)하면 법이 우선돼야 한다. 이제 좀 더 나가면 '특별'이란 수식어에 찬 '특별부패방지교육'이라고까지 설레발이겠다. 국민 주거 안정의 실현과 국토의 효율적 이용으로 삶의 질 향상과 국민경제 발전을 선도한다는 슬로건(slogan) 아래 움직인다는, 이들에 대한 인성에 대해서는 할 말을 잃을 정도다. 오죽했으면 기사화했는지 알 수가 있겠다. 어이가 없는 그 단면을 아래 각주에서 처리한다.[38]

---

38) 아시아경제, "철근 누락 책임 없다" LH직원 댓글 논란 LH "강력조치할 것". 2023.11.30.; 30일 업계에 따르면 지난 28일 직장인 익명 커뮤니티 블라인드에는 "주거동 철근을 뺀 LH가 벽체 철근 오류라고 하네"란 제목의 글이 올라왔다. 이에 대하여 "설계도 제대로 모르면서 이런 식으로 후려치지 말아. 까놓고 이게 우리 잘못이냐", "제발 법으로 싸웠으면 좋겠다", "LH에서 철근이 누락된 걸 알았으면 시공을 계속 시켰겠냐", "내부사정을 모르는 '모지리'들과 어찌 말을 섞나" 등 조롱 조의 댓글을 남겼다. 또 B씨는 'LH는 없어져야 할 조직임. 아무도 처벌조차 받지 않음'이라는 다른 이용자 글에는 "잘못을 했어야 처벌을 받지. 전 직원 재산공개도 억울한데"라는 글로 응수했으며, 'LH 해체해야 한다'는 글에는 "고마워 좀만 힘내줘"라고 비꼬는 댓글을 달기도 했다. B씨 아이디 옆에는 한국

이는 '철근 논란'이 일어난 LH 검단 AA21블록 아파트는 총 1,224가구 규모로 2021년 12월 31일 착공했으나, 전체 13개 동 중 4개 동의 지하층 6곳에서 철근 누락이 발생한 것으로 확인돼, 현재 공사가 중단된 상태인 사안에 관한 논란이었다. 그런데, 여기서 해괴망측한 법 조항을 발견할 수 있음이 씁쓸하기 그지없다. 준법감시관은 공사 임직원이 공공개발사업 추진 과정에서 개발 정보를 이용한 위법·부당한 거래 행위를 조사하게 돼 있지만, 투기 적발 건수가 하나도 없다. 반면 준법감시관에 투입된 인원은 총 29명, 약 2년간 지급된 연봉 및 수당 총액은 약 30억 원이다. 2022년 10월 기준 488개 지구 중 107개 지구를 조사해 2개 지구에서 3명을 수사 의뢰했지만, 이마저도 '혐의 없음'으로 종결됐다. 반면에 같은 기간 LH 내부 감사 결과를 보면 임직원 징계 건수는 총 182건이었으며, 파면, 해임, 정직에 해당하는 중징계 건수는 40건에 달했다.

일반적으로 투기 등 불법행위는 임직원 본인 명의가 아닌 차명으로 이루어지는데도, 현행법상 미공개 정보 이용금지 대상은 임직원만으로 한정되어 있어 사실상 준법 감시가 제 기능을 발휘하지 못하고 있다. "일반적으로 투기행위가 차명으로 이루어진다는 점에서 임직원만을 대상으로 하는 현행법은 사실상 유명무실한 상황"이라며 "미공개 정보 이용금지의 대상을 임직원의 가족까지 확대하고, 전관예우 등 퇴직 직원과의 계약에서 특혜가 발생하지 않도록 법을 개정해 위법·부당한 행위들을 반드시 근절해야 한다"는 입법 취지다.[39] 임직원 가족

　　토지주택공사(LH)라고 적혀 있었다. 아이디 판매 등 특수한 상황이 아니라면 B씨는 LH직원일 가능성이 높다. 블라인드는 직장에서 사용하는 이메일로 인증받아야 가입이 가능하다. B씨의 댓글을 본 입주예정 자들의 분노가 거세지는 등 논란이 커지자, 이날 LH측은 보도 참고자료를 내고 "LH 내부 인식과 상반된다"는 입장을 밝히면서, 직원 교육 등 내부 통제 강화를 통해 향후 재발하지 않도록 최선의 노력을 다하겠다"고 덧붙였다.

39) 경남뉴스, "LH 준법감시관 있으나 마나, 부동산 투기 적발 실적 없어". 2023.10.16. ; 2023년 11월 17일, 국회 국토교통위원회 서범수 국민의힘 의원실에 따르면, LH의 미공개 정보 이용행위 금지 대상에 임직원의 가족을 포함하는 한국토지주택공사법 일부개정안을 대표 발의했다. 이 외에도 퇴직한 임직원과의 특혜성 계약을 준법감시대상에 포함하는 내용도 들어갔다.

까지 관리·감독권을 확대하고, 공기관 준법감시관의 권한을 키워 내부자의 미공개된 정보 이용으로 인한 투기나 전관예우 등 특혜를 원천적으로 봉쇄해야 한다는 지적에 따른 것이다. 준법감시관을 통해 임직원의 부동산 보유·취득에 대한 조사를 철저히 시행해 LH가 국민에게 신뢰받는 청렴하고, 투명한 공기업으로 거듭날 수 있도록 하겠다는 것이다.

LH의 전신은 대한주택공사(주공)와 한국토지공사(토공)다. 대한주택공사(주공)은 1962년 박정희 정부의 제1차경제개발5개년계획의 일환으로 설립되어 과천 신도시와 반포지구 등을 개발했고, 다수의 임대주택을 건설하기도 했다. 토지주택공사(토공)은 1979년 출범해 분당·일산 등 1기 신도시 사업, 개성공단, 혁신도시 개발 등을 수행했다. 중앙정부 주도로 대규모 주택을 일사불란하게 공급하기 위한 체제였다. 고도성장이 끝나고 주택보급률이 높아지면서 두 공사의 업무가 중복된 나머지 비효율적이라는 지적이 제기되었다.

1993년 통합 논의가 처음 시작되었으나 1998년, 2001년, 2006년 번번이 불발된 채 끝나다가, 2008년 이명박 정부 때 '공기업 선진화' 계획의 일환으로 2009년 통합했다. 통합 당시 "토공은 철저하게 통합에 반대했다. 당시 토공은 규모가 주공의 거의 절반밖에 되지 않았는데, 땅 개발 위주여서 수익은 높았다. 반면 주공은 임대주택을 짓고 운영하느라 적자가 누적됐다. '토공 쪽에서 택지개발로 얻는 이익을 주거복지 재원으로 사용해야 한다'고 주장했다. 정부로서도 손 안 대고 코를 풀 수 있으니, 이해관계가 맞았다"는 것이다. 정부 입장에서는 공기업 통폐합을 통한 구조조정과 경영 효율화를 꾀할 수 있다는 계산이 있었다.

주공은 토공이 개발한 토지를 매입해 집을 지으면서 낭비한 비용을 절감해 분양가를 내릴 수 있고, 과도한 수주 경쟁과 문어발식 사업으로 인한 대규모 미분양 사태 등을 줄일 수 있다는 이점이 있었다. 이로써 LH가 택지를 개발하여 민간 부문에 매각하거나 공공분양주택의 공급으로 수익을 창출하고, 이를 공공임대주택 공급 및 관리 재원으로 활용하는 교차 보조가 일반화되었다. 심지어 공공임대주택도 5년이나 10년 뒤 분양할 수 있게 했다. 어쨌든 국민의 세금을 아끼니 좋은 일일까? 통합의 큰 목적이었던 효율화는 뒷전으로 하고라도 혈세를 절약할 수 있으니, 쌍수를 들고 환영할 일이었다.

토지 전문 변호사는 "LH의 고유 목적이 뭔지 돌아볼 필요가 있다"면서 "공공임대주택 건설이나 취약계층의 주거 정비, 공공주도 재개발에는 돈이 드는데 정부가 이걸 안 준다. 충분하지 않은 돈을 주고 LH에게 사업권을 주니, 돈이 안 되는 공공임대보다는 땅을 팔거나 주택을 분양하는 수익사업에 집중하게 되고 조직도 비대해진다. LH 해체론은 무책임하다. 민간 건설사들이 공공임대주택을 지을 리는 많지 않다. LH가 수익사업을 과감히 줄이고 고유 목적에 집중할 수 있도록 정부가 재정이나 주택도시기금을 획기적으로 지원해야 한다. 외국은 그렇게 한다"고 한다.[40]

현재의 LH 체제로서는 답이 없어 보인다. 여태껏 '공영 개발', '약자를 위한 임대주택 건설', '대량의 값싼 주택공급'이란 구호는 공염불에 불과했다. 이러한 이면에는 철거와 강제 이주, 값싼 토지대로 인한 약자의 보호는 없었다. LH는 해체돼야 한다는 게 중론이다. 과연 서민들의 생존권 문제인 주택 문제를 '가진 자만의 잔치'로 일관한다. 지금 우리나라 인구가 감소하는 시대에 살고 있다. 어쩌면 한 세기 후에는 세계 지도상에서 사라질지도 모를 형국에 처해 있다. 혹자는 대규모 택지개발이 지속 가능한지, 수도권 신도시 조성이 국가 균형발전에 부합하는지 혹은 서울 주택수요 대응에 적절한 방안인지 심사숙고해야 한다.

LH가 가진 개발 권한을 SH(서울주택도시공사), GH(경기주택도시공사) 등 지방 도시공사와 권한을 배분하면서 지방도시공사의 역량을 키우며,

---

40) 시사인, "LH에 필요한 개념은 토지공개념", 2021.03.30. 참조.

나아가 비영리 민간 주체와의 다양한 협업까지 시도해 볼 수 있는 시스템을 만들고 LH가 개발하는 토지와 주택으로부터 발생하는 이익이 사유화되지 않도록 하는 장치가 필요하다는 견해를 피력하기도 하나, 문제는 도둑들이 많다는 점이다.

지난 대통령 선거 때부터 핵심 쟁점이었던 이른바 '대장동 개발 비리[41]와 관련한 첫 번째 사법부 판단이 2023.11.30.자로 나왔다. 서울중앙지방법원은 대장동 업자인 남욱으로부터 불법 정치자금과 뇌물을 받은 김용 전 민주연구원 부원장에 대해 징역 5년을 선고하고 법정구속했다. 재판부는 이 사건을 '인허가권자와 민간업자 사이에 일어난 부패범죄'라고 규정하고, 지방자치 민주주의를 우롱하고 주민의 이익과 공공성을 심각하게 훼손한 병폐라고 판단했다.

공용수용이 '공익'이나 '공공'이란 이름으로 약탈에 가까운 행위가 자행되고 있어 문제를 더했던 결과치이다. 공용수용으로 인한 개발이익이 공유되어야 하나, (합법적인) 교묘한 법 뒤에 숨은 도둑놈만 배를 채우는 꼴이 지금도 허다하다. 바로 한국토지주택공사 임직원의 투기와 대장동 개발(화천대유) 사건은 재발할 가능성은 여전하다. 법을 악용한 정치권·법조·지방자치단체 간 부패카르텔에 의한 탈취는 계속될 것이다.[42]

---

41) 2022.12.20. '대장동게이트진상규명범시민연대(약칭, 대진범)'를 이끈 상임대표 장기표는 가열차게 파헤쳤다. 엄동설한 속에서 "공공을 가장해 민간에게 천문학적 이익을 제공한 게이트에 검찰과 경찰이 권력 눈치를 보면서 행하는 미진한 수사와 부실 수사에 국민의 무서움을 알려주기 위해 연대하게 됐다. 정부와 정치권은 민심을 외면하지 말고 신속히 특검을 할 것을 요구한다"라고 말했다. 또한 "대장동게이트진상규명범시민연대 출범의 최종 목표는 대장동게이트진상규명과 책임자 처벌"이라며 "보수·중도 등 시민단체가 참여해 동일한 목소리 내는 데, 역사적 의미가 있다"고 밝혔다. 저자도 2023년 초반까지 이 운동에 참여하였는데, 정말 날씨는 살얼음판과 같았다.
42) 정종암, 《부동산정의론》, 398·399면. 참조.

✒ 토지공개념은 국유화가 아니다

과거로 돌아가면 어떨까? 개발이익환수법이란 것이 있었다. 노태우 정부 때 도입한 '토지공개념(土地公槪念)[43] 3법' 중 하나다. 토지공개념이란 토지 국유화가 아니라, 토지를 민간이 소유하면서도 공공의 목적에 따라 사용이나 수익을 일부 제한할 수 있다는 개념이다. 우리 헌법 제23조·제122조 등에서 근거를 두고 있다. 3법 중 하나인 토지초과이득세는 개인의 유휴토지나 법인 소유 비업무용 토지의 가격이 상승하면, 3년마다 조사해 50%까지 초과한 이득을 환수하는 제도로, 이 제도에 대하여 1994년 헌법불합치(憲法不合致)[44] 결정을 내렸다. 1998년엔 김대중 정부가 부동산 경기 활성화를 위한답시고 폐지했다. 택지소유상한제로는 가구당 200평(660㎡) 이상 토지 소유자에게 세금을 물리게 하였으나 1998년 폐지된 뒤 1999년 위헌결정을 받았다. 그러나 헌법재판소조차도 토지공개념 자체는 부정하지 않는다. 토지공개념이란 토지의 개인적 소유권은 인정하되 이용은 공공복리에 적합하게 하는 것으로, 토지시장이 제대로 작동하지 못할 경우 정부가 토지시장에 개입하게 되는 것을 말한다. 즉 토지의 공공성과 합리적 사용을 위해 필요한 경우에 한하여, 법률로써 특별한 제한 또는 의무 부과를 할 수 있도록 한다는 내용이다. 달리 말해 토지공개념은 토지의 배타적 사용권과 처분권을 보장하면서도, 토지의 가치는 공유해야 한다는 것으로 토지를 공공재로 인식하는 부동산정책이다.

이쯤에서 이와 관련한 시[45] 한 편을 음미하면서 보자. 제목은 '공평

---

43) 이 부분 이하는 독자 제현께서 졸저《부동산정의론》을 참조하여 명쾌한 답을 얻으면 좋겠다. 특히 제4부에서 상세하게 서술하였다. 참고로 이 책은 어떻게 하면 부동산에 대하여 "정의를 이룰 것인가"의 부동산정책과 청년세대와 노인세대의 권익을 위한 지침서로서, 대한 나름 답을 내놓았다. 오랜 기간 연구한 끝에, 집필에만 2년 반이나 걸렸다.

44) 헌법불합치는 해당 법률이 사실상 위헌이기는 하지만 즉각적인 무효화에 따르는 법의 공백과 사회적 혼란을 피하기 위해, 법을 개정할 때까지 한시적으로 그 법을 존속시키는 결정이다.

45) 저자의 제자이기도 한, 호가 '땡벌'인 이소민 시인이 읊었다. 또한 땅벌(Yellow jacket)은 시인의 출생지인 강원도에서는 '땡벌', 경상도에서는 '땡삐'라는 방언에 의하더라도 좀 독한 벌로, 나훈아 노래 중에도 '땡벌'

의 땅'이다.

　"창조의 땅으로 무너지는/약탈과 희생의 권력//땅 한 뼘으로 점철(點綴)되는/그분의 저주//문명의 계곡에 즐비한/고통과 번뇌의 부스러기들,/서로가 키재기를 겨루는/난쟁이들의 행렬이 즐비하다//공유지의 공허가 허무는/공존의 그/푸른빛의 늪,"

　부동산, 즉 땅은 태초에 하나님이 인류에게 거저 하사한 것이다. 따라서 공유해야 할 땅을 탐욕자들의 발굽에 짓밟힌 채, 땅 한 뼘 없는 민중의 삶을 한탄하면서 저항의 노래로 형상화했다. 이 시에서 보면 탐욕자의 높은 빌딩 아래 힘에 눌러진 무허가촌으로, '빈곤의 디스토피아(dystopia of poverty)'가 춤출 뿐 공존은 없다. 그래서 '그분'이란 하나님이 인간에게 벌을 내린다고 노래한다. '나쁜'이나 '이상한'을 뜻하는 dys답게 디스토피아는 개개인의 자유가 상실되고 소수집단이 부와 권력을 가지는 반면에, 빈곤이나 착취로 고통을 안기는 사회적 불평등이 심화하면서 비인간화를 가속화한다. 또한 기후 변화 등의 환경악화로 인한 인류의 종말을 가져올 수 있다.
　인간의 탐욕에 대한 벌은 내려졌다. 공유지의 약탈(looting of public lands)로 인한 대홍수는 물론이거니와 한반도 크기의 빙하까지 녹아내리고, 엄청난 무더위와 가뭄은 물론 팬데믹(pandemic)이란 벌을 내렸지 아니한가. 세계 속 강대국과 인간의 탐욕이 불러들인 징벌은 여기서 끝나지 않고, 더 가속화한 끝에 '지구의 종말'을 가져올지도 모르는 형국에 처해 있다. 그래서 약육강식이 아닌, 그나마 함께 할 수 있는 '공존의 늪(swamp of coexistence)'이 있는 토지공개념이 필요한 것이다.

이 있다. 졸저《부동산정의론》을 탐독한 후, 이 시를 구상하고 읊었다는 후문(後聞)이다.

'토지공개념'이란, 이 용어가 탄생한 지도 근 50년이 돼간다. 1976년 신현식 건설부 장관(현 국토부 장관)은 "토지를 절대로 사유물로 인정하기 어려운 우리나라 실정에 비추어 볼 때 토지공개념의 도입이 필요하다"고 말한 데에서 기원한다. 우리 사회가 정의롭지 못한 이면에는 부동산 문제로부터 출발한다. 토지공개념제도를 폐기하거나 거부하는 게 능사는 아니다.

토지공개념은 이승만 정부와 노태우 정부가 이루어 냈다. 문재인 정부는 이에 대한 변죽만 울렸을 뿐, 무능 그 자체로 집값이 두 배나 상승하는 대책만 내놓았을 뿐이다. 그 이익을 가진 자만 더 배부르게 만들었다. 따라서 이승만·노태우 정부 때로 돌아갔으면 좋겠다. 토지공개념은, 아주 획기적인 토지 대책이 아닐 수 없다. 이를 다음에서 간략하게 분설(分設)한다. 첫째, 1989년부터 시행한 택지소유상한제다. 가구당 200평을 초과하는 택지를 취득하려는 개인과 택지를 사려는 법인은 시장·군수·구청장의 허가를 받거나 신고를 하도록 한 제도로, 일정 기간 내에 허가한 목적대로 이용하지 않을 때는, 초과소유택지 가격의 7~11%를 택지초과소유부담금으로 부과하였다. 이 제도에 따라 1998년까지 약 1조 6,779억 6,900만 원의 세수가 발생했으나 이 제도는 그해 9월 폐지됐고, 이후 '위헌결정'이 내려졌다. 둘째, 개발이익환수제다. 택지개발, 주택단지 조성, 관광단지 조성, 도심 재개발, 온천개발 등으로 토지를 개발할 때 '지가 상승으로 취득한 이익 중 일정액을 정부가 환수'하는 제도이다. 개발이익환수제는 토지로부터 발생하는 개발이익을 환수함으로써, 토지에 대한 투기를 방지하고 토지의 효율적 이용을 촉진하기 위해 도입되었다. 셋째, 토지초과이득세 부과다. 각종 개발 사업으로 유휴토지의 지가 상승으로 인한 지주가 얻은 토지초과이익분을 세금으로 환수하는 제도다. 그러나 실현되지도 않은 이익에 대해, 미리 과세하는 것은 지나친 규제라는 이유로 '헌법불합치' 결정에 따라 1998년 12월 폐지됐다. 넷째, 이러한 제도 외 「토지

관리 및 지역균형개발 특별회계법」, 「종합토지세법」, 「부동산 가격공시에 관한 법률」 등도 포함시킬 수 있다.

이러한 토지공개념이 국민의 재산권 침해라는 반발 때문에, 아예 시행하지도 못하거나 시행 중에 위헌결정 등으로 폐지된 적이 많았다. 가진 자만이 가졌을 뿐인데도 말이다. 또한 부동산시장의 사정을 탓하면서 정부 스스로 시행 중에 폐지한 경우도 있다. 부동산 가격이 급등해 전국적으로 우리나라만의 특유의 부동산 투기가 만연하자 정부가 토지공개념을 적용한 택지소유상한제, 유휴지제도, 토지거래신고제도, 농지취득자격증명제도, 개발이익환수제도, 토지초과이득세제도 등 토지의 소유·거래·세금과 관련한 정책을 쏟아냈거나, 현재도 쏟아내고 있다. 그러나 '투기공화국'답게 망국병은 치유되지 않고, 진행 중이다. 이러한 나머지 심지어 문재인 정부는 부동산 대책을 23번이나 쏟아냈다. 그러나 그 대책이 한 번도 적중하지 않아 '23전 23패'란 불명예를 안았다.

📍 한국토지주택공사 해체해야

한국토지주택공사는 이제 해체되어야 한다. 이 공기업은 본래의 수명을 다했기 때문이다. 즉 애초에 설립 취지는 국민의 주거안정책으로 주택개발에 있었다. 주택보급률이 100%가 넘은 지 근 20년이란 세월이 흘렀다. 문제는 1가구당 1주택만을 갖게 법제화하고, 탈 많은 비리의 온상을 이제 걷어치우자. 그래도 여운이 있다면 그 권한을 각 지방공사에 안분(按分)하자. 더 나아가 토지공개념 실시가 답이다.

공익 실현을 위해서더라도 피수용자의 희생을 최소화하는 길은 LH로서는 불가능하다. 대도(大盜)만을 양성할 뿐, 국민에게 부정의에 의한 위화감을 조성하고, 본래의 기능을 벗어난 고가의 주택 건설로 인하여 소득 불평등을 낳는다. 주택으로 부를 축적하려는 국민성을 잠재우는 방법이 있으면 좋겠지만, 이 또한 요원한 길이다. 1가구 1주택으로 법제화하던지 토지공개념을 강화하는 방법밖에 없다.

토지공개념 제도가 민주주의나 자유민주주의를 운운하면서, 사회주의나 공산주의 국가에서나 할 수 있는 제도라고 치부할 것인가에 대해 간략하게 보자. 앞서 언급했듯이 현행헌법에서 그 근거를 찾을 수 있고, 헌법재판소가 지금까지 이를 부정하지 않았다는 사실이다. 또한 달갑지 않지만, 그 흔한 좌·우파 정당으로 이분화하여 볼 때 공교롭게도 우파(보수) 정권인 이승만·노태우 정부에서 토지를 공개념화했다는 점에서, 반대측의 논리는 궁색한 면이 있다.

코로나-19사태 초기에 마스크가 부족한 나머지 가격이 엄청나게 뛰었다. 이때 배급제나 같았다. 1인당 구매할 수 있는 수량을 제한하니까 약국에서 줄을 서는 촌극이 벌어졌다. 이 사태 때, 전 국민을 상대로 재난지원금까지 지급한 적이 있다. 우리는 이에 대해 누구든, 거부하지 않고 빈자나 부자나 덥석덥석 지원금을 받았다는 사실을 상기해보자. 이때 이러한 게 사회주의 제도라고 거부하지도 않았다. 걸핏하면 좌익·우익이라고 매도하는 사람들은 어떻게 대했나? 공짜에는 양잿물도 마신다는 속담을 차용한 자기합리화로, 일관할 문제가 아니다는 점이다.

헌법 제23조 제2항에 따른 재산권 행사의 공공복리적합의무는, 재산권자만이 아닌 입법자와 법원에도 입법이나 사법에 적용되는 지도원리다. 공공(공익)을 위해서는 일부 제한하는 것은 헌법상 위반도 아니다. 따라서 1가구가 다주택을 갖게 해서는 안 된다. 그래도 더 가져야 한다는 가구이면 '중과세로 대처'하면 된다. 집값이 저렴하고 일할 자리가 많고, 명실상부하게 지방분권화가 되면 굳이 서울을 고집하지도 않는다, 덩달아 출산율 배가에도 기여하는 길이다.

제18장

영혼 없는 대한민국 공무원집단의 행태

　　　　　　공직자 또는 공무원(公務員, public servant)이란 국가와 지방자치단체의 사무를 맡아보는 사람 중에서 공개경쟁 채용시험에서 합격하거나 공직선거에서 선출된 사람을 말한다. 정부 부처, 지방자치단체, 법원, 국회 등 다양한 공공기관에서 다양한 업무를 맡는다. 국가직은 정부 부처 또는 그 소속기관에서 근무하며, 지방직은 해당 지자체에서 근무하게 된다. 노동3권 중 집단행동권을 제외한 나머지 두 권리는 인정된다. 정당 가입은 금지된다. 일반공무원과 초·중·고등학교 교사는 헌법상으로 정치적 중립을 지켜야 한다.

　정부의 공식 통계에 의하면 공무원은 161만 3,000명이며, 그중 약 119만 4,000명이 정부 소속 정규직 공무원이다. 국가공무원 및 지방공무원(경찰공무원, 소방공무원도 포함)이 98만 명이고, 직업군인과 군무원이 21만 명, 사회보장 기금에 2만 명, 기타 비영리 공공기관에 7만 명이 속해있다. 여기에 비정규직 공무원 32만 5,000명이 더해진다. 이는 전체 경제활동인구의 6.5%에 해당하는 숫자이다. IT 강국에다 AI이 지배하는 이 시점에서, 비효율성과 복지부동이 만연한 이 조직 구성원이 많긴 많다.

　국가와 사회의 유지를 위해, 국민 안전과 복리 증진을 위해 일하는 만큼 책임감과 자부심으로 업무에 종사하기에 충실한 신분 보장, 안정적인 급여, 각종 복지 혜택, 공무원연금의 혜택에 의한 비교적 안정적인 노후가 보장된다. 금융권의 대출에 있어서 타 직업보다 유리한 면이 많다. 따라서 안정성에서는 타의 추종을 불허할 정도다. '무사안일', '복지부동', '철밥통'이란 말은 공무원에 대한 비판에서 항상 거론되는 약방의 감초로 작용한다. 이에 대해 결코 틀렸다고 말할 수 없는 게, 공무원들의 현실이다. 국민을 대표하는 정치인들이 선거를 통하여 선출되고, 지방자치단체, 지방의회와 국회에 정치인이 존재하도록 제도가 만들어진 이유도 있다. 이는 입법과 회계감사를 통하여 공무원의 집합체인 행정부를 검수하고 세금과 규제를 개혁하여 국가경쟁력을 점진적으로 강화하기 위함이다.

그러나 내부정보를 이용한 불법투기가 심심찮게 벌어지고 있다. 봉직(奉職)하면서 자신이 취급하거나 동료 공무원 등에게서 개발 정보 등을 취득해, 이를 토대로 땅이나 건물 등에 불법투기를 하고 보상금을 받거나 개발이익을 갈취하기도 한다. 일반인과 달리 개발 정보에 접근성이 더 높은 공무원 신분이기 때문에 가능하다. 심지어는 시골에서 봉직하는 공무원들은 촌부(村夫)들이 정보에 취약함과 무지를 악용하여, 개발 정보에 따른 투기로 배를 채우고 있는 사례도 비일비재하다. 이 사실을 모르는 주변에서는 은퇴한 공무원에게 무슨 공무원 출신들이 재산이 저렇게 많냐고 볼멘소리가 심심찮게 들려도 발각되지 않는 사실이 얼마나 통탄할 일인가에 대해,[46] 감찰 부서는 귀담아들어야 한다.

보도에 따른 사례를 한번 보자. 경기도 화성시청 공무원 6명은 2003년께 화성시 봉담읍 일대가 도시개발지구로 지정되고 대규모 택지개발이 이뤄진다는 정보를 입수했다. 이들은 시세차익을 노리고 인근 토목 측량 설계사무소와의 결탁으로 개발예정부지 임야 1만 1,782평을 21억 원에 매입했다. 신분 노출을 피하기 위해 친지 등 제3자 명

---

46) 대도시 지자체 인허가나 건축 담당 하위직 공무원들의 재산축적으로 제3자 명의의 건물을 사들여 은퇴 후 호가호위하는 인간의 가증스러움도 볼 수 있다. 이러한 범법행위에는 커넥션(connection)이 있었을 것으로 추정되나, 발각되지 않은 채 노후를 즐기면서 또 다른 탐욕에 찬 자를 보노라면 구역질을 안긴다. 부정하게 일군 부로, 덩달아 자식 자랑에만 침을 질질 흘리는 팔불출도 본다. 이러고도 당연시하는 부도덕성의 한 단면이다. 이런 자들은 퇴직 후라도 소급해 처벌해야 할 것이다.

의로 땅을 구입한 것이 적발되었다. 2019년 내포신도시 연결도로 개발 계획을 미리 알아낸 충남도청 소속 공무원들이 가족들 명의로 우회해서 땅 투기를 벌였다. 특히, 과거 홍성군청에서 건설 업무를 맡아 개발 정보를 알고 있던 고위공무원 A는 다른 도로와 교차하는 노른자 땅을, 지난 2014년 2억 원에 누이 명의로 매입했다. 결국 국무총리실 감찰반에 적발돼 검찰 수사로 이어졌고, 검찰의 기소로 인해 재판으로 이어졌다.

그러나 정작 충남도청은 해당 비리 공무원을 승진시키기까지 했다. 언론 보도로 논란이 되자 충남도청은 승진은 검찰 기소 전에 이뤄진 것이라고 변명했다. 결국에 혐의가 인정돼 징역형 집행유예 판결을 받았다. 법적 요건을 갖췄음에도 유권해석을 내세워 인허가를 반려하거나, 불허가 처분 또는 법에 없는 조건을 요구한 뒤 들어주지 않으면 불허가처분을 내리는 식이었다.

관련된 법령과 중앙정부의 지침이나 대법원 판례조차 지자체 공무원의 유권해석 앞에서는, 아무런 소용이 없다는 것이 당시 민원인들의 공통된 설명이었다. "과거처럼 차라리 뇌물을 줘서라도 인허가를 받는 게 훨씬 편했다"는 자조 섞인 얘기까지 나돌 정도다.[47] 이러한 재량권과 꼰대 행각, 통제받지 않는 지역 사회가 결합하면 9급공무원조차 정치인들과 기업인들 앞에서 절대적으로 갑이 되는 현실에도 거의 속수무책이다.

공무원은 국가의 경쟁력과 발전의 중요한 역할을 한다. 물론 현대사회에서 민간 부문의 역할도 증대되고 있지만, 더 중요한 것은 각종 법과 제도, 규범을 시행하는 공무원의 역할이 크다. 국가마다 발생한 부패는 정권이나 혹은 정부마다 형태와 내용이 다를 수는 있지만, 공무원의 부패한 범죄는 여전히 진행형이다. 부패방지제도는 각 정부의 국

---

47) 연합뉴스, "공무원이 투기 소장…지도충도 투기 열풍", 2005.11.27. 참조.

가 우선순위로 선정되어 시행되었다.

그러나 싱가포르 정도의 '청정 공무원사회(淸淨公務員社會)'면 모를까 2022년 기준 청렴도 세계 31위 국가(OECD 38개 국가 중에서는 22위)답게, 공무원 부패는 이면에 잠복했다가 다시 나타나기 때문에 근본적으로 적발하기 어려운 면이 있다. 싱가포르는 리콴유의 권위주의적 통치로 인해 부패가 없는 나라로 유명하다.

싱가포르는 국제투명성기구(Transparency International)가 매년 국가의 부패 정도를 평가하는 부패인식지수(CPI·Corruption Perceptions Index) 조사에서 아시아 국가 중 청렴도가 제일 높고, 거의 북유럽 국가들이나 호주 등과 비슷하다. 일단 부패 범죄를 저지르면 일반인보다 훨씬 무거운 엄벌을 받는다. 부정행위로 쫓겨난 공무원은 아무리 본인의 능력이 뛰어나더라도, 직무와 관련된 기업들에 재취업조차도 불가능하게 한다. 심지어 아예 독립해서 부모와 무관한 성년 자식일지라도 부모가 출처, 재산이 늘게 된 경위 등을 제대로 해명하지 못한 해당 재산이 당사자에게 흘러간 것이 확인되면, 아무리 자녀가 민간인이라도 혹독한 조사를 받아야만 한다. 본인과 배우자 미성년 자녀들의 재산과 투자한 자본의 액수 변동을 일정한 주기마다 계속 신고해야 한다. 적은 액수라 할 지라도 설명할 수 없는 재산이 발견되면 몰수당한다.

필리핀 전 대통령 두테르테는 '악과 싸우는 독재자'로서 취임 6개 월 내에 부패를 뿌리 뽑지 못하면 사퇴하겠다며, 범죄와의 전쟁까지 선포했다. 이에 따라 경찰에게는 범죄자 즉결처형권이 부여되며, 마약밀거래상을 죽인 자에게는 포상금이 주어진다.

두 예시한 국가는 우리와 같은 민주주의국가다. 반면 사회주의국가이긴 하나, 중국은 중범죄 기록이 있으면 사업을 하는 외에 출세를 어렵게 만든다. 예를 들어 범죄 기록이 있는 사람은 공무원이 될 수 없고, 변호사 자격도 취득할 수 없을 뿐만 아니라, 공무원이나 변호사가 된 후에 범죄 기록이 생긴다면 자격이 말소되게 한다.

공직자(公職者, public official)는 법과 도덕으로 똘똘 뭉쳐 합리적인 집행자·관리자의 역할과 민간이 건강한 삶과 경쟁력을 갖게 하는 지원자로서의 역할이 충실했을 때야 만이, 그 국가와 사회는 더욱더 발전할 수 있는 것이다. 반면에 예전에는 부강했던 필리핀이나 아르헨티나 같은 국가가 정체되거나 더 가난해진 사례를 보아도, 그 내면에는 공무원들의 암적인 부정부패가 만연하였다는 것을 쉽게 볼 수 있다.

따라서 공무원은 ①국민 전체에 대한 봉사자이며, 국민에 대하여 책임을 진다. ②공무원의 신분과 정치적 중립성은 법률이 정하는 바에 의하여 보장된다(헌법 제7조). 헌법 제29조 ①공무원의 직무상 불법행위로 손해를 받은 국민은 법률이 정하는 바에 의하여 국가 또는 공공단체에 정당한 배상을 청구할 수 있다. 이 경우 공무원 자신의 책임은 면제되지 아니한다. ②군인·군무원·경찰공무원 기타 법률이 정하는 자가 전투·훈련 등 직무집행과 관련하여 받은 손해에 대하여는, 법률이 정하는 보상 외에 국가 또는 공공단체에 공무원의 직무상 불법행위로 인한 배상은 청구할 수 없다. 즉 국가배상청구권에 의한 그리고 공무원의 직무상 불법행위에 대한 책임을 전가하고 있다. 일본국 헌법 제15조(日本國憲法 第15條)[48]도 제3장에서 '국민의 권리와 의무'의 조문 중 하나로 공무원의 지위, 선거권 및 투표의 비밀에 대해 규정하고 있다.

✒ 느슨한 판결이 공무원 범죄를 더 부추겨

국가공무원법에서는 "국가와 국민에 대한 봉사자인 동시에 국민에 대하여 무한 책임과 보호할 의무를 진다."고 규정되어 있다(제7조 제1

---

48) 일본국 헌법 제15조 ①공무원을 선정하고 이를 파면하는 것은 국민 고유의 권리이다. ②모든 공무원은 전체의 봉사자이며, 일부의 봉사자가 아니다. ③공무원의 선거에 대해서는 성년자에 의한 보통 선거를 보장한다. ④모든 선거에 있어서 투표의 비밀은 이를 침해하여서는 아니 된다. 선거인은 그 선택에 관하여 공적으로도 사적으로도 책임을 지지 아니한다.

항). 공무원은 자신의 직분과 직무에 관하여 자국민, 외국인 및 모든 행정적 민원인을 대상으로 법률적 수행한다. 제79조(징계의 종류) 징계는 파면·해임·강등·정직(停職)·감봉·견책(譴責)으로 구분한다. 제80조(징계의 효력)에 대해 규정하고 있다. 이 같은 공직 업무를 처리하는 과정에서 개인의 탐욕으로 인한 공무원이 '공익'이란 본분을 떠나, '사익'을 이용한 범법행위를 하는 것이 공무원 범죄다.

이러한 범죄는 해를 거듭할수록 대범해지면서 혈세인 국민의 재산까지 크게 침탈하고 있다. 공무원의 부정부패 근절을 외치고 있으나, 정부마다 실효성은 없는 형국이다. 아무리 강력한 법 제도를 시행한다고 하더라도, 공무원의 부패한 범죄를 완전히 단절할 수는 없을 것이다. 이러한 현상에는 '솜방망이 처벌'이 한몫하고 있다.

과거의 사례를 보자. 검역이 필요한 국제물류가 무사통과하는 동안 옆에서 휴대전화로 게임을 즐기던 인천공항 세관 직원들, 칼을 휘두르는 피의자를 남겨두고 현장을 이탈한 경찰관, 최근 벌어진 이 사건들을 하나로 묶는 키워드는 '직무유기'다. 공무원이 정당한 이유 없이 직무 수행을 거부하거나 유기할 경우, 1년 이하 징역이나 금고 등에 처한다고 말한다(형법 제122조). 벌금형 없이 곧장 징역형으로 처벌한다는 건, 그만큼 죄질이 무겁다는 이야기다. 하지만 정작 법조계에선 문제가 된 이들 중 누구도 '직무유기로 처벌 안 될 것'이라는 예상이 우세했다. 그 이유로 대법원이 보는 직무유기란 '고의로 직무를 모조리 포기한 정도'여야 했다. 단순히 일을 소홀히 한 정도로는 처벌이 되지 않았다. 믿기 힘든 이야기였지만, 웬만해선 "직무유기죄가 될 수 없다"는 그 말은 모두 사실이었다. 이러한 '고무줄 판결'로, 공무원 범죄를 부추기는 형국은 앞으로 지양해야 한다.

법원은 대부분 적극적으로 범죄에 가담한 수준 정도일 때라야만, 직무유기를 유죄로 봤다. 따라서 직무유기로 재판에 넘겨져도 절반은 그냥 풀려났다는 사실이다. 우선, 직무유기죄로 재판에 넘겨진 사례부터 흔치 않았다. 대법원이 공개한 최근 2년치 형사판결문 중 형법 제122조(직무유기)가 적용된 사건은 단 10건. 중복된 사건을 빼면 8건에 불과했다. 어렵사리 재판에 넘겨져도 모두 엄중한 처벌을 받은 것도 아니었다. 해당 혐의 사건 8건 중 4건(50%)이 선고유예로 끝났다. 선고유예를 받은 사람은 2년간 범죄를 저지르지 않으면, 처벌 전력 자체가 없었던 일이 된다. 결국, 아무런 처벌도 받지 않은 것과 마찬가지다. 나머지 4건만 징역형(집행유예 포함)이 나왔는데, 그중 실형이 선고된 경우는 딱 2건(25%)에 그쳤다. 사건의 면면을 보면, 맡은 업무를 안 하는 정도가 아니었다. 아예 범죄에 적극적으로 가담했다.

따라서 범행에 적극 가담한 '동업자' 수준은 돼야 직무유기죄로 실형이 선고되는 꼴이다. 일례로 뇌물을 받고 도망쳐 지명수배자가 된 전직 경찰 A 관련 사건이 그랬다. A는 성매매 업소를 차렸는데, 현직 경찰 3명은 지명수배자인 A를 발견하고도 검거하지 않았다. 오히려 안정적으로 성매매업을 이어갈 수 있도록 협조한, 사실상 동업자에 가까운 모습을 보였다. 경찰 단속 정보나 수사 상황을 빼돌려 전달하는 건 기본이었다. 단속해야 할 성매매 업소에서 도리어 향응을 접대받았다. 더 나아가 문제가 생기면 '바지 사장'을 내세우고 처벌을 피하라는 '팁'까지 전달했다. 직무유기를 포함한 이 사건 판결문에 적시된 범죄 행위만 무려 14건으로, 재판에 넘겨진 피고인은 9명이나 됐다. 그야말로 조직적인 부정부패 범죄였다.

이 사건은 대법원까지 갔지만, 현직 경찰 3명 가운데 1명에게만 징역 1년 실형이 선고됐다. 벌금도 30만 원에 그쳤다. 공권력을 악용해 가장 주도적으로 성매매 일당의 뒤를 돌보아 준 자였다. 나머지는 각각 징역 8월에 집행유예 2년, 징역 4월에 집행유예 1년이 선고됐다. 대법원이 공개한 최근 2년 치 형사판결문 중 형법 제122조(직무유기)가 적용된 사건은 8건(중복 제외)에 불과했다. 직무유기 8건에 연루된 피고인은 총 10명. 직업별로 나누면 경찰이 6명, 일반 공무원이 4명이었다.

이들이 저지른 직무유기를 유형별로 보면 다음과 같다. 일단, 경찰은 눈앞의 범죄행위에도 불구하고 덮어버렸다.

과거 함께 일했던 경찰이 수사받을 위기에 놓이자, 몰래 사건을 덮어버린 경찰 B씨 사건을 보자. 지난 2015년 국민건강보험공단에서 수사 의뢰를 받은 B씨는 수사 대상이 과거 자신과 함께 일했던 경찰 동료임을 알게 된 후, 사건을 방치하기로 마음먹었다. 이를 위해 청장 명의를 도용해 "내사 종결됐다"는 공문을 국민건강보험공단 쪽에 보내기도 했다. 이 사실은 감사원이 감사에 나서면서 무려 4년 만에 드러났다. B는 1심에서 징역 2년에 벌금 2,000만 원을 선고받았지만, 지난해 7월 부산고법은 "B가 30년 가까이 경찰공무원으로 봉직하면서 성실하게 근무했다"며 징역 1년 6월에 벌금 500만 원으로 감형했다.

경찰 C는 사기죄로 지명수배가 내려진 내연녀를 만나고도, 검거하지 않았다. 오히려 지명수배와 관련한 내부정보를 찾아 전달했다. 그는 기존부터 수시로 형사사법정보시스템에 접속해, 내연녀가 원하는 각종 정보를 빼돌려 주곤 했다. 그러나 이 또한 집행유예였다. 2021.5. 부산지법은 C에게 징역 6월에 집행유예 1년을 선고했다. 어이없다. 알고도 모른 척, 하염없이 업무를 미뤘어도 "직무유기가 아니다"는 것이다. 공무원들은 처리해야 할 업무를 짧게는 수개월에서 길게는 수년간 "묵혔다"는 사실이다.

공무원 D는 처리해야 하는 결재 문서를 받고도, 인사이동이 날 때까지 11개월가량 방치했다. "팀 분위기가 좋지 않아서 눈치를 보느라 그렇게 했다"는 항변이었으나 2019년 11월, 서울동부지법은 '선고유예' 판결이었다. "업무처리를 지연했을 뿐, 직무를 의식적으로 포기하지는 않았다"라는 이유였다. 문화재 관리 공무원 E는 폐토사를 매립한 업체를 알고도 아무런 조치를 취하지 않았다.

2021.1. 춘천지법에서도 선고유예를 받은 공무원이 나왔다. 지역 문화재를 관리하던 E였다. 공무원 E씨는 관할 문화재 보호구역에 한 업

체가 2년간 폐토사를 매립해 온 사실을 알고도 적절한 조치를 취하지 않았다. 그러나 재판부는 "E가 적절한 조치를 취하지 않은 건 사실이나, 직무유기까지는 아니다"라는 판결이다.

2021.5. 광주지법 순천지원에서 선고유예로 풀려난 공무원 F도 마찬가지였다. 모 업체가 위법하게 토석을 채취하는 걸 방치하고, 오히려 환경영향평가 등에 문제가 없다며 허위 공문을 발송했는데도 그랬다. 재판부는 "F가 징역형의 집행유예를 선고받으면, 공무원직에서 당연히 퇴직하게 된다"는 이유 아닌 이유로 선처했다. 이들의 직무유기는 공직사회의 청렴성을 해치고, 형사사법 절차 전반에 대한 국민 신뢰를 무너뜨린 것과 같았다. 그런 행동에도 법원은 "처벌까진 과하다"라는 답만 반복하고 있다는 것이다.[49]

선(先)입찰계약으로 시공되고 있는 후(後)공사금액 78, 349,000원을 횡령한 사건으로, 2023.11.24. 검찰에 고발돼 금산군 건설과 공무원이 조사중에 있다.[50] 또한 보은군청 안전건설과 직원 A(29)에게는 지난 4월 특정 업체에 군 진행 사업에 선정될 수 있도록 편의를 제공하겠다며 적극적인 뇌물 요구로, 이를 수수(27,000여 만원)한 혐의로 2023.12.10. 징역 2년에 벌금 5,460만 원을 선고했다.

매달 나오는 월급만으로 살 수 없거나 돈만을 생각하면, 그 자리를 박차고 나오는 자세가 필요하다. 그 자리의 혜택을 절반만 취하고도 메꿀 인재도 있을뿐더러, 공직자는 국가가 망하지 않는 이상 먹고사는 데는 지장이 없다. 삼시세끼 밥 외 주전부리[51]를 챙겨 먹듯이 그대들보다 못한 궁민(窮民)의 세금을 날름날름해 혈세를 축내며, 하층민의 삶까지 더 피곤하게 만들 필요가 없다. 이건 죄악이다.

---

49) 로톡뉴스, "마약 안 잡고, 동료범죄 눈감고, 공무원들은 '믿는 구석' 있었다?", 2021.12.10.
50) 코리아플러스(http://www.kplus.kr), "금산군배임횡령의혹(?)사건", 2023.11.25.
51) 국어사전에 의하면 "때를 가리지 아니하고 군음식을 자꾸 먹음. 또는 그런 입버릇"을 말한다. 공무원의 급료·각종 수당·연금 외에, 부정한 돈을 탐하는 자들을 빗대 본문과 같이 표현했다. 급료 등은 주된 음식이요, 횡령 등의 부정한 돈은 주전부리이겠다. 주전부리에 너무 취하면 체하는 법이거늘…,

✒ 가재는 게편, 노인 범죄 방지책은

왜 이렇게도 공무원 범죄에 대해서는 관대할까? '가재는 게편'이어서인지, 국민에 대한 봉사자라서 관대할까? 작금에 있어 대한민국 공무원을 봉사자라고 칭함은 어불성설이며 사치스럽다. 2023년 4월에 6·25참전 용사가 정부지원금 39만 원과 지방자치단체 지원금 합 49만 원으로 생활이 어려운 나머지, 식료품 8만 원대의 절취 사건이 있었다. 20만 원 이하 벌금 또는 과료에 해당하는 경범죄 사건에 대해 형사 소송 절차를 거치지 않는 약식 재판인 즉결심판에 넘겨졌다.

'헝그리(hungry) 절도' 혹은 '생계형 범죄'가 추락하는 경제와 함께 또다시 사회현상으로 나타나고 있다. 2000.12.14. 서울 강서경찰서에는 평범해 보이는 40대 주부가 슈퍼마켓에서 생선 2마리와 샴푸를 훔치다 붙잡혔다. 아들(19)과 함께 1,200만 원짜리 전세방에서 생활하는 강 모씨(43), 2000.11.25. 서울 강동경찰서에 야간주거침입 및 절도 혐의로 붙잡힌 김 모씨(34), 사업에 실패해 2000년 6월부터 '실직자'가 된 그는 일자리를 구하지 못하자 우연히 서울 강동구 천호동에서 대문이 열려있는 한 주택을 발견, 그 집에 들어가 화장대 위에 놓여있던 13만 원을 훔쳐 귀가하던 집주인 부부에게 붙잡힌 사건이다.

'헝그리 범죄'의 증가는 직장을 잃고 생계를 꾸리기 어려운 사람들에 대한 사회보장제도가 미흡해 발생하는 현상으로, 실직자나 빈곤층을 '실패자'로 보는 왜곡된 시선이 사라져야 하며, 실업급여 인상과 실업자 재활교육 확대 등 빈곤층을 위한 사회보장제도가 더 확충돼야 한다.[52] 20년 전이나 지금이나 변함이 없다. 지금도 생계형 범죄가 대부분이다. 옛말에 배고파 남의 집 담을 넘지 않는 이는 없다는 말이 실감나는 대목이다. 특히 생계형 범죄는 사회 구성원들의 가장 원초적

---

52) 동아일보, [이슈추적]"배고파서…" 생계형 범죄 는다. 2000.12.19.

문제인 '굶주림'을 제대로 해결하지 못해 발생하는 것으로, 그 사회의 복지 수준을 드러내는 문제라는 점에서 심각성이 더 크다.

한국보건사회연구원의 '2022년 빈곤통계연보'에 따르면 1인 가구의 빈곤율은 2020년 47.2%로, 전체인구 15,3%와 비교했을 때 3배 이상 높은 수치다. 65세 고령 1인 가구 빈곤율은 72,1%로 50~64세인 38,7%보다도 높다. 이러한 연유는 노후 대비 미흡과 소득절벽 시 소득 대체가 힘든 탓이다. 경찰청 범죄통계조사에서 보면, 고령으로 인한 범죄자 중 생활 정도가 하류층에서 발생한 범죄가 2019년 1만 199건, 2020년 1만 1,002건, 2021년 1만 2,085건으로 증가 추세에 있다. 여기서 문제는 고령층의 빈곤으로 생계형 범죄가 발생하고 있다는 점이다. 경제대국의 자화상이 '세계만방 속 부끄러움'을 사기에 충분하다.

그렇다면 병역의무를 지는데도 2024년 기준, 병사인 병장의 급료가 125만 원(이듬해는 150만 원), 상병이 100만 원이다. 따라서 65세 이상 고령자로서 공적연금 등이 없거나 미미한 경우는 최소한 100~125만 원 정도까지 보충해 주는 방법으로, 노인복지 차원에서 지급하는 방안을 검토할 수도 있다. 따라서 기초연금은 노인빈곤율을 낮추는 데 있어, 중요한 역할을 하고 있다.

기초연금을 현재 소득 하위 70%(중위소득 150%)로 한정하는 것보다, 기준중위소득 50~55% 정도로 하면 어떨까? 중위소득은 국민 가구 소득의 중간값이다. 현재 복지제도의 틀에서와, 2024년 기준 기초연금 수령자 701만 명에 대한 예산이 22조 5천만 원에서 24조가량이다. 증액하지 않고도 이 예산 범위 내에서 더 두텁게 보장할 수 있다. 즉 저연금자(低年金者)와 연금 미가입자에 대한 급여 수준의 상향이 가능하다. 이러면 국민연금 미가입자나 수령이 현저하게 부족한 계층에 대한 보전이 되면서, 저소득 고령층에 대해 그나마 두터운 복지가 될 것이다. 더구나 소득불균형으로 인한 소외를 방지하고, 굶주림에 처한 고령화된 범죄를 막는 길이다.

다시 공무원 범죄 중 유형별로 보자. 2019년 기준 적발 건수 1,263 명 중에서 1위 (음주운전 등의) 교통사범, 2위 사기, 3위 폭행, 4위 강제추행, 5위 특별경제사범, 6위 문서·인장, 7위 상해, 8위 손괴, 9위 중수뢰, 10위 횡령 순이나 기소율은 현저히 낮다. 지역별로는 전남, 경북, 강원 순으로 높다. 다만, 성범죄는 '벌금 100만 원 이상'이면 퇴출이며, 임용예정자도 이 정도면 향후 3년간 임용이 될 수 없다.

앞서 본 바와 같이 공무원 범죄 중 '절도'는 없어 보인다. 일반인의 절도는 먹고살기가 힘든 나머지 생계형 범죄가 많은 것과 비교된다. 범죄 행위도 가진 자와 못 가진 자의 차이가 역력하다. 생계형 범죄는 주로 고령층과 미성년자층에서 많이 발생하는 점에 비춰볼 때, 먹고 사는 데는 지장이 없는 공무원들이 회전의자 속 꽃방석에 앉아 콧노래를 부르는 격으로 자중해야 한다.

그러다 보니 근간에는 국민이 낸 세금을 공직자가 어떻게 쌈짓-돈 쓰듯이 했는지 보자. 국민권익위원회는 지난 6월부터 11월까지 광역·기초지방자치단체(9개), 교육자치단체(3개), 공직유관단체(2개) 등 총 14개 기관을 선정하고 2020년 1월부터 2023년 8월까지 시설부대비 집행에 대한 실태조사를 한 결과를 2023년 12월 5일 공개한 사안을 보면, 혈세를 이렇게 쓰고도 솜방망이 처벌은 끝없다. A기관은 국가기관으로부터 위탁사업을 진행하면서 공사와 직접적인 관련 없이 직원 격려 차원의 해외 출장 명목으로 소속 직원 16명이 네덜란드, 독일, 벨기에 등을 방문하는 '외유성 해외 출장비'로 1억 1,000만 원을 시설부대비(공사·시설 사업수행 등에 필요한 경비 외 소요되는 부대 경비)로 부당하게 집행했다.

A기관 직원들처럼 시설부대비로 외유성 국외 출장을 다녀오고, 고가 스포츠 의류를 구입한 14개 공공기관이 적발됐다. 조사 결과에 따르면 9개 지방자치단체는 시설부대비로 지급하는 피복비는 공사감독

으로 지정된 공무원에 한해 필요한 경우에, 안전모·안전화 등 안전용품을 구매해야 하는데도 이를 고가의 스포츠 의류·신발 등을 구입했다. 공사감독 공무원이 아닌 상급공무원에게 총 6억 4,076만 원 상당을 부당하게 집행한 기관도 적발됐다.

2개 기관은 외유성 국외 출장 경비[53]로 2억 8,158만 원 상당을 부당하게 집행했다. 3개 교육청을 포함한 8개 기관은 출장내역을 허위 등록하는 방법으로 여비를 부당하게 수령했다. 출장을 가지 않거나 조기 복귀하고도 출장 시간을 모두 채운 것처럼 속이거나 임차차량 등을 이용했는데도, 자신의 차량을 이용한 것으로 출장내역서를 허위 등록하는 수법으로 2억 8,679만 원 상당을 수령했다.[54]

2023.8. 광주지검 반부패강력수사부가 사건 브로커 성 모(62)씨를 구속하자 광주·전남 경찰 내부에서는 "터질 게 터졌다"는 반응이다. 성씨는 20여 년 전부터 경찰 고위직들과 친분을 맺어오며 수사나 인사에 개입한다는 이야기가 경찰 안팎에서 떠돌았다. 이후 10월 중순부터 지난달 말까지 지역의 전·현직 경찰 간부 10여 명이 입건돼 검찰 조사를 받았고, 이 가운데 3명이 구속기소(拘束起訴)[55]됐다. 수사는 경찰을 넘어 지방자치단체까지 확대되는 분위기다. 함평군 등 전남지역 기초자치단체 4곳의 관급공사를 성씨와 관련된 업체가 수주했다는 의혹이 확산되면서, 조만간 검찰의 수사망이 이들 지방자치단체에 확대될 것이란 소문이 무성하다.

아주 최근의 공무원 범죄를 보자. 2023.12.5.자 보도에 의한다. 경

---

53) 저자가 그리스 아크로폴리스 주변 호텔에 묵은 적이 있다. 호텔은 박근혜 전 대통령이 대표 시절에 묵었다는 지배인의 설명이었다. 마침 그 호텔에서 대한민국 공무원들을 무더기로 만날 수 있었다. 저자로서는 통상 한화 5만 원대 우리나라 모텔급에 묵다가 생애 처음으로 고급 호텔에 묵은 셈인데, 이 정도의 호텔은 예사인 공무원들의 외유성 출장은 호화판이었음에 절망한 적이 있다. 선진국 반열에 올랐다는 지금도 이런 출장이 필요할까?

54) 머니투데이, "유럽서 1.1억 쓰고 온 공무원들…혈세로 옷·신발도 샀다", 2023.12.05.

55) 검사가 법원으로부터 구속영장을 발부받아 피의자를 구치소에 수감시킨 상태에서, 법원에다 심판을 구한다는 뜻이다. 구속(拘束)은 형사소송법상 피고인 또는 피의자 신체의 자유를 제한하는 대인적 강제처분이고, 기소(起訴, 공소제기)는 검사가 범죄(범죄자)에 대하여 법원에 재판을 청구하는 것으로, 검사만이 공소를 제기할 수 있는 기소독점주의(起訴獨占主義, Anklagemonopol)를 취한다.

찰 인사와 수사 개입 정황에 이어 관급공사 수주 비리 의혹까지 불거진 사건이다. 사건 브로커 성씨가 2020년 8월부터 이듬해 8월까지 가상자산(코인) 투자 사기 피의자인 탁씨(44)에게서 수사를 무마·축소해 달라는 청탁과 함께, 고가의 외제차량과 현금 등 18억여 원을 받아 챙긴 혐의(변호사법 위반)로 구속됐다. 여러 건의 사기 혐의로 광주와 서울에서 경찰 수사를 받아온 탁씨는 구속을 면하려고, 성씨에게 거액을 안기며 도움을 청한 것으로 드러났다. 하지만 구속될 처지에 놓이자, 선처를 호소하기 위해 성씨와의 '검은 거래'가 담긴 전화 녹취록 등을 검찰에 넘겼다. 이후 성씨에 대한 검찰의 전방위 수사가 시작됐다.

2023년 10월19일, 성씨에게 1,300만 원을 받고 수사 정보를 유출한 혐의로 광주지검 목포지청 수사관(6급)이 구속되고, 같은 달 30일엔 또 다른 검찰수사관(6급)을 압수수색(押收搜索)한 뒤 직위해제했다. 인사 청탁, 수사 정보 유출과 관련해 검찰의 광범위한 수사가 펼쳐졌다. 10월18일 서울경찰청, 전남 목포경찰서를 시작으로 11월10일 광주경찰청, 광주 북부경찰서, 광산경찰서 소속 경찰관들을 상대로 압수수색을 진행해 10여 명을 입건했다. 성씨가 서울경찰청 수사에까지 청탁의 손길을 뻗을 수 있었던 데는 광주·전남 출신 고위직 경찰대 인맥이 활용된 것으로 드러났다. 이 과정에서 승진 청탁을 받은 전 전남경찰청장이 2023.11.15. 경기도의 한 야산에서 극단적 선택을 했다. 목포지청 수사관 심씨와 전 서울경찰청 수사부장(경무관), 전남경찰청에서 퇴직한 전 경감 3명을 구속기소(拘束起訴)한 상태다.[56] 경찰 신분을 이용해 술값을 여러 차례 내지 않은 혐의(사기 등)로 30대 전직 경찰관이 구속되기도 했다. 더 이상 나열하기도 지겨울 정도다.

---

56) 한겨레신문, "경찰 내부 "터질 게 터졌다"…영화 같은 '사건브로커' 전말", 2023.12.05.

✒ 공무원 범죄 엄하게 처벌해야

이제 공복(公僕)들의 전방위적인 추악한 범죄행위는 이쯤에서 끝낸다. 따라서 참고로 현행 공무원에게도 국회의원에는 못 미치지만 2021년 기준, 16개 항목의 수당이 있다. 단, 근속연한에 따라 약간의 차이가 있으나 명절수당(기본급의 60% 2회), 정근수당(기본금의 50%로 1, 7월에 각 2회), 정근가산금(5~10년차 5만 원, 10년 이상 근속자 앞의 금액에다 매년 5%씩 인상), 성과상여금(전년도 실적에 따라), 직급보조비(매월), 정액급식비(월 14만 원), 가족수당(배우자와 자녀에게), 시간 외 근무수당(정액분 10시간 포함 57시간까지만), 연가보상비(6년 이상 근무 시 21일로, 미사용 시) 외 7개 항목을 더해 16개 항목 등이다.

이러한데도 인사혁신처장은 2023.11.28. 건국대 새천년기념관에서 열린 '2023 찾아가는 공직박람회' 특강에서 이렇게 말했다. 그는 작심한 듯 "공무원, 생각보다 할 만하다" "9급공무원 1호봉 기준 연봉으로 따지면 약 2,830만 원 정도 된다"면서 "2024년에는 3,000만 원 수준(실제로 맞춰짐)으로 맞추기 위해 노력하고 있다"고 강조하는 해프닝이 벌어졌다.

공무원, 할 만하지. 국가가 멸망하지 않는 이상, 상전 노릇에 어느 직종보다 월등히 좋은 대우를 받는다. 대한민국 공무원, "요람에서 무덤까지" 온갖 혜택과 고액의 연금 등으로 행복한 삶이다.[57] 이런데도 인원 충원이 다급한 건지, 인사혁신처 수장이 할 일이 없어서인지 청춘들에게 '찾아가는' 서비스를 제공했다. 반면에 대한민국 복지는 찾아

---

57) 항간에 떠도는 실례를 보자. 현 65세 노인 기준(베이비부머 세대), 고졸 학력의 공무원 출신과 대졸 학력의 언론계 등 일반기업 출신 같은 연한 종사 후 은퇴자의 노후는 정반대다. 전자는 300만 원가량 연금 수령인 반면, 후자는 이의 절반이거나 그 절반에도 못미치는 상황이다, 그러한 나머지 "내가 그 어려운 시기에 부모님 등골을 빼먹으면서 대학을 다녔을까?"라는 자조 섞인 우스갯소리가 난무한다. 그만큼 국민연금과 공무원(교원)연금 간의 형평성에 맞지 않다. 더구나 공무원연금과 달리 연금 불입 시 개인사업 등 자영업자는 국가의 50% 지원 같은 제도는 없었다는 사실이다. 출발점부터 불공정하다. 그래서라도 연금개혁은 반드시 해야 한다.

가는 서비스가 아닌 '찾아오는(찾아가야만 주는)', 즉 '신청주의'로 옭아맨다. 이율배반적이다.

국가권력을 행사할 수 있는 개인이나 집단이 자신의 이익을 위해, 국가권력을 행사하는 불법행위의 결과 및 이와 관련된 모든 현상을 '부패'라고 볼 수 있다. 공무원의 부패는 공직자의 개인적 양심 일탈이기 전에, 공익을 말살시키며 민주사회 발전을 저해하는 암적인 존재로서 국가 발전을 퇴행시킨다. 높은 도덕성과 준법정신이 요구되는 공무원 신분을 망각하고 불·탈법행위를 한 경우, 더 강하고 엄정하게 대처해야 한다.

'법 앞의 평등(法- 平等, equality before the law)'이 무색하게 공무원 범죄에 대해서 더 이상 관대해서는 안 된다. 헌법은 개인의 자유와 함께 평등을 보장하기 위하여 평등의 원칙을 규정하고 있다(헌법 제11 제1항). 법 앞의 차별 대우는 법 집행권의 직무유기와 같은 범죄행위로서 배척돼야 한다. 따라서 공무원 범죄를 일벌백계로의 처벌이 돼야 한다. 공직자는 특권을 누려서도 안 되고, 더구나 사익을 추구해선 안 된다. 이들에게 국가의 명운이 걸려있다. 돈을 탐하려면 공직자 그대들은 그 자리에서 물러서라. 더러는 그 자리에 그대들이 받는 급료의 절반에도 봉사할 인재는 많으니라.

제4부

특권 없는 세상을 향하여

제19장

거대정당의 적대적 공생관계를 깨부수어야

우연의 일치일까? 아니면 때가 늦은 필연일까? 이러한 도둑들의 박멸을 가할 태세로, 2023.11.22. 국회도서관 대강당에서 이러한 운동에 앞장설 정당의 창당발기인대회까지 개최되었음에, 이를 소개하지 않을 수가 없다. 정치에 대한 혐오증이 만연한 작금의 정치 지형에서는 어느 정당이든 간에 '특권 폐지'가 이슈가 될 것이기 때문이다. 중앙일간지에다 "창당발기인, 시도조직책, 총선 출마예정자를 공모한다"는 대대적인 광고에서 다음과 같이 외치고 있다.

정치가 이렇게나 타락한 적은 없다. 행정 또한 무능하기 짝이 없고, 윤리와 도덕마저 붕괴된 탓에 반인륜적 사회가 되었다. "기적같이 성장했는데, 기적처럼 망할 수 있는 총체적 위기"다. 가장 중요한 원인은 국회의원을 포함한 고위공직자들이 자신들의 이권 챙기기에 급급하기 때문이다. 국회의원의 평균 재산은 36억 원, 장관급은 40억 원이 넘으면서 연 1억 원 이상 늘어난다. 국회의원은 연봉 1억 5천만 원이 넘는 속에 후원금 3억 원 등 연 5억 원 넘게 챙기고, 대법관 출신 변호사는 '도장값(이름값)' 수천만 원에 연 10억 원 이상의 '전관범죄' 수익을 챙긴다. (중략) '국회의원 특권 폐지'를 공약으로 내세우면, 기존 정당들도 이를 따르지 않을 수 없어 총선의 최대 이슈가 될 것이다.

'국회의원 특권 폐지' 공약으로 당선된 국회의원들이 특권을 폐지하는 입법 조치를 하게 하고, 이러한 특권을 폐지하면 정치가 혁명적으로 바뀐다. 지금의 대한민국 정치, 나라를 망치는 망치일 뿐이다. 불법과 부패, 내로남불과 적반하장, 후안무치와 책임 회피에 나라가 결딴날 수밖에 없다. 나라와 국민은 안중에도 없이 자신들의 기득권 유지를 위해 싸운다. 그러나 싸우는 척하지만, 서로 돕는 '적대적 공생관계'일 뿐이다. 더욱이 인공지능(AI), 사물인터넷(lot), 빅데이터, 3D프린팅, 로봇, 드론, ChatGPT[1] 등 디지털 시대에 걸맞은 정당이 나와야 합니다. (중략) 특권폐지당의 국회의원이 되면, 관련 법규의 개정 전에도 다음 사항을 실천할 것을 서약한다.

1. 면책특권과 불체포특권 등 국회의원에게 부여된 일체의 특권을 행사하지 않는다. 2. 월급을 도시근로자 평균임금만 받으며, 명절휴가비(연간 850만 원)나 차량 관련비(매월 146만 원) 등은 국고에 반납하며, 보좌진은 3명(현재 9명)만 채용한다. 3. 연간 1억 5천7백만 원(선거의 해에는 3억 원)의 후원금 제도를 폐지한다. 4. 구속 등으로 직무 수행이 어려울 때는 무보수로 한다. 5. 국민소환제를 도입하고, 의원 수를 200명으로 줄이며, 3회만 연임할 수 있게 한다.[2]

한마디로 "국회의원의 특권과 특혜 '만원의 정치혁명'으로 끝장내자!"이다. 이들은 '특권 폐지'에 대한 대중의 지지가 뜨거워 창당을 결심한 것도 아니다. 구구절절 옳은 이 주장대로만 된다면, '대한민국호'는 다시 한번 우뚝 서면서 정의로운 사회가 될 것이다. 이 운동을 이끈

---

1) 사물인터넷(internet of things, LOT)은 일상생활에서 사용되는 사물이나 기기들에 센서와 통신 기술을 내장하여 무선 통신을 통해 사물에 연결 정보를 주고 정보를 받도록 하는 기술로, 인간이 사용하는 사물이나 기기들이 네트워크 통신을 통해 상호작용하고 정보를 주고받는 시스템을 지피터(ChatGPT)는 GPT-3.5와 GPT-4를 기반으로 하는 대화형 인공지능 서비스이다.

2) 조선일보, "(가칭)특권폐지당 시도조직책, 4·10선거 출마희망자를 모십니다", 2023.11.16. 38면 하단 광고에서 발췌. 국회의원의 특권과 특혜 '만원의 정치혁명'으로 끝장내자! (02)761-0761188) 베트남전에도 참전한 1945년 경남 김해 출생으로, 서울대 법대를 졸업했다. 전태일 분신 사건으로 노동운동에 투신했고, 이후 민주화운동과 노동운동을 하며 수배와 교도소 생활을 반복했다. 1990년대 이후 7차례 총선에 출마하며 제도 정치권 진입을 시도했으나 실패, '영원한 재야'로 불린다. 2023.4부터 특권폐지국민운동을 전개했고, 2023.11.22. 특권폐지당 창당발기인대회를 열었다.

장기표[3]는 "법률을 만들거나 개정해야지, 우리가 맨날 거리에서 외쳐봐야 특권이 사라지지 않는다는 걸 절감했다. 총선 때마다 특권 폐지를 사명으로 여기는 국회의원들을 배출할 것이다"고 한다. 윤리·도덕이 반듯한 정치세력으로, 여·야 없이 카르텔로 엮여 있는 한국 정치를 근본적으로 바꿔야 한다. 도덕 없이 능력만 있으면 그게 도둑놈이다. 도둑들이 판치는 정치판을 국민이 그대로 두지 않을 것이다. 이 운동을 하는 세력들이 불씨를 지피면, 거대양당도 동참하지 않을 수 없을 것이다. 그러나 제21대부터는 기득권 양당의 특권 유지를 위한 준연동형 비례대표제로, 위성정당이란 꼼수를 엎어야 할 또 다른 과제를 안고 있다.

---

3) 베트남전에도 참전한 1945년 경남 김해 출생으로, 서울대 법대를 졸업했다. 전태일 분신 사건으로 노동운동에 투신했고, 이후 민주화운동과 노동운동을 하며 수배와 교도소 생활을 반복했다. 1990년대 이후 7차례 총선에 출마하며 제도 정치권 진입을 시도했으나 실패, '영원한 재야'로 불린다. 2023.4부터 특권폐지국민운동을 전개했고, 2023.11.22. 특권폐지당 창당발기인대회를 열었다.

제20장

'조지 워싱턴' 같이 대통령도 특권을 내려놓아야

우리나라가 단군의 음덕(?)으로 여기까지 왔다고들 말하는 이도 있다. 농경사회나 마찬가지였던 우리나라는 약 반세기 전만 해도 세계 최빈국이었다. 건국 이래 위대한 지도자가 있었고, 그에 따르는 국민이 있었다. 그러한 지도자를 들추면 좌·우진영 논리에 찬 나머지 이를 인정하지 않으려는 국민도 있지만, 이를 부인할 수는 없다. 세계 어느 곳을 가나, 대단한 대한민국의 위상을 엿볼 수 있다.

이러함은 지금은 노인세대(老人世帶, household of old age)에 접어들었지만, 이들이 일군 값어치가 아니었다고 할 수 없다. 그 토대 위에 자신이 부강한 조국에서 삶을 영위하면서도, 일부 젊은 층에서 산업화와 민주화에 이바지한 65세 이상이 환영받지 못하는 존재가 되었다. 더러는 60세만 돼도 '빨리 죽어야 한다', '연금충(年金蟲)', '틀딱' 등의 혐오까지 만연해지는 추세인 '인성 부재'의 서글픈 현실이다. 청춘도 머물지 아니하고, 자신마저 늙어감을 모르는 현실이 안타깝다. 실제는 공무원·교원·군인 출신이 아니고는, 노력하고도 빈곤에 시달리는데도 말이다. 부끄럽게도 OECD 국가 중 최고의 노인빈곤율과 자살률을 자랑하듯이 생활비 지출 증가, 실직이나 사업 실패로 인한 소득 감소에 따른 파산 신청이 늘고 있다.

'세계10위권경제대국'이란 값-어치를 못하는 이 마당에, 이러한 역발상도 해 본다. 청정국가(淸淨國家)를 건설한 싱가포르의 죽은 리콴유(Lee Kwan-Yew, 1923~2015)가 환생하여 우리나라의 최고지도자가 되고, 그 후예들까지 수입하면 진정한 선진국이자 강대국의 반열에 오르지 않을까 말이다. 그는 미국 타임지와의 인터뷰에서 박정희(朴正熙) 전 대통령을 덩샤오핑(鄧小平) 전 중국 최고지도자, 요시다 시게루(吉田茂) 전 일본 총리와 함께 '아시아의 3대 위대한 지도자'로 꼽기도 했다. "한국인은 일본이 한국을 통치하기 시작했을 때부터 저항을 멈추지 않았다. 일본은 한국인의 풍습, 문화, 언어를 말살하려 했지만, 민족적 자부심을 가진 한국인은 굳은 결의로 야만적인 압제자에게 항거했다. 일본은 수많은 한국인을 죽였지만, 그들의 혼은 결코 꺾지를 못했다"고 한 바 있다.

이렇게도 극찬했던 대한민국이 현시점까지는 모든 면에서 최고로 발전한 건 사실이다. 그러나 이제부터가 문제다. 부자들의 투자·소비가 늘어나면 생산량이 늘어나고 중산층과 저소득층의 소득도 따라서 증가하는 이른바 낙수효과(落水效果, trickle-down effect)조차 없다. 대기업을 통한 감세정책이 무색할 뿐이다. 해외에서 국내로 돌아오는 '유턴기업' 늘리기에 나섰다. 이들 기업에 대한 법인세·소득세 감면 기간을 7년에서 10년으로 확대하기로 하면서다. 그러나 이러한 리쇼어링(Reshoring) 전략이 먹혀들지 않고 있다. 해외로 기업 2,400개가 빠져나갈 때, 유턴한 기업은 24곳뿐이라는 통계가 있다. 오로지 귀족노조가 싫고, 생산비용의 절감을 위해 해외에서 공장을 짓는 '오프쇼어링(off-shoring) 앞으로!'만 있다.

유턴을 꺼리는 데는, 여타 노동자나 중소업체 노동자가 부러워할 귀족노조(貴族勞組)의 등살에 리쇼어링이 힘든 면도 있다. 이들은 충분한 대우를 받고도 더 많은 걸 요구한다. 정부나 탐욕에 찬 고등사기꾼 집단인 정치세력이, 제일 힘을 쓰지 못하는 또 다른 세력군(勢力群)이 있다. 바로 18년간이나 의대 증원을 묶고도 증원을 반대하는 '의사단체'와 '귀족노조'에는 손을 놓고 있다. 다만 19년 만에야 의대 증원은 하게 됐다.

그야말로 이 사회의 암적(癌的)인 존재는 환부를 도려내야 하는데도,

'고양이 앞의 생선' 격이다. 이들에 대한 비판이나 이의제기는 아랑곳 없는 성역화로, 공동체의 이익을 묵살한다. 이러한 암적인 존재는 "함께 살자"는 의지가 없다. 노조도, 의사도 그 자체만은 나무랄 것이 없다. 그러나 과하기 때문에 국민의 지탄을 받는다. 이들에 대해 공권력마저 무력하다. 국가는 왜 존재하나. 국가의 역할은 무엇인지에 대해 되묻지 않을 수 없는 대목이다.

모세(Moses)가 노예 생활을 하던 이스라엘 백성을 이끌고 이집트를 탈출(출애굽)하여 시나이반도와 예루살렘 등지를 거친지 40년 만에, 느보산(Mt Nebo)에 당도하여 가나안 땅을 바라본 다음 그곳에서 120세로 삶을 마감했다.[4] 모세 시절에는 인고의 행군이었지만, 모세만큼 살 수 있을지 모를 염원을 가지고 급행열차를 넘어, 초고속 비행기를 타고 축복을 내릴 땅에서 공존의 늪을 일구면 어떠려나. 그 자리에 가기까지는 자신만이 잘나서도 아니다. 이 사회의 구성원은 기본이고, 인프라와 시스템이 이바지하였기 때문임을 아는 자세를 져버려서는 안 되기 때문이다.

2023년 우리나라 국가운용예산이 639조 원(추경예산 포함하면 679조 5천억 원)으로 세계 10~13위권, 외환보유고는 4,476억 달러로 8위, 국가 GDP 10위, 1인당 GDP 3만 2천 달러대로 29위를 차지하고 있다. 예산은 러시아보다도 많다. 2024년은 656조 6천억이다. 추경예산까지 편성되면 700조 원대에 육박하겠다. 그런데 경제대국이란 게 무색할 정도로, 소득이 빈곤선(중위소득의 절반)도 안 되는 빈곤층이 전체인구에서 차지하는 비율인 상대적 빈곤율이 높다는 게 문제다. 이러한

---

4) 모세가 이스라엘 민족을 이끌고 가나안 땅으로 향하는 도중에 당시 이곳의 통치자 아모리 왕국의 시론 왕에게 모세가 사신을 보내 왕의대로를 통과하는 것을 허용할 것을 부탁했다. 그러나 시론 왕은 이를 거절하고, 모세가 이끄는 이스라엘 민족과 전투를 치룬 끝에 모세가 승리한다. 현 요르단 암만에서 차로 4~5시간 소요된다. 주변 그랜드 캐년 같은 웅장한 아르곤 골짜기 언덕에서 가나안과 사해, 그리고 예루살렘을 바라본 후 베두인이 건네는 커피 한 잔을 마시고 가노라면, 또 근처에는 영화 <인디아나 존스>의 촬영지이자 나바테인이 건설한 '알카즈네 신전'이 있는 세계 7대 불가사의 중 하나인 붉은 도시인 페트라가 있다. 깊숙한 계곡의 나바테인의 옛 무덤인 동굴에는 세계 각국에서 온 이들이 싸질러 놓은 똥 무덤(실제는 습도 탓인지 용하게도 냄새는 없었다)을 보면서 우리 다 회개하는 심성을 가지면 어떨꼬?

선량한 국민에게 '빈곤'을 안기는 것은, 국가 예산을 쌈짓돈처럼 낭비하는 전술한 군(群)인 '부도덕한 빨대(unscrupulous straw)'들이 '추악한 부채(dette odieuse)'를 안기는 탓도 큰 몫을 한다.

공적연금 수급률은 57.6%로, 일반적인 국민연금 평균 수령액은 월 50만 원대이다. 이러하니 항간에서는 "대한민국에 개(犬)·돼지(豚)도 동물복지법[5]으로 보호를 받는데, 노인복지는 '있으나 마나'한 찬밥이다" 더러는 "동물복지는 있어도, 노인복지는 없다"란 우스갯소리가 온 누리에 울려 퍼지고 있다. 왜, 이렇게 되었나? 앞에서도 살펴보았듯이, 방만한 예산에도 불구하고 "도둑놈이 많고, 혈세가 허투루 새고 있기 때문"이다. 하릴없다. 더구나 빈부격차 해소를 위한 기본적인 제도가 세금이다.

그런데 우리나라는 유독 실효세율이 높지 않은데도, 조세저항이 너무 크다. 납세자가 부담하는 세액의 과세표준에 대한 비율인 실효세율이 기획재정부 2018년 기준에 따르면, 우리나라가 보유세 실효세율이 0.16%로 OECD 평균 0.53%보다 훨씬 낮다. 미국 0.99%, 영국 0.77%, 캐나다 0.87%이다. 국내총생산(GDP) 대비 부동산 보유세도 우리나라는 0.82%로 OECD 평균 1.07%보다 낮다.[6] 따라서 빈부격차에 따른 갈등마저 너무 심하다. 부자들이 정도를 넘어 점차 더 많은 부분을 차지하는 바람에, 저소득층은 길거리에 버려진 휴지 조각 같은 신세로 전락하였다. 부와 권력, 그리고 학벌(학력)까지 세습화되고 있다. 과세는 부와 소득의 분배에 직접적인 영향을 끼친다. 즉 이 사회의 다양한 집단 간의 경제적 자원의 재분배에 사용된다.

특히 거대한 초기득권 정치세력이 권력장악을 위해 갈등을 심화하고 있다. 지역감정을 부추기며 당리당략에만 치우친 탐욕에 찬 국회

---

5) 동물보호법 제1조(목적) 이 법은 동물에 대한 학대 행위의 방지 등 동물을 적절하게 보호·관리하기 위하여 필요한 사항을 규정함으로써 동물의 생명 보호, 안전보장 및 복지 증진을 꾀하고, 동물의 생명 존중 등 국민의 정서를 함양하는 데에 이바지함을 목적으로 한다.
6) 각국의 집계 방식이 달라 약간씩 차이가 있을 수 있다.

고등사기꾼집단과 고위공직자 및 힘센 직업군이 이 나라를 거덜내고 있다. 세계에서 유일무이하게도 특권과 특혜로 얼룩진 국회의원과 공무원의 활동비용이 가장 많이 소모되고 있다. 이들에 대한 선을 넘은 특권과 특혜를 없애는 사회로 나아감에는, 시민불복종 같은 계속적인 국민적 저항도 필요하다. 따라서 저소득층에 대한 복지의 확대는 물론이거니와 교육의 기회가 균등하게 하면서, 세금의 국외 유출과 회피나 탈세만 척결해도 빈부격차 해소에도 도움이 될 것이다. 최저한의 생활 보장에 의한 사회안전망 구축으로 경제 대국의 저주(The curse of an economic power)에서 벗어나야 한다. 이 또한 '상식'이다.

✒ 총체적 난국에 궁민(窮民)이 일어서야

구석구석 안 썩은 곳이 없다. 총체적 난국이다. 퇴임 후 대통령도 특권과 특혜를 내려놓아야 함은 물론, 국회의원·고위공직자(하위직 포함)·공공기관 임직원 다 IT 강국답게 줄이자. 어떠한 조그마한 자리라도 앉으면 국가 돈을 빼먹을 궁리만 하거나, 자기보다 못한 약자에게 군림하려는 사회로는 '지속 가능한 국가(sustainable country)'로의 지향을 기대함은 어렵다.

공직자(공무원)들이 영국보다 업무수행 효율성의 1/3, 독일보다 2배의 인원(인구수 대비는 무려 4배)이 부패 범죄에도 국민보다 느슨하기 그지없는 법망(法網)에서의 보호와 고임금과 높은 연금 등으로 군림하고 있다. 더구나 인공지능(AI)이 인간을 지배하고 있는 이 마당에서는, 인원을 줄임에 재고할 충분한 필요가 있다.

보자. 세상은 이렇게 변했다. 즉 이스라엘군은 인공지능(AI) 시스템 이용으로 공격 목표를 산출하여 인간이 수동으로 하던 작업이, 자동으로 순식간에 이뤄지기 때문에 대량 살상이 가능하게 됐다. 과거에는 목표물 50개를 선정하는 데 1년이 걸렸다면, 현재는 하루에 새로운 목표물 100개를 생산해 낼 수 있어, 이스라엘의 공격 능력이 이를 따라가지 못한다는 것이다.

탐욕을 가진 집단만이 싹쓸이하는 대한민국에는 소득격차가 너무 심하다. 기득권층에는 재화가 넘친 나머지 해외로 이주 또는 여행을 즐기고, 서민층은 심각한 경제난에 허덕이고 있다. 덩달아 공유해야 할 건강권에 대한 의료서비스는 기득권층이 독차지하고 있다. 집 한 채만으로도 백만장자(百萬長者, 13억 2,900만 원)가 양산된 상황에서 주거 문제 또한 심각하다.

대한민국에 학교는 있되, 진정한 학교는 없다. 사교육만이 판친다. 2024학년도 대학 수능에서 최고의 점수를 받은 남녀 재수생이 서울 강남의 이른바 '쪽집게 학원' 출신이란 사실이다. 비공식 통계(각주. 기사에 달린 네티즌의 경험칙 댓글)에 의하면 월 400~500만 원이 투입된다.[7] 돈으로 산 지식(서열)으로 평생 우려먹는다. 입시에서 돈으로 산 서열로 형성된 부패공화국의 '엘리트 카르텔형 부패 집단'에 편입되기도 한다. 따라서 힘센 자들이 카르텔을 통해 부당 이익을 얻는 권력형 부패가 한국형 부패의 특징이듯이, 이들의 부패군단에 의해 양극화의 악순환으로 빠지게 한다.

개천에서 용이 나오는 시대는 갔다. 대한민국이 개혁적이라면 공교육은 차라리 폐지하고, 사교육을 현실화하는 게 어떻겠냐의 볼멘소리가 자자하다. 이러한 종사자들의 퇴임 후를 대비한 혈세인 공적자금

---

7) 이데일리, "'수능 만점' 유리아 양, 공교육만으로 풀 수 있었나 문자", 2023.12.08. 이 기사에 달린 댓글 410개 중 현실성 있는 몇 개를 본다. 이 기사를 보노라면, 저자가 재수·과외·학원은 물론 참고서 따위도 없이 여기까지 왔다는 게 아이러니하다. 하여튼 보자. "요즘 전국 수석이 현역인 경우가 어디냐 다 재수생 이상이지 결론은 요즘 입시는 집안 환경이 충족된 후 사교육을 통해 노력이 필요한 것임" "현답이네. 시X인X 기숙학원 월 400만 원 넘어 책값 합하면 월 오백이고 공교육 좋아하네" "지금의 수능 지문과 내용, 양은 절대 공교육 열심히 한다고 다 풀 수 있는 수준을 넘었어. 학원에서 일명 노하우를 배우고 연습해야 그나마 제 시간 안에 문제를 풀라도 할 수 있다. 이게 현실이다" "사촌 형님이 교육계 고위공무원이지만, 형님 아들들도 모두 대치동학원 출신으로 서울대, 연고대 갔다. 사교육 없이 대학가는 세상이 과연 올까? 34년 전. 나도 단과학원 다니긴 했네"…,

까지 끌어 붓기 때문이다. 웃지 못할 상황이 서민들에게 씁쓸함을 안긴다. 모든 게 '쩐(錢)판'이다. 여기에다 한번 낙오되면 일어설 사다리가 없어, 재기를 할 수 없는 사회의 존속이다. 혹여나 이 글을 읽는 공직자나 정치인, 그리고 정책입안자가 있다면 탁상에서만이 처리할 게 아니라, 민중의 삶이 매체의 기사에 달린 '댓글'에서도 있음을 알고 처리함도 좋은 방법이다.

구미 선진국과 달리 부의 집중과 과세체계의 불공정으로 인한 경제적 불평등 앞에서 안정성이 위협을 받다 보니, '갈 길 잃은 청춘의 출산율'마저 세계 최저이기에 지구상에서 대한민국호가 사라질 위기에도, '여·야 모리배'의 산실인 정치권은 적대적 공생관계로 군림하면서 위기의식조차 없다. 프리드리히 니체(Friedrich Nietzsche, 1844~1990)의 말마따나 "적과 싸우기 위해 사는 자는 그 적을 살려둘 이해관계가 있다"는 게 너무 심하다. 이 집단의 '건전한 상식선이 아닌 권한과 특혜'를 '상식선에 맞게' 빼앗아야 한다.

무지몽매하게도 이러한 비상식적인 자들에게 추파를 던지며, 이 자들의 노예로 살 것인가? 이제 이들의 비인간적 탄압에 대한 투쟁으로 나아가야 한다. 노예 상태에서의 해방권 쟁취다. 형법상 자위권인 공격에 대한 방어가 아닌, 헌법상 저항권을 국민이 발휘하지 않고는 안 된다는 귀결(歸結)이다. 이들이 국민에게 가하는 특권과 특혜는 비인간적인 질서에 지나지 않는다.

이를 깨부수는 인간적인 질서로 바꾸어야 한다. 이 고등사기꾼집단의 부당한 질서에 침묵이 아닌, 정당한 질서를 위하여 2023년을 힘차게 달군 썩어빠진 '국회의원 및 고위공직자'를 대상으로 한 특권을 폐지하자는, 이와 같은 국민적 저항권은 가일층 배가되어야 한다. 이들에게서 강자의 논리에 짓밟힌 정의와 종속적 질서를 법치국가의 질서로 전환하기 위한 정당한 투쟁권인 저항권을 포기해서는 안 된다. 이제는 민중의 참여로 인한 혁명(革命, revolution)이다.

올바른 정부가 아니고, 특권층만이 폭식하는 사회를 절멸시키는 국민으로부터의 혁명권이 발동되는 것이다. 정치의 수준은 국민의 수준에서 결정된다. 정치도 상식이다. 상식을 벗어났을 때, 이들에게 당한 만큼 저항이 있어야 한다.

프랑스혁명과 미국 독립혁명의 가장 유력한 동인 중 하나로 여겨지는 토머스 페인(Thomas Paine, 1737~1809)의《상식론, Common Sense》(1776)은 '상식'으로 번역되는 이런 제목을 붙인 이유를 "나는 간단한 사실과 명백한 논거, 상식 이상의 것은 전혀 제시하지 않고 있다"라고 말하고 있다. 미국 제2대 대통령인 존 아담스(John Adams, 1735~1826)는 "페인의 펜이 없었더라면 조지 워싱턴의 칼은 쓸모없었을 것이다"고 했다.

제21장

영원한 삶은 없다. 착취를 거두라

　　여기까지 서술함에 있어, 본론에서 문제 제기와 나름대로 대안을 제시하였다. 애초에 그러했듯이 '상식'에서 출발하여 '상식'에서 끝내고자 한다. 상식은 깊은 고찰을 하지 않더라도 지극하고도 당연한 이치로서, 별다른 저항이 없이 다중이 수용하고 순응하는 지식이다. 인간성을 파괴하지 않는 도덕과 상식에서 출발한다면 무슨 도덕과 윤리, 그리고 법이 필요하겠는가. 믿음 여부를 떠나, 성경은 기독교인의 상식이자 인간들의 상식이다. 또한 누구나 알고 있는 사실이나 알 수 있는 사실이 상식이다. 설사 성경이 하나님의 말씀이 아닌 선지자들이 썼더라도, 인간이 지켜야 할 덕목인 것은 사실이다.

✎ 법도, 도덕도, 윤리도 '상식'이다

　이러한 상식이 인간 고유의 처세술이고, 인간관계이자 삶의 지혜이다. 법 이전에 도덕, 윤리라는 이 숭고한 교훈은 어떠한 종교도 불문한 상식이다. 이 상식은 굳이 아무에게나 강요하지 않아도 된다. 보편적인 진리이기 때문이다. 교육은 사실에 대해 배우는 것이 아니다. 모자라면 사고하는 훈련을 하는 것이다. 전문적 지식은 시대가 변하고 새로운 지식이 쌓이면 얼마든지 바뀌나, 상식과 도덕은 한번 인간의 마음 속에 터를 잡으면 좀처럼 변하지 않는다.

　그러나 과거와 달리, 급변하는 우리가 사는 작금의 사회는 다원주의(多元主義, pluralism)가 지배한다. 따라서 개인이나 집단이 갖고 있는 가치관·이념·추구하는 목표 등이 서로 다를 수 있다. 이러하니 도덕적 해이(Moral Hazard)로 인하여 어긋남은, 법에 의해 근본적인 해결을 하기에 이른다. 세대(世代), 성별(性別), 사인(私人) 간에 향유하는 가치관의 차이로 합의점을 찾기 어렵기 때문이다. 법이 규제할 수 있다고 할지라도 한계가 있다. 그러한 피해 부분은 상식과 도덕에 의지하여 해결할 수도 있다. 상식이 지켜지고 도덕이 존중되는 사회로 나아가야 한다. 이러한 게, 함께할 수 있는 공존이 넘치는 사회가 된다. 이를 위해서는 권력 집단과 지식인은 물론, 기득권층이 좀 내려놓는 자세가 필요하다.

☞ 대통령도 특권을 내려놓아야

대통령도 예외는 아니다. 대통령은 풀 한 포기가 자라나는 소리도 들을 줄 알아야 한다. 즉 앞에서도 언급한 미국 초대 대통령 조지 워싱턴 같은 지도자가 돼야 한다. 워싱턴은 천재가 아니었어도 독단적이지 않았고, 주변의 의견을 포용하는 겸손하고도 신중했다. 또한 정직하고 도덕적이었으며, 어떤 난관이 닥쳐도 원칙을 저버리지 않는 불굴의 의지로 대처했다. 공명정대한 인사권은 물론이거니와, 부패한 공무원들이 발붙이지 못하게 의회에 요청해 청탁금지법까지 만들었다.

훌륭하게 끼운 첫 단추만큼이나 3선을 포기한 채 "조국에 대한 고마움과 수 세대에 걸친 선조들과 이 땅에 뜨거운 애정을 느끼면서, 나는 은퇴 후에 누리고자 스스로 다짐했던 생활을 즐거운 마음으로 기대해 본다"면서 낙향한 그의 마무리가 아름답지 아니한가. 우리나라는 퇴임 후 기념관 건립에 바쁘고, 푸른 초원 위에 저택을 짓고는 온갖 혜택을 누리며 수많은 경호원을 대동하면서 아방궁을 형성할 필요가 없는 전임 대통령을 원한다. 재임 시와 재임 후에도 흐트러짐 없는 워싱턴 같은 대통령상(大統領像)이다. 이 또한 '인간의 원초적인 상식'이다.

이제 마지막으로 보자. 스파르타의 왕은 출진할 때 군대의 선두에 서고, 철수할 때도 최후까지 남아야 했다. 우리는 2007년에 개봉된 영화 <300>을 기억한다. 스파르타의 레오니다스 왕(Leonidas, 재위 기원전 487~480), 그리스연합군의 수장으로 페르시아의 크세르크세스 1세(Xerxes I, 재위 기원전 486~465)와 '테르모필레 전투'[8]에서 선두에 선 채, 마지막으로 싸운 장면에서 교훈을 찾자. 후세에게 전한다. "오, 나그네여! 스파르타인에게 말해다오. 우리가 여기에 누웠다고, 약속을 지켰다고"

이 전투에서 살아오지 못할 것을 예감하고는 고르고(Gorgo) 왕비에게 "훌륭한 남자와 재혼해서 그의 아이들을 낳고, 행복한 생을 보내라"였다. 이 영화에서 페르시아 사신이 노골적인 복종을 요구하자 반발하는 왕비에게 "무슨 생각으로 여자가 대장부들 대화에 끼어드느냐"고 타박했고, 이에 왕비는 "오직 우리 스파르타 여인들만이 '진정한' 사내대장부를 낳을 수 있으니까!(Because only Spartan women give birth to 'real' men!)"라고 받아쳤다. 이 대목에서는 우리나라 퇴임 대통령들과 비교되면서 숙연해진다.

그리고 4대 성인 중 윤리학을 철학에 도입한 소크라테스(Socrates, 기원전 470~399)를 주목할 필요가 있다. 우리는 고대 철학자이자 위대한 성인(聖人)으로만 알고 있는, 그가 자국의 전쟁에도 참전했다는 사실조차 모르는 이가 많다. 페리클레스의 생질이면서 스파르타와 페르

---

8) 테르모필레는 그리스 중동부(아테네와 데살로니커 중간 지점)의 라미아(Lamia) 시에 있는 협소한 계곡이다. 지형의 변한 모습에 그 당시와는 100% 일치하지 않지만, 그 당시와 같이 노천온천은 만날 수 있다. 앞을 넓고 도로가 시원스럽다. 레오니다스 동상과 700명의 전사자를 기리는 기념 동상이 있다. 후자의 동상은 하체 부위가 완전 나체인 터라 동양 여성에게는 민망한 측면이 없잖아 있다. 이 계곡은 영화에서도 나오는 밀고자 '에피알테스(Ephialtes)가 있었다. 따라서 이 전쟁 후 후세들로 하여금, 그리스어로 '오명'이란 뜻도 가진다.

시아까지 넘나든, 아테네 역사상 최악의 배신자이자 희대의 천재였던 알키비아데스(Alkibiades, 기원전 450~404)가 있었다. 소크라테스보다 20세 정도의 연령차이면서 서로는 사제 간이자 연인관계였다. 무슨 소리냐고? 아테네에서는 스파르타와 달리, 여성은 남성과 동격인 인격 체가 아니었다. 반면 동성애가 만연된 사회였다. 오죽하면 "번식이 불가능한 미소년과의 사랑이야말로, 본능이 가미되지 않은 순수하고 진정한 사랑이다"고 플라톤이 말할 정도였겠는가. 고대 그리스인들은 "진짜 사랑은 완벽한 존재인 남성들끼리 이루어진다"라고 믿었기에, 동성애가 유난히 유행했다. 아테네는 인류 역사상 '동성애의 원조'였고, 알키비아데스는 장군이자 정치가이기 전에 미남자이면서 소크라테스에 대한 질투심까지 강했다. 이 미남자는 18세 때 스승이자 연인 소크라테스와 함께 포티다이아 전투(기원전 432년)에 참전하여 용감한 소크라테스 때문에 살아났으며, 델리온 전투(기원전 424년)에도 함께 참전한 바 있다. 소크라테스는 세 번째로 암피폴리스 전투(기원전 422년)에게까지 참전하였다.

소크라테스를 뜬금없이 소환한 게 아니다. 소크라테스가 30대부터 50세가 넘어서까지 전쟁에 참전했단 게 상상이나 될 법한가? 일국의 지도자상을 일깨우기 위해서다. 인류 역사상 종교를 통하지 않은 인물 중 최고로 으뜸가는 인물임에 방점을 찍는다. 이 대목에서 대한민국 모리배인 국회의원과 고위공직자, 그리고 대통령까지 본받아야 한다. 부와 권력은 그에 따르는 책임과 의무를 수반한다는 의미, 즉 진정한 '노블레스 오블리주'가 아니겠는가. 대한민국 공직자, 속이 훤히 보이는 외유성 출장은 거두고 혹여나 아크로폴리스에 가거든 파르테논 신전에서 참회하는 삶이었으면 한다.

여·야 정치권은 다선의원이나 힘센 이에게는 총선에서 험지 출마나 포기를 원한다. 국민도 그러기를 원한다. 그러나 이러한 요구를 냉큼 받아들이는 이가 없다. 그만큼 '꿀물이 잘잘 흐르기 때문'이다. 그 꿀물도 공존을 위해 포기할 줄 알아야 하는 법이다. 그러나 세계 속 의원 중에서 누리는 최고의 대우를 놓지 않으려고 온갖 추악한 힘을 다 쓴다. 더구나 자신들은 공고한 기득권 카르텔을 형성하면서 정당 현수막으로 공해까지 일으키게 한다. 국민이 위임한 권한으로 법을 만들고도, 법을 지키지 않고 '도덕불감증에 묻힌 썩은 이 조직'이 죽어야 대한민국이 산다.

대한민국 영혼 없는 조직인 공무원사회, 국민은 웬만하면 이 조직과 부딪히지 않으려고 한다. 영원히 변하지 않을듯한 복지부동의 자세와 업무의 효율성이라고는 찾아볼 수 없기 때문이다. 난지도 쓰레기 매립장에는 이름 모를 산새가 지저귀고 아름다운 꽃의 향연이 있지만, 여태껏 살핀 바와 같이 '부정부패의 온상'에서는 꽃이 피지 않는 법이다. "가장 뛰어난 자들의 부패가 최악의 부패"라는 로마의 속담도 되새겨 보자.

이러한 부정의와 탐욕이 '세계 속 초저출산'의 핵심적인 원인으로 작용하면서, 인구 절벽이 잠재성장률까지 위협하고 있다. 사교육 비율이 후진국인 이집트와 함께 유일하게 거의 80%에 육박한다. 2072년이면 OECD 중 생산연령인구 비중 꼴찌에다, 2050년대 경제성장률 0% 가능성이 점쳐지고 있다. 유럽을 비롯한 선진국의 사교육 참여율은 20% 안팎이거나 미미하다. 이들 국가는 우리와 달리 GDP 대비 공교육 비율이 높고, 소득 불평등이 낮다.

따라서 학원이나 과외 문화가 없는 거주와 직장이 함께 해결되게 하여, 육아는 국가가 책임져야 한다. 공교육보다 사교육의 팽배, 고용·주거·양육의 부담을 안기게 하는 정책은 재고해야 한다. 기득권의 과도한 특권과 특혜도 내려놓고는, 지구상에서 영원히 존속할 수 있는 새로운 대한민국을 건설하는 데 이바지하여야 한다.

혼자만 살려나? 잘난 자도 혼자만으로 이 사회를 유지할 수 없다. 벌과 나비가 춤추는 꽃에 향기가 있듯이, 사람에게는 품격이란 것이 있다. 꽃도 그 생명이 생생할 때 향기가 신선하듯이, 사람도 그 마음이 맑지 못하면 품격을 보전하기 어렵다. 트로이(Troya) 언덕에 핀 아름답기 그지없는 양귀비[9]도, 잡초보다 오히려 그 냄새가 고약할 때가 있다. '천년만년을 살 것처럼' 날뛰지 않는 삶은 영생으로 인도할지도 모른다.

같은 인간으로 태어나 해외 나들이 한번 못 간 채 삶을 마감하는 민초(民草)도 많다. 이제 '탐욕(貪慾)의 시대(The Age of Greed)'와는 결별하고, '공존(共存)의 시대(The Age of Coexistence)'를 맞이하자. 인생, 순간이다. 우리네 짧은 삶 앞에 이 땅에 '왔음도 동지'요, 찰나 중의 찰나를 살다가 후세에게 물려주고 '떠남도 동지'가 아니겠는가? 이게 인생이다. 준엄한 진리이기 전에 '상식'이다. 상식이 우선하는 사회로, 이 지구상에서 대한민국호가 영원히 존속하기를 기원한다.

가련하다. 가련하다./우리, 쉬이 떠나는 것을.//죽은 장미가/다음 해에도 핀다고,/꽃이 아름답다고만 하지 마라.//태초의 삶은 아름다웠으나/탐욕에 찬/인생의 꽃은/다시 피지 아니하니,//공존이 없는 도적질에/비겁한 꽃을 피우려고 하는가?//그대. 그대들은,/찰나 중의 찰나인 삶을 모를꼬./인생이란/얼마나 가련하고 가련한가?//사랑하라, 사랑하라./우리네 삶이 끝나는 날까지.

〈상식적인 삶 앞에서〉 2018.12.13.(24.01.28.)[10]

---

9) 튀르키예 차낙칼레 중심군 '히사를륵(Hisar□k) 언덕'에 핀 양귀비의 아름다웠던 모습이 생생한 나머지, 소환한 저자는 인류 최고의 서사시《일리아스》의 이 무대를 '트로이 언덕'이라고 칭한다.

10) 본서에 알맞은 자작시다. 저자는 중1 때 시를 쓰기 시작해, 21세 때 발표했다. 다시 신춘문예에만 5년간이나 응모한 끝에 본심에만 3차례나 갔으나 최종심에서 석패했다. 학문 탐구와 정치활동 등으로, 나대지 아니하니 시인인 줄 아는 이가 거의 없다. 그리고 2013년 '한하운문학상'의 '평론' 부문에 선정되었으나, 가문의 영광일 수 있는 수상을 거절한 바 있다. 따라서 일각에서는 '한국판 사르트르'로 칭해지기도 했다.

저술을 끝내며

2024.2.16. 한강을 가로지르는 가양대교가 내려다보이는 출판사에서 마지막 교정을 하였다. 천학비재(淺學菲才)한 학자이자 평론가이며 문학가로서, 특권 없는 사회를 구현하고자 혼신의 힘을 다한 나머지 영원히 존속할 대한민국을 염원하며 차디찬 세상 밖으로 내놓는다. 책 한 권을 저술한다는 게 쉽지는 않다. 연말이 겹치고 국회의원 출마자들의 출판기념회 등으로 인하여 출간이 다소 늦어졌다. 이 과정에서 인문학 부재로 인한 열악한 출판시장 환경의 목도와 일부 출판사의 횡포도 겪었다.

미납본 1권과 공저 1권을 포함한 일곱 번째 저술을 통함과 인터넷이 발전하였다 해도, 지식 함양에는 활자화된 종이책에서 나온다는 게 확고한 신념이자 경험칙이다. 즉 내공이 깊은 자는 다방면에 걸쳐 책을 많이 읽는다는 점이다. 여기에다 '먼지 털어 먼지 나오지 않은 삶'이 더하면, 외래어를 남용하지 아니하고 순간적으로 지식을 베끼지 않고도 당당함이 내재(內在)한다.

학문 탐구와 인문학적 배양에 있어 거의 대부분이, 고대 그리스의 철학과 사상에서 출발해 그 끝도 고대 그리스에 맞닿음을 깨달았음이 저자만의 사고인지 모르겠다. 정치·철학·법학·의학·공학·농학…, 등. 본서를 굳이 분류하자면 현대를 살아가는 자의 교양서이자 정치평론집이며 인문학배양서라고 하겠다.

2023.5.31. 국회의원 특권 폐지를 위한 '국회 인간띠 잇기' 운동에, 전국에서 만여 명이 국회 정문 앞에 운집해 장관을 이루었다. 제21대 국회의원 중 7명이 특권폐지국민운동의 취지와, 전국에서 수만 명의 민중이 후원에 동참했다. 수차에 걸친 세미나 개최에는 자리가 만석이고, 끝날 때까지 자리를 지키는 진풍경이었다. 여·야 정치적 성향을 떠나 동참을 한 이들에게 감사한 마음이다. 반면 국회의원 등 특권 세력 중에는 조롱과 조소를 보내거나, 동참하는 이에게 왕따 조짐까지 보였다는 전언이다. 이 자들은 이 책에도 조롱과 냉소를 보내며 꿀물에 취해 외계인처럼 거들떠보지도 않을 것이다. 그래도 좋다. 구린내가 안 나는 삶이고 저자가 하찮은 삶으로 보여 밟으면 맞짱도 마다하지 않겠다. 또한 특권폐지운동은 가일층 지속될 것이다.

각자 맡은 바 소임을 다하고, 그에 걸맞은 대우나 예우만 받으면 문제없다. 이게 바로 인간의 원초적인 덕목인 상식이다. 도둑질이거나 과한 대우를 받으니까 문제가 되는 것이다. 본서에서 언급한 국회·공직자·법조 전관·LH 등은 본연의 임무를 일탈한, 납세자인 국민의 착취세력으로 준동하니 문제를 더하지 않는가.

독자 제현 여러분이 본서에서 지혜와 지식을 얻으며, 이 지구상에서 영원히 존속할 대한민국호에 동참하는 대열에 앞서주길 기원한다. 한 편의 영화 값으로 활자화된 양서를 읽는 사회도 바란다. 끝으로 우여곡절 끝에 출판을 맡은 도서출판 생각나눔 이기성 사장의 사업 발전과 편집을 하면서 저자와 머리를 맞댄 젊은 이지희 선생의 훌륭한 인물로서의 발전과 행운만이 깃들기를 바라는 바다. 앞으로의 양서 출간에 있어 뜻있는 이의 후원도 바라면서, 이제 좀 쉬고자 한다.

참고문헌

정종암,《부동산정의론; 출발선이 공정한 나라》, 경진출판, 2022.

정종암,《갑을정변2015대한민국》, 삶의출판, 2015.

정종암, 정치평론집《보통 사람들의 아름다운 도전》, 종암, 2012.

정종암, 토지공법연구 제99집, 토지의 공공성 강화에 관한 연구, 한국토지공법학회.

정종암 외 20인.《대한민국 특권 폐지》, 글통, 2023.

강경근,《일반헌법학》, 법문사, 2018.

권영성,《헌법학원론》, 박영사, 1999.

성낙인,《헌법학》, 법문사, 2013.

허 영,《한국헌법론》, 박영사, 2011.

도널드 케이건, 허승일·박재욱 역,《펠로폰네소스 전쟁사》, 까치글방, 2006.

헤로도토스·박현태 역,《헤로도토스 역사》, 동서문화사, 2016.

플루타르코스·박현태 역,《플루타르코스 영웅전》 I·II·III, 동서문화사, 2016.

마이클 샌델·함규진 역,《공정하다는 착각》, 와이즈베리, 2020.

밀턴 프리드먼·김병주 역,《화폐경제학》, 2009.

플라톤Platon·박종현 역,《플라톤의 법률》, 서광사, 2009.

프리드리히 A.하이에크·김이석 역,《노예의 길》, 자유기업원, 2018.

프리드리히 A.하이에크·민병국 외 역,《법, 입법, 그리고 자유》, 자유기업원, 2018.

한나 아렌트(Hannah Arendt)·이진우·박미애 역, 《전체주의의 기원》, 한길사, 2006.

Christoph Degenhart·홍일선 역, 《독일헌법총론》, 피엔씨미디어, 2015.

장 지글러·양영란 역, 《탐욕의 시대》, 갈라파고스, 2008.

루돌프 V. 예링·심윤종 역, 《권리를 위한 투쟁》, 범우사, 1977.

http://www.mofa.go.kr. 각국 개황

외교부 외교간행물

대한민국 정책브리핑(www.korea.kr)

위키백과, 나무위키

http://www.doopedia.co.kr.

시사상식사전, pmg 지식엔진연구소

법무법인 리얼굿(www.ohrealgood.com)

뉴스 클, Special Knowledge <443> 국회 의석수 변천사.

세상을 바꾸는 시민언론 민들레, "[곽노현의 정치 새판]"

재영칼럼니스트 권석하칼럼

케이스탯리서치[Kstat Report 79]

Plato, "Epistle 7", Epistles in Timaeus, Critas, Cleitophon, Menexenus, Epistles, trans. R. G. Bury (Cambridge: Harvard University Press, 1989)

The republic of Cicero, Marcus Tullius Cicero, bookk, 2020.

Allison, Graham, Destined for War(Can America and China Escape Thucydides's Trap?), Mariner Books, 2018.

지상파방송, 각 월·주·일간지 및 인터넷뉴스

국회의 특권이
사라져야
대한민국이 산다

펴 낸 날   2024년 3월 4일

지 은 이   정종암
펴 낸 이   이기성
기획편집   이지희, 윤가영, 서해주
표지디자인 이지희
책임마케팅 강보현, 김성욱
펴 낸 곳   도서출판 생각나눔
출판등록   제 2018-000288호
주   소   경기 고양시 덕양구 청초로 66, 덕은리버워크 B동 1708호., 1709호
전   화   02-325-5100
팩   스   02-325-5101
홈페이지   www. 생각나눔.kr
이 메 일   bookmain@think-book.com

• 책값은 표지 뒷면에 표기되어 있습니다.
  ISBN 979-11-7048-666-4(03340)